伟大的历程

中国农村改革起步实录

吴象/著

浙江人民出版社

图书在版编目（CIP）数据

伟大的历程 ：中国农村改革起步实录 / 吴象著. —杭州 ：浙江人民出版社，2019.11（2020.11 重印）

ISBN 978-7-213-09532-0

Ⅰ. ①伟… Ⅱ. ①吴… Ⅲ. ①农村经济-经济体制改革-研究-中国 Ⅳ. ①F320.2

中国版本图书馆 CIP 数据核字（2019）第 250754 号

伟大的历程

——中国农村改革起步实录

吴 象 著

出版发行：浙江人民出版社（杭州市体育场路 347 号 邮编 310006）

市场部电话：（0571）85061682 85176516

责任编辑：徐 婷 钱 丛

营销编辑：陈雯怡

责任校对：朱 妍

责任印务：程 琳

封面设计：奇文云海

电脑制版：杭州大漠照排印刷有限公司

印 刷：杭州钱江彩色印务有限公司

开 本：710 毫米×1000 毫米 1/16 印 张：20.5

字 数：259 千字 插 页：4

版 次：2019 年 11 月第 1 版 印 次：2020 年 11 月第 3 次印刷

书 号：ISBN 978-7-213-09532-0

定 价：68.00 元

▲21 世纪初，吴象（左）在万里（右）家中

▲20 世纪 80 年代，吴象在家中书房

▲20 世纪 80 年代初，吴象（左二）与时任国家农委主任杜润生（右）一起在陕西考察乡镇企业

▲1983 年夏，吴象（左一）陪同万里（右四）在山西原平视察

▲1985 年 9 月，吴象（右一）在山东农民家中

▲20 世纪 80 年代，吴象在河北武安农村作调查研究，图为吴象（右三）在百官村与乡干部合影

序　一

吴象同志是我十分敬重的领导和师长。我们是隔代人，他比我年长28岁，又是我20世纪80年代在国务院农村发展研究中心工作时的领导。今年是中国农村改革40周年，浙江人民出版社拟将17年前出版过的吴象同志的著作《中国农村改革实录》重新命名为《伟大的历程——中国农村改革起步实录》后再次出版。纪念农村改革40年，根本目的是为了进一步推进农村的改革和发展，但要实现此目的，显然就需要了解农村改革的缘起和历程，而吴象同志的这一著作，恰恰就极为有助于人们深入了解那一段历史，因此我非常赞同此书的再次出版。吴象同志要我为此作序，这使我深感惶恐，因为他是我的长辈和领导啊！但吴象同志很坚持，说否则就由我推荐合适的人来写。吴象同志今年就将97岁，与他年龄相仿、共同经历过农村改革初期那段激情岁月，现在还能为他的著作写序的老同志确实已不太好找。因此我想，这也许就是吴象同志给我出的一道考题：看看我们这些当年跟着他们投身改革大潮的“小青年”，能否把他们的思想、情怀理解好、传承好？如此想来，就又感觉到这似乎是一种无可推脱的责任。为此，我就恭敬不如从命，写一点读该书的感受和体会吧。

我觉得此书有几个很鲜明的特点。

第一，紧扣时代脉搏，把农村改革之所以能够率先突破，放在“中国向何处去”的大背景下来审视。1976 年那个金色的 10 月，“四人帮”被粉碎、“文化大革命”终于被终结。但随之而来的却是两年的徘徊，因为要坚持“两个凡是”，于是就难以对“文化大革命”进行彻底的否定，也难以找到一条使中国切实走向现代化的道路。那两年的徘徊，表面看似乎形成了沉闷的局面，但人们的思想却在剧烈地冲撞和激荡，越来越多的人意识到，以中国当时所面临的困境，仅仅对“文化大革命”进行拨乱反正是远远不够的，还必须对计划经济的体制和形成这一体制的思想和观念进行深刻的反思。于是，在这种沉闷之中，正孕育着一场深刻的思想革命，而其迸发的标志，就是 1978 年 5 月 11 日《光明日报》以特约评论员名义发表的题为《实践是检验真理的唯一标准》的文章。正如吴象同志在书中所说的，文章引起了特别巨大的反响，并逐渐发展为一场声势磅礴的思想解放运动，为不久后召开的党的十一届三中全会作了思想准备，吹响了改革开放的冲锋号。在当年年底召开的中国共产党十一届三中全会上，原则通过了《中共中央关于加快农业发展若干问题的决定(草案)》，明确了从 1979 年起将党和国家的工作重心转移到社会主义现代化建设上来，由此拉开了改革开放的大幕。不难想象，没有这样一场声势浩大的思想解放运动，没有党和国家工作重心的转移，就不可能有农村改革的率先突破和首战告捷。因此，了解 1978 年前后中国发生的那一伟大的历史性转折，是了解农村改革之所以在那一刻必然会发生的钥匙。

第二，以农民为主体，以翔实的史料和鲜活的实例来说明，农村发生的改革是亿万农民期盼已久的夙愿。中国共产党领导的农村土地改革运动，彻底废除了在中国延续两千多年的封建土地所有制，使约 3 亿无地少地的贫苦农民无偿分得了约 7 亿亩土地，实现了中国农民“耕者有其田”的愿望。此后，中国农村的经济体制，快速地进入了发展农业生产互助组、初级社、高级社和人民公社的时期。广大农民出于对党的高度信赖和对社会主义制度的美好憧憬，放弃了“土改”时获得的私有土地，加入了土地集体所有的高级社和人民公社。但是，在集体土地只能由集体实行统一经营这样一种僵化的体制下，人们付出的劳动无法得到准确的计量，因而也就不可能真正实行按劳分配，于是就形成了集体经济组织内部分配上严重的平均主义和“大锅饭”的体制。农民对于这样一种违背农业规律的经营体制很快就进行了抵制，这就是要求实行包产到户。吴象同志在书中介绍，“包产到户”一词最早出现在《人民日报》1956 年关于四川江津和安徽芜湖的一篇报道中。从时间节点来看，那正是农村经济从初级社向高级社的过渡时期，而农民出于对农业生产特点的深刻了解，已经本能地意识到，不把农村集体经济组织内部的生产责任落实到户，就不可能真正做到奖勤罚懒、按劳分配、多劳多得、少劳少得、不劳不得，就不可能切实调动农民的积极性。因此，农民在土地刚刚实行集体所有制的 1956 年就提出了实行包产到户的要求。这个要求并不是恢复土地私有制，并不会解散农村集体经济组织，它只是要求改变集体土地单一、僵化的经营体制，以寻找集体土地更为有效的经营形式。但在此后的 20 多年时间里，围绕着包产到户，出现了一次次激烈的争辩和严厉的压制。但是，农民坚信农业的规律和特点，只要有机会，他们就要实行包产到户。吴象同志的著作，真切地反映了农民的这种执着和韧性，这种执着和韧性使得他们成为改革的最早实践者。土地还是集体的土地，只是由农民的家庭来经营，但却极大地调动了亿万农民的生产积极性，极大地解放了农村的社会生产力，这其中的奥秘就在于“承包”二字。承包制是一场深刻的产权制度变革，它将农村土地的集体所有权与农户的承包经营权实行了“两权分离”，既维护了农村土地集体所有的基本制度，又赋予了农民家庭充分的经营自主权。由此，“承包制”不仅风靡农村，而且成了突破公有制经济改革困境的一大重要途径，并由此引出了令人惊叹的无穷无尽的后续变化。吴象同志在他的著作中，运用了翔实的史料和鲜活的实例，证明了农民是以何等的勇气和坚韧的毅力成了中国改革的先锋，证明了农民才是农村改革真正的主体和主角。

第三，揭示了党在十一届三中全会前后恢复实事求是思想路线、提出正确处理与农民关系的准则，对促进农村改革所起到的关键作用。新中国成立以后的农村政策，损害农民利益之处主要在于三大方面，一是农村集体经济的组织形式变化太快、管理过于集中、形式过于单一，导致农民丧失了经营自主权，集体组织中严重的平均主义、“大锅饭”体制则挫伤了农民的积极性；二是对粮食等主要农产品实行由国家定价的统一收购制度，价格定得过低，给农民留的粮食过少，导致相当数量的农民长期未能解决温饱问题；三是人民公社实行政社合一的严密行政管理体制，使得农民难以享有参与民主政治的权利。党的十一届三中全会原则通过的《中共中央关于加快农业发展若干问题的决定(草案)》中，实事求是地分析和总结了历史教训，坦承“从我国农业现状看，农业生产力水平很低，农民生活很苦，扩大再生产的能力很薄弱，社会主义农业经济的优越性还远远没有发挥出来”。正是基于这样的深刻反省，才不仅出台了一系列让农民休养生息、用经济杠杆调动农民生产积极性的重大政策，更是从正确处理与农民关系的高度，总结出了党和政府必须遵循的基本准则，这就是：“在经济上充分关心他们的物质利益，在政治上切实保障他们的民主权利。”吴象同志在他的著作中揭示的改革初期关于“双包到户”到底姓“社”还是姓“资”的激烈争辩，说到底，其实就是要不要保障农民物质利益、尊重农民民主权利的问题。由此可见，明确并坚持正确处理党和政府与农民关系的基本准则，是保障农村改革发展的关键所在。

第四，深入分析了中国农村改革的自身逻辑和必然规律，阐明了农村改革不断深化和拓展的必然性。中国农村的改革，必然要符合中国的基本国情和发展阶段的基本特征，也必然会循着经济社会发展的自身逻辑和必然规律而不断深化和拓展。40 年来农村改革的实践证明，一旦赋予了农民经营自主权，改革的逻辑就必然会在两方面不断突破计划经济的体制：一是形成以公有制为基础、多种所有制经济共同发展的繁荣局面，二是形成商品自主流通、要素自由组合的活跃氛围。吴象同志的这本著作，虽然脱稿于20世纪末，但他已经敏锐地察觉到农村改革深化与拓展的必然性。他从农村家庭承包经营写到了粮食流通体制改革，从乡镇企业异军突起写到了汹涌澎湃的民工潮，从突破城乡二元结构写到了中国特色的城镇化道路。这实际上说明，改革有它自身的逻辑和必然的规律，而它背后的强大推动力，就是亿万人民对美好生活的向往，这是不可抗拒的时代洪流。因此，认识改革深化与拓展的自身逻辑和必然规律，才能使改革朝着建设社会主义现代化国家的目标不断奋进。

本书还有一个不得不说的特点，那就是作者吴象同志是书中所写的那个改革阶段的亲历者，这就使本书具有了重要的史料价值，它对于希望了解中国农村改革史的人而言，将是一部值得珍藏的著作。

农村改革40年所取得的成就有目共睹。正如10年前党的十七届三中全会通过的《关于推进农村改革发展若干重大问题的决定》所指出的那样："农村改革发展的伟大实践，极大调动了亿万农民积极性，极大解放和发展了农村社会生产力，极大改善了广大农民物质文化生活。更为重要的是，农村改革发展的伟大实践，为建立和完善我国社会主义初级阶段基本经济制度和社会主义市场经济体制进行了创造性探索，为实现人民生活从温饱不足到总体小康的历史性跨越、推进社会主义现代化作出了巨大贡献，为战胜各种困难和风险、保持社会大局稳定奠定了坚实基础，为成功开辟中国特色社会主义道路、形成中国特色社会主义理论体系积累了宝贵经验。"

但中国农业、农村、农民的现状表明，农村改革仍然任重道远，因此党的十九大才提出要实施乡村振兴战略。实现乡村振兴的总目标是要使乡村产业兴旺、生态宜居、乡风文明、治理有效、生活富裕。习近平总书记指出，实施乡村振兴战略，是新时代“三农”工作的总抓手，因此，要重塑城乡关系，走城乡融合之路；要巩固和完善农村基本经营制度，走共同富裕之路；要深化农业供给侧结构性改革，走质量兴农之路；要坚持人与自然和谐相处，走乡村绿色发展之路；要传承发展提升农耕文明，走乡村文化振兴之路；要创新乡村治理体系，走乡村善治之路；要打好精准脱贫攻坚战，走中国特色减贫之路。归根到底，实施乡村振兴战略，就必须在经济社会发展的整体布局中，坚持农业农村优先发展的方针，只有这样，才能加快推进农业农村现代化，夯实我国全面建成小康社会和社会主义现代化国家的深厚基础。

陳錫文

2018 年 8 月

序　二

本书是吴象先生亲著，讲述农村改革的历程。

本书初版于2001年。农村改革40年之际，浙江人民出版社再版献礼。

进入20世纪90年代后，改革史著述日见其多，既有亲历者回忆，也有学者专门研究。同类著述林林总总，蔚为壮观。本书卓尔不群，价值独特。

一

本人认为，凡治农村改革史者，不可不关注吴象。研究改革过程，如果没有读过吴象的文章，一定不得其门而入。换言之，若认真探究改革史，则必须认真读吴象的著述。改革已入史，史事甚纷杂，读史需谨慎。

农村改革波澜壮阔，吴象角色独特而重要。1979年夏，吴象奉万里之命由晋入皖，出掌省委政策研究室。由此，安徽几乎所有的重要改革文稿，皆由吴象担纲秉笔。1980年春，万里擢升中央，吴象随同入京。20世纪80年代改革如火如荼，或高层会议，或外出调研，或文件起草，有万里处，便有吴象。吴象为万里出谋划策，捉刀代笔，虽高层智囊如云，但无出其右者，堪称万里文胆。关注农村改革，凡略知高层情形者，写万里必写吴象，写吴象必写万里。

吴象之改革写作，不仅有职务写作，也有署名文章。从20世纪70年代末至90年代末，不同阶段均有重要文章发表，引领政策讨论热点。若再细究，最活跃当属80年代上半叶，文章影响最巨者，当属《联系产量责任制好处多》和《阳关道与独木桥》。

1980年春，包产到户遭遇围堵指责，既来自万里离任后的安徽省委，也来自中央农业部门，核心论争是责任制可否“联系产量”。按当时政策，可以包“工”，不可“联产”，“联产”即物质挂帅，属资本主义。为驳斥种种指责，万里指示吴象、张广友写出《联系产量责任制好处多》一文，并建议以安徽省委农工部名义发表，但遭到安徽省委拒绝，后转而署名发表于《人民日报》。此文是为包产到户正名之重要篇章。

是年秋，为包产到户事，中央召各省第一书记座谈，反对者众，支持者寡，争论激烈，立场僵持，文件遂成妥协之势，既体现理论僵化，也体现政策放宽。在此关头，吴象写出《阳关道与独木桥》，阐述包产到户出现之必然和发展之必要，可谓振聋发聩，洛阳纸贵。此文由万里安排写作，抢占政策立意制高点，尽显锐意改革锋芒，堪称包产到户争论扛鼎之作，有里程碑之功。

围绕农村改革，吴象更有大量调研报告和文章，结集出版十余种，举其要者，如《我国农村伟大希望之所在》(1984)、《农村改革与农村商品经济》(1988)、《中国农村改革》(1986)、《从凤阳到昔阳》(1991)、《农村问题漫谈》(1999)、《中国农村改革实录》(2001)、《重温人民公社》(2006)等。若干年间，名篇佳作频呈。

二

本书堪称吴象代表作。与作者其他著作不同，本书并非文集，而是专门著述，从内容到形式都具系统性和结构化。作者集长期工作经历，以深厚专业积累和周密整体构思，致力勾勒改革历程，实属厚积薄发。作者曾感慨，在一生写作中，本书最为耗费精力。

作者也曾感叹，此书出版颇费周折。写作本书是在世纪之交，作者年近八旬，心境散淡。作者以其深厚阅历和广阔视野，叙事和议论有空前的深度广度，众多同类著作不可望其项背。

本书系统考察家庭承包制历史发展，以 20 世纪 70 年代末 80 年代初变革为主体，既追溯 60 年代旧情景，也展示 90 年代新曲折。考察农村改革背景，展现深广历史场面，以“农业学大寨”问题最为翔实。

本书系统展示改革政策过程，记述诸多经典场面和事件。家庭承包制确立后，新的政策争执绵延持续，直至 90 年代及以后，如关于私人雇工、乡镇企业、县级综合改革、外向型经济、民工潮等政策争论。印象尤深者，直陈 90 年代初改革面临种种指责：“‘三资企业’是和平演变的温床，乡镇企业是不正之风的风源，农村家庭联产承包制是集体经济瓦解的根源。他们把改革开放以来最基本、最实质的东西几乎全都否定了。”此种表述对理解改革之艰难非常重要。

本书有若干精辟分析，为其他著作未见，关于 1980 年中央 75 号文件尤为深刻透彻。“七十五号文件是个妥协的产物，充满两种对立意见折中的痕迹。既说包产到户‘不会脱离社会主义轨道’，又不肯定它‘是社会主义集体经济的责任制’。既不否定包产到户，而且强调它对贫困地区的重要作用，又说‘要在生产队领导下实行’，而且要使‘社会主义商业和集体经济占绝对优势’。如此等等，不同意见的人都可以从中找到自己需要的一句，从而继续自行其是。”这是迄今为止最准确刻画 75 号文件尴尬地位和高层争执的文字，而时下众多研究者不得要领。

本书内容晓畅通达，文字清新恬淡，体现作者一贯文风，但也多有艰深之处。诸多政策政治背景用笔简约，披露不够，或虽有涉猎而语多隐晦，一般读者难以读出其中政治角逐和权力纠缠。究其原因，作者多年靠近决策核心，所知甚多，但出于诸多考量，既有为人讳，也有为事讳，行文叙事未免浮光掠影，如冰山一角。本人读此书，想起宋人李壁之叹：“经事方知史之不足信，经事方知史之难为言。”

三

吴象先生是本人的老领导。1982 年春，他兼国务院农村发展研究中心副主任。来九号院参加主任办公等会，常由我联系，会后再安排司机送回中南海。第一次直接为他工作，是 1982 年秋中央农村工作会议期间，他起草万里副总理讲话，我负责誊抄。

本人在吴象领导下工作，是编辑《万里文选》和《万里论农村改革与发展》，时间为 1993 年夏至 1996 年夏。他是编辑工作的主要负责人。编辑过程中，吴象直接向万里汇报，然后把万里的意见转达编辑组并安排落实。编辑组每周开会由他主持，我们所编文稿先由他审改，而后报送万里审定。在他的主持下，编辑组犹如一个大家庭。他随和平易，循循善诱，举重若轻，一派仁厚长者风范，留下诸多美好共事回忆。

吴象文墨生涯漫长而丰富，本人所见文章，最早写于 1939 年 10 月，是抗日战场战地通讯——《夜袭常庄》，刊于华北《新华日报》，其时 17 岁；最晚写于 2014 年 12 月——《回忆于光远》，未及终稿而住进医院，其时 92 岁。笔耕不辍 75 年，著述 20 余种。新中国成立后出版的著作多为采访手记、散文集等，如《过封锁线》(1959)、《梨花时节》(1964)、《昆仑山侧西行记》(1985)；晚年更有游记、忆旧文集多部，如《好人一生不平安》(2005)、《人在山水中》(2006)、《耄耋忆旧游》(与妻子刘玉合著，2012)、《吴象打油诗抄》(2013)、《大写的人》(2015)。诗文皆精，勤奋而多产。

吴象先生之名颇耐寻味。《金刚经》曰："凡所有相皆为虚妄"。古文字多有通假，"吴象"音同"无相"，禅意绵绵，由此可联想其人其文。

赵树凯

2018 年 8 月

目　录

第一章

农村问题与中国的现代化

一、 超越历史阶段的空想农业社会主义

中国的改革从农村开始突破。

为什么中国的改革从农村开始突破？要回答这个问题，首先得了解中国为什么要改革。

改革是逼出来的。新中国经过“三年恢复”，开始了大规模的经济建设，但是走了一大段弯路。1981 年《关于建国以来党的若干历史问题的决议》对此已作出总结。这里想作一些具体的剖析和探讨。

新中国成立初期遇到与建党初期相似的问题

新中国成立初期，我们党面临历史的新时期和新问题，与建党初期颇有某种相似之处。

建党初期，我们党对马克思主义理论和对半殖民地半封建社会国情的认识都很肤浅，对革命的性质、任务、对象、动力、战略、策略等基本问题缺乏深刻的理解和把握，只知反帝、反封建的大方向，凭着崇高理想，满腔热血，前仆后继，勇往直前，犯过一次右倾、三次“左”倾的错误，使革命一次再次遭到失败和挫折。尤其是王明第三次“左”倾路线，披着马克思主义理论的外衣，欺骗性更大，造成的危害也更严重，使白区革命力量损失几乎百分之百，苏区的革命力量损失百分之九十。在此期间，毛泽东对中国社会各阶级作过深入的分析，对农民问题在中国的特殊重要性有深刻的理解。他在黑云压城、腥风血雨的白色恐怖之中，毅然决然领导农民上

山打游击，创建农村革命根据地。他明确提出“反对本本主义”，突破“通过城市暴动夺取政权”的框框，闯出了一条适合中国国情的、用农村包围城市的革命道路。对这条有中国特色的革命道路，开始只有很少的人相信，付出了多少血的代价，经过1935年遵义会议的激烈争辩，才为党的领导层所接受，从而在危急关头挽救了党和红军，挽救了中国革命。又经过十年实践，通过延安整风，终于被全党公认为指导思想，树立起马克思主义基本原理与中国革命实践相结合的毛泽东思想的旗帜，指引着中国革命从胜利走向更大的胜利。在解放战争时期，各个解放区是被分割的，但是思想上又是高度统一的，因此，能够自觉地互相呼应，紧密配合，集中力量对貌似强大的敌人各个击破，一部分一部分地加以消灭，在短短四年中，变被动为主动，转弱势为强势，最后经过三大战役，推翻了三座大山，建立了新中国。

中国共产党在毛泽东思想的指引下，领导全国人民经过28年的英勇奋斗，艰难曲折，建立了新政权。伟大的党，伟大的领袖，受到全国人民衷心的拥护和爱戴。四海归心，举国欢腾，形成了前所未有的团结统一的政治局面。但是，从半殖民地半封建社会脱胎而来的新中国，生产力水平仍然远远落后于发达国家，并不会因为革命胜利而很快提高。在这比十月革命时期的俄国更落后的，农村人口和自然、半自然经济占极大比重的东方大国，怎样建设社会主义，面临着一系列重大的理论上的新课题，其中最根本的是如何认识新中国的社会性质。如果对此缺乏理性的科学的深刻认识，对社会的主要矛盾、斗争任务、战略策略等一系列根本性问题就难以有统一的坚定的共识，因此也就很难避免重大决策上的主观随意性。

早在抗日战争初期，毛泽东就写了《新民主主义论》，对未来的新中国的经济、政治、文化作过轮廓的描绘。《新民主主义论》是毛泽东运用历史唯物主义总结中国人民百年来反帝反封建斗争经验的成果，明确指出新民主主义革命胜利之后，要建立新民主主义社会和新民主主义国家，这样的社会和国家将要存在相当长的时间。经过长时期的新民主主义建设，在物质条件、精神条件完全成熟以后，才能考虑如何向社会主义社会转变的问题。这是认真地运用马克思主义的基本原理分析当时中国基本国情得出的科学论断。

毛泽东在党的七大所作的政治报告中指出："我们的将来纲领或最高纲领，是要将中国推进到社会主义社会和共产主义社会去的，这是确定的和毫无疑义的。"但是，"只有经过民主主义，才能到达社会主义，这是马克思主义的天经地义。而在中国，为民主主义奋斗的时间还是长期的。没有一个新民主主义的联合统一的国家，没有新民主主义的国家经济的发展，没有私人资本主义经济和合作社经济的发展，没有民族的科学的大众的文化即新民主主义文化的发展，没有几万万人民的个性的解放和个性的发展，一句话，没有一个由共产党领导的新式的资产阶级性质的彻底的民主革命，要想在殖民地半殖民地半封建的废墟上建立起社会主义社会来，那只是完全的空想。""有些人不了解共产党人为什么不但不怕资本主义，反而在一定的条件下提倡它的发展。我们的回答是这样简单：拿资本主义的某种发展去代替外国帝国主义和本国封建主义的压迫，不但是一个进步，而且是一个不可避免的过程。它不但有利于资产阶级，同时也有利于无产阶级，或者说更有利于无产阶级。现在的中国是多了一个外国的帝国主义和一个本国的封建主义，而不是多了一个本国的资本主义，相反地，我们的资本主义是太少了。"①

1949 年 3 月，毛泽东在中共七届二中全会上进一步指出，中国国民经济的特点，现代化的工业大约只占 10%左右，还有 90%左右分散的个体的农业经济和手工业经济是落后的，和古代没有多大区别的，这是"在中国革命的时期内和在革命胜利以后一个相当长的时期内一切问题的基本出发点"。他据此对新中国的经济政策做了全面的论述，指出了可能出

① 见《毛泽东选集》第 3 卷，人民出版社 1991 年版，第 1059、1060 页。

现的右的和“左”的错误，强调“如果认为应当对私人资本限制得太大太死，或者认为简直可以很快地消灭私人资本，这也是完全错误的，这就是‘左’倾机会主义或冒险主义的观点”。①

所有上述这些观点，对正确认识新中国过渡时期的社会性质及其长期性、艰巨性、复杂性是极为重要的起点。可惜没有能够继续深入探索下去，而被一片胜利的欢呼声冲淡了，甚至遗忘了。

新中国成立不久，在全国范围内进行了土地制度的改革，使3亿名无地少地的农民无偿分得7亿亩土地和其他生产资料，免除了每年大约50亿公斤粮食的地租剥削和其他封建性剥削。广大农民积极性空前高涨，短短三年就胜利完成了恢复经济的历史任务，1952年全国农业总产值及粮、棉等主要农产品的总产量都超过了解放前的历史最高水平。

胜利太大，来得太快，紧接着军事上、政治上的胜利，经济也取得了最初的大胜利。这是比挫折、失败更难经受的考验。

1952年，党中央根据毛泽东的建议，提出了过渡时期的总路线：要在15年左右的时间内，逐步实现国家的社会主义工业化，并逐步实现国家对农业、手工业和资本主义工商业的社会主义改造。从1953年开始，第一个五年计划的工业建设项目大规模地展开。“一化三改造”的方向符合现代化的历史趋势，但只有15年的时间来完成显然是太短了。何况在执行过程中要求过急，工作过粗，改变过快，使这本来应当属于一个相当长历史阶段的任务，出人意料地大大提前实现了。

更重要的是，为什么要提出过渡时期总路线？历来我们党强调新民主主义社会是一个时间相当长的历史阶段，新中国成立只有三年，经济刚刚恢复，建设刚刚开始，怎么就转向社会主义改造了呢？

历来我们党只讲社会主义是共产主义的初级阶段，共产主义是社会主义的高级阶段。既然提出过渡时期总路线，过渡时期的社会性质是什

① 见《毛泽东选集》第4卷，人民出版社1991年版，第1430、1432页。

么？是从新民主主义向社会主义过渡，还是社会主义向共产主义过渡？这个关系党的路线、方针、政策如何制定的根本问题，从当时到后来，一直若明若暗，含糊不清。有人认为应当"先搞十年、十五年或更多一点时间的新民主主义，然后再向社会主义过渡"，有人认为"新民主主义时期就是逐步过渡到社会主义的时期，也就是社会主义成分在国民经济中的比重逐步增长的时期"。但都没有明确过渡时期中国的社会性质。如果说是社会主义社会，生产力水平如此低下，显然是不够格的；如果说仍然是新民主主义社会，又已经取消了这个概念。

领导层对"一化三改造"的方向是一致的，但对如何进行的步骤则不尽相同。有的比较切合实际，有的理想主义色彩较浓，甚至存在某种空想。毛泽东历来敢于藐视困难，善于战胜困难，在中共七届二中全会这篇十分冷静、客观分析经济情况的报告中，说到未来前途时他仍然充满信心和激情："中国经济建设的速度将不是很慢而可能是相当地快的，中国的兴盛是可以计日程功的。对于中国经济复兴的悲观论点，没有任何的根据。"①领导人的信心是非常可贵的，但如果政策脱离了、超越了历史阶段，就会欲速则不达。

一场争论引出一个决议

1950 年，东北因为土改完成较早，出现了一些经济上升较早较快的农民，进而提出一个党员成为富农其党籍怎么办的问题。刘少奇对此曾经说过，这个问题提得过早了。现在是私有制社会，党员生产发家了，将来在实行集体化时，又能交公。这种富农党员，也是好党员。

毛泽东最重视农业的社会主义改造，而问题恰恰首先出在这个方面。1951 年，围绕山西发展农业社的问题，党内发生过一场争论。这年 4 月

① 见《毛泽东选集》第 4 卷，人民出版社 1991 年版，第 1433—1434 页。

17 日，中共山西省委向华北局写了一个报告，说“老区互助组的发展，已经达到了一个转折点，使得互助组必须提高”。“对于私有基础，不应该是巩固的方针，而应该是逐步地动摇它，削弱它，直至否定它”。报告提出，应引导互助组“走向更高级一些的形式”，即农业生产合作社。

华北局不同意山西省委的意见，争论很大。7 月 3 日，刘少奇对这份报告写了一段批语，指出山西省委关于动摇、削弱直至否定私有基础的意见“是一种错误的、危险的、空想的农业社会主义思想”。[①]

但随后不久，毛泽东找刘少奇、薄一波、刘澜涛三人谈话，明确表示他支持山西省委的意见，并批评了互助组不能生长为农业生产合作社的观点和现阶段不能动摇私有基础的观点。他说，既然西方资本主义在其发展过程中有一个工场手工业阶段，即尚未采用蒸汽动力机械，而依靠工场分工以形成新生产力的阶段，则中国的合作社，依靠统一经营形成新生产力，去动摇私有制基础，也是可行的。[②]

9 月，毛泽东倡议召开的全国第一次互助合作会议在陈伯达主持下召开。会后由陈起草了《关于农业生产互助合作的决议（草案）》。毛泽东很重视听取不同意见，曾提议陈去找熟悉农民的作家们征求意见。陈去找了赵树理，赵说农民现在没有互助合作的积极性，只有个体生产的积极性。陈认为这不合毛泽东的意愿，犹豫着不敢去向毛泽东汇报。毛泽东从别处听到此事先去问他，他才不得不说了。不料毛泽东却说，这个意见很好，草案不能只肯定农民互助合作的积极性，也要肯定农民个体经济的积极性。两种积极性都要写上，既要防右，又要防“左”。修改后的《决议（草案）》，第一段就写明这两种积极性是迅速恢复和发展国民经济和国家工业化的基本因素之一。

---

① 见《中共党史参考资料》（七）第 131 页。

② 见薄一波《若干重大决策与事件的回顾》上卷，中共中央党校出版社 1991 年版，第 191 页。

这个决议重申了《共同纲领》中关于保护农民土地私有权的规定，关于引导农民逐步地按照自愿互利的原则，组织各种形式的劳动互助和生产合作的规定。强调其目的不是为了对农业进行社会主义改造，而是为了“克服很多农民在分散经营中所发生的困难”，为了“使广大贫困的农民能够迅速地增加生产而走上丰衣足食的道路”，为了“使国家得到比现在多得多的商品粮食及其他工业原料，同时也就提高了农民的购买力，使国家的工业品得到更大的市场”。因此，这个决议并没有引起很大的思想波动，而是对农业生产的发展有促进作用的。但是，在过渡时期总路线公开宣传和实行以后，情况就开始变化了。

1952 年下半年，毛泽东提出过渡时期总路线的时候，当年和 1953 年上半年，都没有向全党和全国人民宣布，也没有作为一项议题在中共中央进行讨论、作出决定，而只是“酝酿”。至 1953 年 6 月 15 日，毛泽东才在中央政治局会议上第一次对过渡时期总路线作了比较完整的表述，经过讨论作出决定。当年夏季，中央一级的几次会议对总路线的讨论，并未向下传达。关于“15 年左右”实现社会主义，起初说要传达到县委书记，后来又把文件收回不传达了。秋后粮食问题严重起来，需要实行统购统销的重大措施，才决定扩大总路线的宣传。但“15 年左右”只传达到一定级别，公开宣传只讲“相当长时间”。尽管如此慎之又慎，由于过渡时期总路线的提出，意味着“新民主主义社会论”的放弃，这一“严重的步骤”仍然不能不引起剧烈的震动，造成一系列预料到和没有预料到的后果。

1953 年 12 月，中共中央发布了《关于发展农业生产合作社的决议》，明确提出中国农业要走由初级社到集体所有制的农业生产合作社（即高级社）的路子。有些地方开始出现了急躁冒进的情绪、强迫命令的作风，合作化的速度大大加快。党的农村工作部部长邓子恢，是一位在党内很受尊敬的农村问题专家。他强调农业合作化的规模和速度要适应工业化的进程，适合农业生产力的水平、基层干部的管理水平和农民的愿望，不能急于求成。他经过充分的调查研究，一次再次地提出了实事求是的工作建议，毛泽东十分重视却不赞成他的意见，两个人常常谈得非常投机，又常常发生激烈的争辩，有时直到深夜还在争论。但他们的争论，并非要不要合作化的问题，而是合作化的速度问题。后来毛泽东不悦地说："一个要下马，一个要上马，一字之差，两条路线。"在1955年夏召开的七届六中全会上，毛泽东不点名地形容邓子恢为"小脚女人"，对所谓"右倾机会主义"的思潮严加斥责。当时毛泽东的威望如日中天，人们心悦诚服地相信他判断的正确性，对他作出的决定毫无怀疑，对他发出的号召热烈响应。他预言农业合作化很快会出现高潮，而高潮真的很快就出现了。事实上这乃是因为批判右倾保守，各级干部不再强调实事求是、群众路线，有些地方弄虚作假，强迫命令。于是，取消土地分红、实行按劳分配的高级社也就出现了快马加鞭、你追我赶的形势。到1955年冬，高级农业合作社只占4%，但只过了一年多，即1956年底，参加高级社的农户已占到全国农户总数的83%以上。农业合作化热潮推动了对手工业和对资本主义工商业的改造，整个生产资料所有制的社会主义改造这一艰巨的历史性任务，仅仅三年多时间，便在敲锣打鼓的报捷声中宣告提前完成，中国从此变为单一公有制的社会主义社会。这一件事，在党的文献中历来被称为历史性的伟大胜利。

1956年8月召开的党的八大，正确解决了对国内主要矛盾的认识。尽管表述还不够贴切，但已明白无误地指出国内主要矛盾，已经不再是工人阶级和资产阶级的矛盾，而是人民对于经济文化迅速发展的需要同当前经济文化不能满足人民需要的状况之间的矛盾。全国人民的主要任务是集中力量发展社会生产力，实现国家工业化，逐步满足人民日益增长的物质和文化需要。虽然还有阶级斗争，还要加强人民民主专政，但其根本任务已经是在新的生产关系下面保护和发展生产力。

1957年春，毛泽东提出必须正确处理两类不同性质的社会矛盾，把正确处理人民内部矛盾作为国家政治生活的主题。这是毛泽东继“十大关系”之后，对社会主义理论又一重大探索。尽管此文的论述若干方面还待进一步研究，但其历史意义十分深远。由于当时国内外一些因素的影响，毛泽东这种探索性的思路又转向“左”倾，讲话发表时加进了“六条标准”，成了反右派斗争的理论武器。一大批有见解、有思想、爱党、爱国、正直敢言的知识分子响应党的号召向党提出批评建议，结果却被错划为反党反社会主义的“右派分子”，总数达55万人之多，被下放劳动改造，造成严重的社会后果：摧残了人才，堵塞了言路，开创了以言定罪的恶劣先例。

1958年“左”倾思想大大升温。年初南宁会议批判“右倾保守”，不指名地批评了周恩来、陈云所谓“反冒进”的思想，后来又提出要在工业生产和经济上“超英、赶美”的口号。5月召开的八大二次会议通过了毛泽东主持制定的“鼓足干劲，力争上游，多快好省地建设社会主义的总路线”，确认我国社会主义建设已经进入了“一天等于二十年”的“大跃进”时期。在国家计划中许多严重脱离实际的高指标的诱导下，各省、地、县互相攀比，“摆擂台”“放卫星”，使高指标高了又高，浮夸风刮了又刮。“人有多大胆，地有多大产”一类不负责任的豪言壮语满天飞，神州大地成了浪漫的神采飞扬的诗国。谁讲真话，谁坚持实事求是的科学态度，谁就是“右倾保守”，就是“秋后算账派”，就要“拔白旗”。对已经暴露出来的种种问题熟视无睹，反而颁布了一个《关于把小型的农业合作社并为大社》的文件。当年夏天，毛泽东在河北省徐水县视察，非常赞赏这个县的工作，提出“粮食多了怎么办”的问题，要各地研究。接着，在视察河南省新乡县七里营时发出“人民公社好”的号召。两三个月内，全国农村就实现了“人民公社化”，规模已经过大的高级社又被规模更大、更高级的人民公社所取代，有的地方还建立了以县为单位的人民公社或县联社。

紧接着中央政治局在北戴河召开会议，就人民公社问题起草了一个决议，认为“建立工农商学兵相结合的人民公社，是农村加速建成社会主义，并向共产主义过渡的桥梁”，“在我国实现共产主义已经不是遥远将来的事了”。

决议中的这些提法，主要反映了毛泽东的思想，而且可以追溯到他的青年时期。1979 年 12 月出版的《湖南教育月刊》刊载了毛泽东早年的一篇文章:《学生之工作》。其中写道，他有一个要到长沙市郊岳麓山去建设一种“新村”的计划。他设想的这种“新村”，要“种园、种田、种林、畜牧、种桑、养鸡鱼”;要办有“公共育儿院、公共蒙养院、公共学校、公共图书馆、公共银行、公共农场、公共工作厂、公共剧院、公共病院、公园、博物馆、自治会”。他认为“合此等之新学校、新社会，而为一‘新村’，吾以为岳麓山一带，及湘城附近最适应建设新村之地也”。这个“新村”，其实就是中国古已有之的“大同”理想和西方的空想社会主义乌托邦的混合体。事隔数十年之后，1958 年党中央在北戴河开会讨论人民公社问题的时候，毛泽东似乎仍然念念不忘他青年时期憧憬的“新村”，说:“空想社会主义的一些理想，我们要实行”，强调“应该积极地运用人民公社的形式，摸索出一条过渡到共产主义的具体途径”。这年年底，中央在武昌召开八届六中全会，正式通过了《关于人民公社若干问题的决议》。就在这次重要会议期间，毛泽东对卢弼《三国志集解》中的《魏书·张鲁传》作了两段注释，并将《张鲁传》及其注释印发给全体到会人员阅读。毛泽东在批注中对张鲁的种种行为大加赞扬，说张鲁的“五斗米道”所说的群众性医疗运动，有点像我们人民公社免费医疗的味道，“道路上饭铺里吃饭不要钱(置义米肉，悬于义舍，行路者量腹取足)，最有意思，开了我们人民公社公共食堂的先河。大约有一千七百年了……但一穷二白古今是接近的。所以这个《张鲁传》值得一看”。他还说，“现在的人民公社运动，是有我国的历史来源的”。

1959 年，先反“左”后反右。由于超越历史阶段的“左”倾空想碰了壁，生产力遭到严重破坏，农民的积极性受到严重挫伤。毛泽东也意识到问题严重，1959年上半年两次在郑州举行会议，承认现阶段应当保留按劳分配、商品交换制度，按价值法则办事，纠正“一平二调”的共产风，逐步实行三级（公社、大队、生产队）所有、队（生产队）为基础的体制。8月，又在庐山召开政治局扩大会议和八届八中全会，继续反思“大跃进”“人民公社运动”中的“左”倾错误，总结经验教训。前期气氛正常，被称为“神仙会”。彭德怀上书毛泽东，在肯定成绩的同时，指出不少人头脑发热，浮夸风滋长蔓延，所谓“粮棉创高产、钢铁翻一番”是自欺欺人，有损党的威信；小资产阶级的狂热性导致我们犯了“左”倾错误，丢掉了实事求是、群众路线等优良作风。不料这封信招来大祸，毛泽东不仅没有接受批评，反而来了个180度大转弯，由反“左”突然转向反右，指责彭德怀是右倾机会主义。铁骨铮铮的元帅彭德怀，一生正直、无私无畏的黄克诚，坚持科学理论分析的张闻天，真诚为民请命的周小舟被打成“右倾反党集团”，而善于趋炎附势、兴风作浪的人则大受重用。会议向全党发出指示，认为当前的主要危险不是“左”倾而是右倾，要求从上到下开展所谓“反对右倾机会主义”的思想斗争，使一度有所收敛的“左”倾错误再次泛滥，对“总路线”“大跃进”“人民公社”三面红旗的态度成为最大的政治问题，讲真话越来越困难，越来越危险了。

1959、1960年连续两年农业大幅度减产，农产品供应紧张，城市副食品长期脱销，不少地方农民因口粮锐减而患了浮肿病，加上自然灾害及苏联撕毁协议撤走专家等因素，全国陷入极为困难的境地。1960年冬，中共中央和毛泽东决定对国民经济实行“调整、巩固、充实、提高”的方针，纠正农村工作中的“左”倾错误，才使农业生产出现转机，但进展缓慢，直到1965年才恢复到1957年的水平。

1962年1月，召开了有7000人参加的扩大的中央工作会议，总结1958年以来的经验教训，对“左”倾的批评达到高潮，毛泽东也作了自我批评。刘少奇在书面报告外还有一个口头报告，其中讲到，“七分天灾三分人祸”实际应当是“三分天灾七分人祸”。毛泽东当时对此没有表示不同意见，而是同意各级党委层层总结经验教训，并对反右倾斗争中被处理的同志进行甄别，对其中一部分作了改正、平反。

“千万不要忘记阶级斗争”

1962 年 9 月，中共中央举行八届十中全会，毛泽东在会上重新提出在整个社会主义历史阶段，资产阶级作为阶级都将存在并企图复辟的观点，再次发出“千万不要忘记阶级斗争”的号召，指出当时出现的所谓“黑暗风”“翻案风”“单干风”是阶级斗争的新动向，强调要“以阶级斗争为纲”，阶级斗争要“年年讲、月月讲、天天讲”。此后，“左比右好”，“右是立场问题，左是方法问题”的观念深入人心，逐渐成为思维定势。

会后，有些省区在农村中开始进行整风整社和社会主义教育。1963 年 2 月在中央工作会议上，毛泽东推荐了河北保定“四清”(即清理账目、清理仓库、清理财务、清理工分)的做法和湖南省开展社会主义教育运动的经验，提出“阶级斗争，一抓就灵”。会议确定分批在全国农村普遍进行一次社会主义教育运动。当年 5 月，毛泽东在杭州召开有部分政治局常委和大区书记参加的小型会议，制定了《关于目前农村工作中若干问题的决定(草案)》(即“前十条”)，认为农村中的“四清”是打击和粉碎资本主义势力猖狂进攻的社会主义革命斗争。当年 9 月，中共中央根据各地试点中提出的问题，又制定了《关于农村社会主义教育运动中一些具体政策的规定(草案)》(即“后十条”)。1964 年五六月间，中共中央发布了由刘少奇主持修订并由毛泽东修改的“后十条(修正草案)”。这个文件提出敌人拉拢腐蚀干部，“建立反革命的两面政权”，是“敌人反对我们的主要形式”；认为“这次运动，是一次比土地改革运动更为广泛、更为复杂、更为深刻的大规模的群众运动”；还规定“整个运动都由工作队领导”，改变了原来依靠基层组织和基层干部的规定。这些指导方针，产生了对基层干部打击面过宽、混淆敌我界限的“左”倾错误。1964年底到1965年1月，中共中央政治局召开全国工作会议，在毛泽东主持下讨论制定了《农村社会主义教育运动中目前提出的一些问题》(即“二十三条”)。一方面，对前一段运动中一些“左”的偏差作了部分纠正，要求看干部要“一分为二”“区别对待”，尽快解放大部分干部；另一方面，又强调这次运动的性质是“社会主义与资本主义的矛盾”，重点是整“党内那些走资本主义道路的当权派”等更“左”的观点，从而把注意力和斗争矛头越来越集中到党内和党的领导机关。由此，“左”倾错误登峰造极的“文化大革命”已经日益逼近了。

一次再次所谓反右，必然越来越“左”，归根到底还是对社会性质、社会主要矛盾没有深刻的、客观的认识，指导思想超越历史阶段，科学倒退为空想。

缺乏民主而又强调阶级斗争，使党纠正毛泽东晚年的错误遇到极大的困难。毛泽东晚年的错误有种种深刻的主客观原因。其中教训最大的莫过于个人崇拜。中国有几千年封建专制主义的历史，整个农村社会基本上是小农经济的汪洋大海，干部大多数出身于农民家庭，这些都会成为个人崇拜的深厚土壤。群众出于对领袖的敬爱景仰，对毛泽东有崇拜心理是可以理解的。

但林彪、“四人帮”却是别有用心地有意制造和煽动个人崇拜，毛泽东晚年也接受和欣赏个人崇拜。什么“马克思主义的顶峰”，什么“句句是真理，一句顶一万句”，什么“理解的要执行，不理解的也要执行”，鼓吹盲目服从，攻击独立思考，封建专制主义一度盛行，“一个最伟大的头脑代替了所有的思维”，使偌大的中国几乎变成没有声音没有思想的中国。“百花齐放”“百家争鸣”方针遭到严重挫折。

从1966年到1976年发生的“文化大革命”，造成长达十年的全国大混乱、全民大灾难。毛泽东认为，党内走资本主义道路的当权派形成了一个资产阶级司令部，有一条修正主义的政治路线和组织路线。因此，只有自下而上地发动群众揭露阴暗面才能把被篡夺的权力重新夺回来。这种所谓“无产阶级专政下继续革命”的荒谬理论，严重地混淆了是非，混淆了敌我，提出了“怀疑一切，打倒一切”和“层层揪”的口号，绝大部分从中央到地方各级党政领导人包括开国元勋、元帅、将军几乎全被诬为“叛徒、特务、走资派”而打倒，对他们实行法西斯专政。随着“文化大革命”兴起的“农业学大寨”运动变成用专政的办法办农业，各级农村干部及英雄、模范、各行各业的先进人物被斗来斗去，甚至被迫害致残、致死。正如《关于建国以来党的若干历史问题的决议》所指出的，这“不是也不可能是任何意义上的革命或社会进步”。

物极必反，痛定思痛，灾难催人猛醒。关于真理标准问题的讨论吹响了解放思想的号角，党的十一届三中全会提出了开放的新方针。安徽凤阳县偏僻的小岗村 18 户农民，在一个寒夜一盏昏暗的马灯下悄悄地决定包干到户。“于无声处听惊雷”，当时谁也没有料到，这就是关系国家、民族前途、命运的大变革的起点。

二、二元结构中的中国农民

中国改革从农村开始，这样说并无不可，但并不完全准确。党的十一届三中全会之后，1979 年初，党中央曾组织一批理论工作者与实际工作者进行调查研究，制定改革方案，开始在城市企业中搞扩大自主权的试点。四川早在 1978 年 10 月就在宁江机床厂等 6 家企业试点，1979 年 1 月制定了 14 条办法。当年 8 月，全国扩权试点企业发展到 84 家。但是由于城市国有企业中计划经济体制的束缚力太强，扩来扩去仍然没有多少自主权，一直打不开局面。而农村中不少地方的农民，在三中全会之前已经自发地悄悄在改革难以忍受的现状；三中全会之后，得到党中央方针政策的支持、鼓励，日益发展为不可抗拒的改革浪潮，才引起广泛的重视。因此，严格地说，改革并不是从农村开始，而是首先从农村突破的。

为什么会首先从农村突破呢？用一句话来说，就是广大农民在计划经济体制中最受损害，最受压抑，改革的愿望最迫切，要求最强烈，而农村恰恰又是计划经济体制的薄弱环节，正好成为改革的突破口。

农业的历史与历史的农民

中国是历史悠久的农业古国。几千年来，我国农业的发展史是一部自西向东、由北而南不断扩大耕地垦殖面积的历史。垦殖的范围，由河谷的近水滩地、平地向高处坡地、台地、高原和山脚开拓，逐渐上山。这种

“低层次的平面垦殖”[1]仅仅是原有生产力的扩大，不会引导到分工分业的发展，不可能形成更合理一些的生产结构，产生向高一级开发层次的转化，致使农业生产力长期陷入停滞的状态。以小麦为例，先秦时期亩产量已达51公斤，经西汉、魏、晋到隋唐，仍只有53公斤，又经宋、元、明、清，也不过91公斤，到1936年反降到74.5公斤，而且，当耕地扩大到尽头的时候，就开始走下坡路了。人增地减粮紧成为不可逆转的趋势之后，必然日复一日地损伤自然生态环境，成为后代一个沉重的历史包袱。在长期“平面垦殖”过程中，以粮食种植为中心，逐渐形成了传统小农业的技术体系，包括耕地开垦技术、家畜家禽饲养技术、农田水利建设技术以及种地养地相结合、复耕套种、精耕细作，等等。这些技术在古代农业中曾经创造出足以令人自豪的成就，并在此基础上出现过令人惊叹的商品贸易的繁荣景象。但从总体上说，中国封建社会的经济结构，主要是小农业和家庭手工业的结合。这种不纯粹的中国式的自然半自然经济在地主封建制度下与中国传统官僚政治形成了一种特殊的自我循环的封闭系统，能够顽强地遏制一切解体因素的生长，最长久地抵抗新生产方式的影响。中国的封建社会历经数千年，多少次改朝换代，充满周期性的治乱兴衰，却始终保持着独特的自我循环的经济封闭的局面，这可能是主要的因素。

这个独特的经济封闭的格局，是被帝国主义的炮火轰开的，是被近代先进的机器工业打破的。但中国的近代机器工业不是封建社会内部资本主义萌芽发展壮大的产物，相反是这种萌芽被本国封建主义和外国帝国主义摧残的结果。因此，它是畸形的、孱弱的，不能彻底冲破封建关系对社会生产力的束缚。中国式的自然半自然经济虽然遭到了破坏，仍然是半殖民地半封建社会的基础，继续显示出它作为古老的传统屏障的顽固力量。分别代表两个技术时代的传统农业生产力和机器工业生产力，在中国并不表现为顺序的替换，而是长期的共生共存。一方面，出现了近代

① 见《农村经济变革的系统考察》，上海三联书店1988年版，第14—21页。

工业的城市，诞生了产业工人阶级；另一方面，全国农村特别是内地广大农村，仍然是封建的自然半自然经济，过着和古代没有多少区别的男耕女织、自种自食、自制自用、自给自足的生活。不改变农民这种除土地之外别无生计可言的生产方式和生活方式，就不可能实现中国的工业化和现代化。

历史悠久而又灾难深重的中华民族，农民人数最多，潜力最大，也最富于韧性，是无产阶级最可靠的同盟军。亿万农民革命的韧性是我国民主革命历经长期艰难、多次挫折终于取得彻底胜利的一个极其重要的因素。在中国共产党的领导下，农民得到了解放，得到了土地，走上了社会主义道路，政治地位同工人阶级更接近了；共同利益更多了，农民的命运同国家的命运、社会主义建设的命运更密切地联系在一起了。新中国成立初期，从土地改革到初级农业合作化，农民总是积极热情地响应党的号召，毫不犹豫地跟着党走。这是我国国情中一个极其重要的方面。谁如果对这一点认识不清，估计不足，就一定会犯严重的错误。

城乡分割的二元结构

1953 年，国家工业化顺利起步，为自然半自然经济向大规模商品经济转化、传统的农业社会向工业社会转化创造了条件。但是，在“左”倾思想和苏联模式的双重影响下，我们长期把农村中符合生产力发展历史性趋势的新要求、新萌动不分青红皂白一概斥为“资本主义倾向”，把发展商品经济的一切前提和后果，把可以引起自然半自然经济彻底解体的一切要素及其汇成的趋势，统统彻底否定，从而使我国社会主义建设偏离了发展商品经济、发展社会化大生产的正确方向，使广大农民越来越严重地被束缚在狭窄的耕地上，逐步形成了城乡分割的二元结构，严重迟滞了社会生产力的发展。

工业化需要巨额资金积累，在落后的农业国，积累的主要来源当然只能是“农民的贡赋”。贡赋可以是公开的，如日本明治以后的重租重税；也可以是隐蔽的，如苏联采取的价格剪刀差。1953年10月，中共中央作出《关于粮食的计划收购与计划供应的决议》。决议规定：一是国家对粮食实行计划收购，即统一收购；二是对城市居民和农村缺粮户的口粮实行计划供应，即统一销售；三是国家严格控制粮食市场，严禁私商自由经营粮食。随后政务院又据此作出了相关的具体规定。

1954、1955年，对油料、棉花也实行了统购统销，从1955年开始，陆续对生猪、烤烟、黄麻、糖料、蚕茧、羊毛、部分水果、水产品和中药材等数十种农产品，实行统一收购，即派购制度。统购统销制度是为国家工业化积累资金服务的，即用国家对农产品定价的形式，从农民手中低价统购，又对城市居民和工业企业低价统销，用以维持大工业的低工资和低原材料成本，提供不断产生超额工业利润的条件，最后又通过大工业利润上缴，集中起国家工业化的建设基金。据估算，30年中在农业农产品价格剪刀差形式隐蔽下农业提供的原始积累达8000亿元。这是广大农民对国家工业化作出的历史性贡献。①

农民为工业化作出了巨大贡献，却很少分享工业化带来的文明和进步，长期低价统购，终于引起农民的不满。于是国家为强化统购统销制度又采取了一系列配套的政策，朝着严禁农民流动的方向日趋严密。在生产领域，归并农民独立的土地权利为集体所有，严禁土地流转；限制农业劳动力流动，压低劳动的机会成本，以维持农产品的低工资成本。在分配领域，对农民一手低价统购，一手以供应农用生产资料和无偿投资作为补偿；对城市居民则一手配给低价实物和其他福利，一手保持低工资。在流通领域，实行购销的国家垄断经营，关闭市场，限制区际交易，严禁长途贩运。围绕统购统销逐渐形成了一套相当完备的制度：户籍制度、住宅制

---

① 见《改革面临制度创新》，上海三联书店1988年版，第7页。

度、粮食制度、副食品供给制度和燃料供给制度、生产资料供给制度、教育制度、医疗制度、养老保险制度、劳动保护制度、婚姻制度，等等，使城市与农村分割为不可逾越的两块，农民不能离开祖居的农村，年年面朝黄土背朝天，过着贫困、落后的生活。新中国成立后由于人口剧增，耕地减少，农业劳动生产率极低，农产品供应匮乏，农民的贫困使国内市场狭窄，成为长期困扰国民经济发展的因素。

新中国成立初期工业化，按当时的主客观条件，采取优先发展重工业的方针，是不得不如此，完全可以理解的选择。中国人遭受了100多年的欺侮、凌辱，痛感落后就要挨打，决心建立自己的重工业、军事工业。而原有的工业基础几乎等于零，西方发达国家又对我们采取敌视的态度，在外交上不予承认，在经济上多方遏制，不可能有什么援助。因此，只有“一边倒”，模仿苏联的模式，向苏联寻求援助。工业化初期156项最重要的骨干工程，全部是苏联援建的。从而使我们在比较短的时间内，在“一穷二白”的基础上，初步建立起一个门类齐全的工业体系。同旧中国相比，这个成就是历史性的进步。但是回头来看，优先发展重工业的方针，并不利于发挥中国的优势。经济建设离不开资金、土地、劳力三大要素，中国劳力特别丰富，而资金、土地相当紧缺。重工业有机构成高，需要的资金多，周期长，提供的就业岗位少。全部工业原料中有40%来自农业，轻工业产值中有70 %是以农产品为原料加工制造的。由于有限的资金集中于发展重工业，没有把农业和轻工业放到应有的重要位置，对积累资金、加快发展速度、增强综合国力、提高人民生活水平都带来了困难。更重要的是造成了一个始料未及的城乡分割的经济、社会二元结构，城乡差别、工农差别没有缩小反而扩大，占全国人口80%左右的农民被排斥于工业化的历史进程之外，作为现代化核心的工业化因而失去了最重要的推动力量。

生产资料的社会主义改造消灭了城市大量的第三产业，人为地缩窄了城市就业门路，并严重波及广大农村小城镇，于是出现了所谓“盲流”。1956 年 12 月 30 日、1957 年 3 月 2 日、9 月 14 日、12 月 18 日，国务院连续 4 次发出关于防止农村人口盲目流入城市的文件，堵截农民进城。这是实行统购统销政策以后为切断城乡资本主义联系而采取的又一重大措施，城乡分割的二元结构也沿着这条道路逐步形成并日益强化。1958 年的“大跃进”“人民公社化运动”造成生产力的大破坏和从 1959 年开始的三年大饥荒，并未使决策者清醒，庐山会议纠“左”半途而废，继续开展反右倾斗争，实行更大更全面的“跃进”，终于导致城市供应无法维持，不得不把 2000 多万名职工遣返原籍农村。他们回去并不能增加粮食产量，却要从原有的乡亲们嘴里再争一口饭，而使饥荒更加恶化。1966 年“文化大革命”初期，被“批倒批臭”的五类分子作为牛鬼蛇神遣回农村原籍，1968 年起，又有 1400 多万名青年学生到农村广阔天地去锻炼。尽管在苦难中磨炼出一大批人才，但学业荒废，几乎造成知识断代，后果更为严重。10 年之中 3 次人口迁移，规模之大是历史上罕见的。尽管性质、原因各有不同，但大量城市人口返回农村，与工业化、城市化的历史大趋势是背道而驰的。

高级社无视农民的个体生产的积极性，人民公社进而取消家庭的作用，完全变成保证统购统销的组织手段，党和农民良好的亲密关系也就被破坏了。以“农业”和“非农业”户口把中国公民划分成标志鲜明的两个类别。持“农业”户口的公民除考取国家大中专院校以外，原则上不能转成“非农业”户口，从而没有权利迁入城市定居，寻找职业。户籍制度是一道闸门，是维持二元结构最强有力的工具。城市户口价值千金，农村户口分文不值。城市户口的价格由城市大小、地理位置、文化环境种种复杂因素决定，同时也根据人们的“路子”不同而异。不通“路子”者，缺金少银者，申请报告写了几尺厚，跑细了腿，磨烂了嘴，熬白了少年头，夫妻天各一方不得团聚的比比皆是。在二元结构中，注销城市户口，是一种严厉的惩治。20 世纪 50 年代的“右派”分子，1960 年被遣返原籍的 2000 多万名职工都清楚地知道，原来在城市中就业、吃粮、吃菜、治病、住房、退休金等一切被视为理所当然的东西，都随着城市户口的失去而失去了。

而生活在农村的农民，分散在偏僻的农村，他们的要求、愿望、呼声是微弱的，很难集中为一个强大的声音，引起高层决策者的重视。1958 年实现“人民公社化”，片面强调公有化的程度越高越好，范围越大越好。取消评工记分，推行“吃饭不要钱”的“按需分配”方式，普遍建立公共食堂，提倡“放开肚子吃饭，鼓足干劲生产”。此事一开始就造成极大的浪费，引起农民强烈的不满。有的省级领导人对此视而不见，竟向党中央、毛泽东报告公共食堂优越性如何之大，一度几乎与总路线、大跃进、人民公社并列，称为“四面红旗”。后果越来越严重，饥荒、浮肿病、非正常死亡与此有直接关系。比较实事求是的领导干部，都已认识到应赶快取消。1959 年庐山会议，有些省的领导人就带着调查材料准备上山反映，批判彭德怀后都不敢说了，从而使本来可以早一些时间取消的公共食堂继续伤害农民。1960 年 9 月，毛泽东的堂弟毛泽荣和堂表弟文东仙从湖南老家跑到北京，接待人员要求交出书面材料，他们不肯交材料，坚持要见毛主席本人。毛泽东同他们谈了话，才知道公共食堂已经使不少人只能吃米糠、煮烂白菜，才了解到农民饿肚子、得浮肿病的实情。1961 年八届九中全会，毛泽东号召大兴调查研究之风，强调指标不要那么高，不要务虚名而招实祸。会后派了三个工作组去调查，又几经周折，1961 年 9 月八届十中全会发布《关于农村人民公社工作条例修正草案》，才正式取消了部分供给制的公共食堂。

尽管在农村经济发展的道路上走过了一些弯路，但整个过程始终坚持着党的领导，正如《中共中央关于加快农业发展若干问题的决定》(1979 年 9 月 28 日党的十一届四中全会通过)中指出的那样：“建国以来，在马克思列宁主义、毛泽东思想指引下，经过亿万农民和广大干部的艰苦奋斗，我国胜利地实现了农业的社会主义改造，粮食产量一九七八年比一九四九年增长一点七倍，经济作物和林、牧、副、渔各业以及社队企业都有不同程度的增长，取得了很大的成就。有些地区，农业的发展尤其显著。全国兴修了大量的大中小水利工程，建设了一大批高产稳产田。化学肥料、农业机械、排灌机械和农村用电，都比过去有了很大的增长。”我们必须看到，解放后的三年恢复时期和第一个五年计划期间，我们在全国范围内完成了土地改革，取得了农业社会主义改造的伟大胜利，有秩序地展开了大规模的社会主义经济建设，农业生产获得较大发展，这八年全国粮食产量平均每年递增7%。1958年，在人民公社化和“大跃进”中，广大人民群众破除迷信，解放思想敢想敢做的革命热情是非常可贵的，但由于我们对领导全国的社会主义集体农业既缺乏经验，又缺乏清醒的头脑，犯了“瞎指挥”“浮夸风”“共产风”的错误，再加上自然灾害和苏联政府废止合同、撤退专家，我国农业在20世纪50年代末和60年代初遭到了严重挫折。在党中央的领导下，经过全党和全国人民的努力，我们用了比较短的时间纠正了工作中的缺点和错误，战胜了困难，使农业很快得到恢复，并有了新的发展。

李云河与“浙江三杰”

农民对“左”倾错误的抵制，普遍的方式是消极怠工。“出工不出力”，表面上服从实际上反抗，这是最难以制服的反抗，人民公社劳动生产率长期如此低下就是证明。比较明显的则是“拉牛退社”或搞“包产到户”。“包产到户”一词，最早出现于1956年《人民日报》何燕凌的一篇报道，反映的是四川江津和安徽芜湖的事例。浙江温州地区永嘉县委副书记李云河，从中受到启发，便在当地一个名为“燎原”的合作社进行试点，并根据亲身试点和调查研究，写了一篇专文，题为《“专管制”和“包产到户”是解决社内矛盾的好办法》，得到省委一些领导人的支持，1957 年 1 月 27 日在《浙江日报》全文发表，受到广大农民和基层干部的欢迎。此文对“包产到户”作了比较深入的分析，论证了“包产到户”不会使农村产生资本主义，不会使新的社会主义生产关系变质。文章还指出：“小农经济的个体生产从大范围来讲，它一无是处，但是个体农民那种‘精打细算’‘主动干活’倒是一个长处。”这种长处“虽然是为了自己的利益和个体经济的积极性(因当时是私有制作基础)，但是这种长处一旦为社会主义生产关系采取，一旦与集体劳动的优越性相结合，就能更好地为社会主义服务，为生产服务。这种积极性就成为集体经济不可缺少的部分”。

早在 1957 年初，就能提出如此明确的见解，堪称难能可贵。永嘉县及其周围约 7 万多人口的 1000 个农业社就迅速推广开来。可惜为时不久，风云突变，“包产到户”被指责为“一股歪风”，是“戴着合法的帽子的合法单干”。接着，批判逐步升级，省、地负责人先后到这些地区“调查研究”，严肃指出“包产到户”是原则性路线性的错误，是引导农民离开社会主义道路，使合作化事业和贫下中农的利益受到了很大的损害，助长了资本主义势力的发展。据当年新华社 10 月 9 日向全国播发的电讯报道，中共温州地委在 8 月中旬召开的扩大会议上，对“包产到户”开展了辩论和批判，统一了认识，决定坚决、彻底地纠正李云河的错误，李云河随即被划为右派分子，下放劳动。“燎原”社的农民对禁止“包产到户”极为不满，打了派下来纠偏的工作组干部，事态因之扩大，被称为“燎原”事件。1958 年 2 月 21 日，永嘉为此召开了公开的审判大会，县城淹没在标语、漫画、口号和大字报的海洋中，李云河、戴洁天等“包产到户”倡导者，被宣判为“右派集团”，分别受到不同处分，下放劳动改造；20 多名“闹事”农民被判刑收监，其中徐适存以“破坏合作化”之罪获刑 20 年，未及期满即死于狱中。

5 年之后，随着空前规模的大饥荒的蔓延，李云河“包产到户”的幽灵再度复活。安徽全省性的“责任田”这里暂且不说，浙江省此时也有三个小人物公然挺身而出，为“包产到户”鸣冤叫屈。一个叫杨木水，是浙江嵊县(1998年撤县改市，改名为嵊州市)乡下一位年轻的蚕桑技术员，写了篇万言书申辩“包产到户”的好处，寄给他的同乡、全县父老景仰的北京大学校长马寅初转呈毛泽东。马老读了此信深为感动，尽管他此时因为限制人口的理论被判定“不是马克思的而是马尔萨斯的”，处境早已非比从前，还是大老远地赶回嵊县，悄悄与这位同乡后辈见了面，同他推心置腹地长谈，帮他逐字逐句地改稿，与他结为忘年之交。分手时还嘱咐他说：“正确的意见不要轻易放弃，真理是批判不倒的。”第二个叫冯志来，只有27岁，在1962年4月，埋头躲在一间小屋里写了一篇题为《半社会主义论》的文章，劈头就问，“什么是我们眼前困境的出路？包产到户！”他写完文章，凑了160元钱，搭火车去了北京，把文章送给中共中央办公厅、《人民日报》、《红旗》杂志，结果根本无人理睬。他回到家里，再接再厉又写了篇题为《怎么办》的新作，劈头又问：“错在哪里？”他笔锋犀利，毫不含糊地对人民公社大加挞伐：“天灾是次要的，‘五风’仅仅是表面现象，实质是‘左’的错误……异想天开、创造狂、虚假浮夸，都得到鼓励，在高速度的口号下，残酷地剥夺农民。大跃进变成大倒退，多快好省变成少慢差费。更不幸的是不承认这些事实。”第三个叫陈新宇，他写的比冯志来更多，连续给《人民日报》写了8封信。他告诉编辑，他“原来是去纠正包产到户的，可是反而被群众和事实说服了，现在坚决主张包产到户”。编辑后来把其中的6封信登在一个内部刊物上，加了个标题：《重视包产到户》。陈新宇说他“确信包产到户是终将出现的必然现象，有非常坚定的胜利信心，决不放弃自己的主张”。他坚持独身，闭门拒友，打算一人做事一人当。

田家英同陈新宇有点类似。1962年春节，毛泽东派他去湖南调查，期望能找到一些有利于人民公社的证据。不料田家英经过调查反而站到了“包产到户”的一边，农民对“包产到户”的热烈情绪使他感慨不已。田回京后，依次向政治局中的主要成员游说他的想法。遭到批判仍不改初衷的邓子恢主张应给农民一点“小自由，小私有”，“不能把包产到户说成是单干”。邓小平在这个时候提出了“黄猫、黑猫，只要捉住老鼠就是好猫”，“赞成研究一下包产到户”，“群众的要求总有道理”，“新生事物，可以实验”。在第一线主持中央工作的刘少奇表示要“使包产到户合法起来”。

到了1962年5月，刘少奇、邓小平都认定，全国已有大约2000万农户、1亿农民实行“包产到户”。1962年夏天，毛泽东眼看自己心血的结晶——人民公社有被“包产到户”的浪潮冲垮的危险，尤其是来自上层的支持“包产到户”之风令他不能容忍。他愤而指责“包产到户”，训斥支持“包产到户”的领导人。于是，中央出现“一边倒”的局面，没有人再站出来支持“包产到户”，1亿农民的“包产到户”再度沦为非法。一场对“包产到户”的批判运动由此兴起，涉及的人口总数达400万，还有一大批人因之丧生。首当其冲的当然是“浙江三杰”。他们的特立独行被认为是阶级斗争的新动向的突出表现，必须严加惩处。毛泽东说，“浙江出了两个半单干理论家。”冯志来由武装警察押解回乡，监督劳动，终日沉默寡言，却身揣100粒安眠药，随时准备赴死。杨木水被捕判刑，与死囚同监。他不甘受辱，大骂林彪以求速死，终因林彪垮台而幸免一死，仍被判4年而不释放。陈新宇被7次抄家，120次批斗，挂木牌、戴高帽、游街示众。“三杰”个个经历九死一生的劫难。直到20年之后，“包产到户”风行全国，被公认为社会主义的新生事物，李云河及“浙江三杰”这些早被遗忘了的小人物，才得到平反。

“牛尾巴长在牛脑袋上”

与这些“小人物”同遭厄运的，还有一批刚正不阿的领导干部，其中突出的一位叫胡开明。他是浙江乐清县人，大学毕业后奔赴延安参加革命，随聂荣臻将军到晋察冀敌后张家口一带从事游击战争。20 世纪 50 年代后期，任中共河北省委常委、常务副省长。1959 年 9 月省委召开扩大会议，贯彻庐山会议开展反右倾斗争的指示。胡开明同张家口市委第一书记葛启同在一个小组。他深知葛对党忠诚，思想敏锐，敢于负责，也敢于直言不讳，互相交谊颇深。葛对当时报纸上的浮夸颇为不满，曾辛辣地讽刺说："有人认为牛尾巴长在牛屁股上没有什么稀奇，非要说牛尾巴长在牛脑袋上才算新闻。"那些善于看风、跟风的人把他的"奇谈怪论"搜集起来编成《葛启右倾言论集》上报，会议印发后葛启便成了重点批判、斗争对象。胡开明看了材料，却暗暗为这些痛快淋漓的话叫好，更钦佩他敢于讲真话的精神，但毕竟无力回天，葛启终于被戴上右倾机会主义分子的帽子挂职审查。当时省委酝酿从省里选一个人继任，出人意料的是，胡开明竟自告奋勇地接班。这样他又一次来到了高寒贫困的张家口地区。一到那里，他立即深入基层、深入农户，跑遍了坝上坝下的山山水水。

那是个从上到下"发高烧"的年代，一方面继续"大跃进"、搞浮夸，一方面闹饥荒、饿死人。全区 70%的社队缺粮，寒冬已到，很多社员还没有一件御寒的棉衣。征购任务几乎与实际总产量相等，200 多万人生活没有着落。"牛尾巴安到牛头上才算新闻"，葛启这句受批判的"反动语言"再次震撼着胡开明的心。葛启有问题是省委定案报中央的，他管不了。在张家口，反右倾要实事求是，决不能让说"牛尾巴长在牛屁股上"的干部再受批评了。于是，他同市委几位领导一个个促膝长谈，掏出心窝里的话交换意见。书记处书记兼专员解峰对他说："老葛根本不是右倾，要检讨，我同老葛都应该检讨'左'倾。这两年大家脑子都热，办了不少极左的事，不过老葛对这一点认识得早，他想纠'左'，倒成了右倾。"终于张家口地区对基层的反右斗争"急刹车"了，不少农村基层干部幸免于难。1961 年 5 月，中央和省委发出《关于解散公共食堂的通知》，当时张家口大部分食堂早已解体。市委召开电话会议，很快报告省委，解散食堂是群众的迫切要求，一搞试点就闻风而散。接着，他又继续深入调查研究农村政策问题，研究贯彻《六十条》、“三包到组”、“三包、两定、一奖”等具体方案。1962年初，他在日记中写道：“社会主义生产关系并不存在一套固定的模式。”“新的生产经营形式已经被农民创造出来了，这就是包产到组，其核心是建立生产责任制。”这年6月，原被定为右倾机会主义分子的葛启得到平反，有人主张让他调换单位、担任副职。胡开明说：“既然平了反，就应该官复原职。”7月，他回到省委，参加了华北局召开的农村工作座谈会，就调查研究的心得作了个比较系统的发言，会后写出《关于推行“三包到组”的生产责任制建议》。此时北戴河正在举行中央工作会议，8月8日，他写了封信附上“建议”，交中共中央办公厅递呈毛泽东。毛泽东8月16日在他信上批示：“即发各同志讨论”，作为会议文件之一下发。上书没有多久，华北座谈会的气氛变了，不少支持他意见的同志改了语调，对生产责任制是一片否定之声，接踵而来的是无休止的受批判、作检讨。不过胡开明一直不完全知道内情，原来毛泽东在8月9日北戴河中央工作会议核心小组会上已经批了他。毛泽东说：“1960年以来，不讲一片光明了，只讲一片黑暗，或者大部分黑暗，思想混乱，于是提出任务：单干，全部或者大部单干。据说只有这样才能增产粮食，否则农业就没有办法，包产40%到户，单干集体两下竞赛，这实质上叫大部单干，任务提得很明确。两极分化，贪污盗窃，投机倒把，讨小老婆，放高利贷，一边富裕，而军、烈、工、干属、五保户这边就要贫困！赫鲁晓夫还不敢公开解散集体农庄。”毛还点名讲到胡开明：“河北胡开明，有这么一个人，‘开明’，但就是个‘胡’开明，是个副省长。听了批评一片黑暗的论调的传达，感到压力，你压了我那么久，从1960年以来，讲两年多了，我也可以压你一下么！”

“文化大革命”中，造反派拿出这两段“最高指示”，对他真是个晴天霹雳。从此，“胡开明倒是‘开明’，却是个‘胡’开明”才为人所知。他和他的战友一起被称为“胡、葛、解反党集团”，后来又加上张何明、王云、马哲生三人，被株连者不计其数。1978 年，16 年没有工作的胡开明终于得以平反，被中央调到安徽任省委常委、省革会副主任兼省农委第二书记，协助、配合万里又一次搞农业生产责任制，终于为中国农村改革找到了一条新路。

在这种情况下，有谁还敢为农民的利益奔走呼号，李云河式的悲剧，以后还一次再次地重复，终于使人谈“包”色变。而农民对此却念念不忘，一有机会就想包产到户，仍然一次再次地重复出现。20 世纪 80 年代初，从北京派到云贵偏僻的山区、少数民族地区调查的干部，曾发现个别村庄几十年来，除了交纳公粮和集体费用，其经营方式、耕种方法、人际关系等一直沿袭着古老的传统做法，实际上就是“包产到户”。乡里干部下来检查，情况不熟，语言不通，村里则以迎合干部的口气应付。说互助组就是互助组，说农业社就是农业社，说人民公社就是人民公社，说学大寨就是学大寨，其实干的始终是自己的一套，并无任何改变。还有一个公社，发现下边有几个偏僻的村庄搞“包产到户”，下去考察情况并不错，甚至不像一般村庄那么困难。回来开会作了一个决议，指出这几个村“包产到户”，是方向路线性的严重错误，必须坚决纠正，并订了几条办法。然后把决议往抽屉里一锁，谁也不去传达，谁也不去贯彻，一切任其自然，大家心照不宣。一旦再有上级下来检查，发现这个问题，就可以拿出这个决议，表示他们是按政策办事的，是去纠正过的，不过工作做得不好而已。这些个别事例，影响不大，但多少可以反映亿万农民为了自己的生存和发展，蕴藏着深厚的个体积极性，只能在十分珍视、保护这种积极性的基础上加以引导，决不能粗暴地加以抹杀。80 年代农村情况已有所不同，但“包产到户”作为发挥农民个体积极性的载体和手段，仍然有着极为深厚的社会基础。可以说“包产到户”是扎根于神州大地的劲草，幼弱而坚韧，广袤无边沿。野火烧不尽，春风吹又生。

三、“农业学大寨”的经验教训

大寨是“伟大领袖毛主席亲自树立的红旗”，“文化大革命”十年动乱中进而变成“无产阶级专政下继续革命的典型”。通过“农业学大寨”和后来的“普及大寨县”，使人民公社体制“左”的错误恶性发展到登峰造极的地步，也使人民公社走到了自己的反面，为家庭联产承包责任制所取代。

毛泽东为什么要树立大寨这面红旗呢？从前前后后的许多事实来判断，大概因为毛泽东经过长期的选择、比较，认为大寨充分体现了人民公社的优越性，体现了反修防修的重要性。早在20世纪50年代合作化高潮时期，他就说过，只要有一个办得好的合作社，就可以把反对合作社的一切怪论打下去。60年代初期，经过1959年庐山上那一场惊心动魄的斗争，经过1962年七千人大会，他一定更需要一个办得好的人民公社，一个有说服力的典型。

最初的先进典型

大寨是山西省太行山西侧昔阳县一个普通的小山庄，后来在农业合作化运动中成为丰产的先进典型。1955年毛泽东亲自编辑了一本名为《中国农村的社会主义高潮》的大书，审阅了大批全国各地送来的典型材料，从中选出184篇，亲自动手编辑，不少还改拟标题，撰写按语，有山西的18篇，其中还没有大寨。

1963年8月2日，大寨遭到一场毁灭性的特大灾害，连续7天暴雨，山洪倾泻而下，经过十年辛劳垒石闸坝造成的沟坡地、“大寨田”毁于一旦，庄稼不是淹没就是倒伏，房屋十室九空，梁倒墙塌。党支部书记陈永贵领导社员自力更生，艰苦奋斗，迅速战胜了灾害，恢复了生产，而且响亮地提出了“三不要”(不要国家救济的钱、粮、物)、“三不少”(向国家交售粮食、社员口粮、留的种子饲料不少于上一年)的口号，后来总结出“自力更生十大好处”。大寨在大灾之年没有减产，反而每亩增产到400公斤，按《农业发展纲要》的标准，已经“过长江”了，在当时是很了不起的。陈永贵跑到太原，通过一位昔阳老乡找到另一位昔阳老乡——省委副秘书长毛联珏，反映了灾后的变化。毛联珏高兴地说：“真是坏事变成了好事。”紧接着他就报告了省委书记陶鲁笳，陶又在全省电话会议上热情地加以表扬。省报作了长篇报道，专门为此事发表了社论。

当年11月间，中南局候补书记李一清到北京参加全国计划工作会议。这位老共产党员是昔阳南关人，南关距大寨只有5公里路，小时就熟悉这个穷得叮当响的山庄。他毕业于清华大学，抗日战争期间在山上打游击，曾任太行行署主任。听到大寨的事迹，会后赶回家乡去参观访问，看后深受感动，认为这是自力更生的典范、建设山区的榜样，值得大大推广。他到太原同老相识陶鲁笳谈了观感，又到北京写专题报告向中央反映。后来回到广州，遇到国家计委副主任王光伟。王光伟原来是准备去四川考察的，听到李一清的介绍也大受感动，竟改变行程，专程到昔阳大寨住了好几天，回京向周恩来作了口头汇报，又向中共中央、国务院分别写了书面报告，邓小平、彭真阅后也连连称好。从此大寨的事迹便逐渐在中央决策层传开，陈永贵的名字也开始出现在中南海的某些会议上。

1964年1月19日，陈永贵和另几位著名劳模，被邀请到北京人民大会堂作报告。一身庄稼人打扮的陈永贵，头上还扎着白毛巾，在主席台上一亮相就引起全场听众的惊讶。一个农民，第一次到国家级的讲台上讲话，一开始难免有一点拘谨，但他很快就适应了，滔滔不绝地讲开了，什么老少组与好汉组，什么三战狼窝掌，什么自力更生十大好处，他如数家珍，讲得头头是道。尽管他不识几个字，却是个绝顶聪明的人。坏事变好事、精神变物质这些新学来的名词，他都能理解并与他讲的生动事例融会贯通起来，这些听惯了大报告的北京人完全被镇住了，感到既无比新鲜又富于哲理，简直是闻所未闻，眼界大开。

接着，新华社记者宋莎荫、范银怀奉命到大寨采访，要写一篇向全国报道的长篇通讯。社长穆青亲自到太原进行具体指导。2 月 24 日，长篇通讯报道《大寨之路》向全国播发，《人民日报》专配了一篇社论：《用革命精神建设山区的好榜样》。《山西日报》记者张丽泉、郝占敖汇集了省报写的一些报道，由山西人民出版社出版了第一本关于大寨的书：《大寨精神大寨人》。

1964 年 3 月 28 日，毛泽东南下视察，专列开进河北省邯郸车站，在此作短暂停留，把河北省负责人林铁、刘子厚和山西省负责人陶鲁笳找来座谈。陶鲁笳抗日战争初期曾任中共昔阳中心县委书记，几次去过大寨调查，情况很熟悉，汇报既详细又生动，毛泽东听得津津有味，便问："陈永贵是哪几个字？"陶鲁笳在纸上写清后，毛泽东说："听说过，报纸上有篇文章，我还没有细看。"随即让秘书把发表《大寨之路》的那张《人民日报》找来，继续听陶鲁笳汇报。他还插话说："山沟里出了好文章，陈永贵识字不多，做的事情可不少！"据说毛泽东视察路过各省，都谈过大寨的事，说大寨是一面旗帜，你们学不学？农业要过关，没有大寨那种精神不行哪！话从毛泽东的嘴里说出来，分量当然就不同了。1964 年 3 月，毛泽东在一次中央政治局扩大会议上说，"农业主要靠大寨精神，靠自力更生，要多出几个大寨，多出几个陈永贵。"随后不久，《人民日报》发表了《农业靠大寨精神》的社论。

1964 年 5 月，农业部部长廖鲁言亲自带领了一个工作组，到大寨蹲点考察了 20 多天。他充分肯定了大寨的经验，又调查了昔阳与大寨气候、地理、土质条件不同的几个典型,互相做了比较,指出大寨的某些不足之处。他语重心长地说:“全国工业上学大庆,农业上学大寨,这是中央决定的,主席和总理说了话的。这面旗帜垮下来可不行。”他风趣地指着陈永贵说:“白羊峪的王殿臣过去是你们的老师,畜牧业搞得好,现在他学你。过几年不注意,你又得学人家。”陈永贵频频笑着点头。廖部长接着说:“总理派我们来调查,就是想让大家来学的。但先进不是一切都先进,各部门都要求大寨来个第一,根本不可能。这样会把大寨搞垮。千万不要搞垮了,不要把自力更生的牌子砸了。”

1964 年 12 月,第三届全国人民代表大会第一次会议在北京举行。周恩来在会上作《政府工作报告》时,介绍了大寨这个依靠人民公社集体力量,自力更生进行农业建设、发展农业生产的典型,并对大寨精神做了概括:“大寨大队所坚持的政治挂帅、思想领先的原则,自力更生、艰苦奋斗的精神,爱国家、爱集体的共产主义风格,都是值得大大提倡的。”这是中央领导人对大寨的权威评价,经常在各种场合和文件中被引用而为人所熟知。

1964 年 12 月 26 日,是毛泽东 71 岁生日。毛泽东一生很少请人吃饭,这次生日小聚可说是例外。应邀出席的有大寨代表陈永贵、大庆代表王铁人、著名科学家钱学森、知青代表邢燕子、董家耕。地点在人民大会堂的一个小餐厅,品字形地摆了三张桌子。周恩来遵照毛泽东的嘱托,特意把四位劳模和钱学森安排在毛泽东那一桌上,刘少奇、邓小平等党和国家领导人及各大区书记分别坐在另外两张桌子上。席间毛泽东谈笑风生,不断同几位劳模碰杯。他还亲切地问这几个人的年龄,问到陈永贵时,陈回答:“五十。”

“噢,五十而知天命,搞出一个大寨来,很好。”从此,大寨便成为毛主席亲自树立的农业战线上的一面红旗。

“农业学大寨运动”

1966年8月9日，《中共中央关于无产阶级文化大革命的决定》（即《十六条》）公布。文件强调，完全同意毛主席的英明决策，号召工业学大庆，农业学大寨，全国学人民解放军。大寨这仅有80户人家的偏僻的小山庄从此代表了未来农村的理想世界，成了“农业学大寨”运动的圣地。此后十几年中，全国有700多万人次各级农村领导和基层干部及农民代表，不远千里、万里来此“朝圣”。还有134个国家和地区2288批国际友人，25478位不同肤色、不同国籍和不同信仰的外宾登临大寨的虎头山。最多的一天竟接待过50批外国客人。其中不少是国家元首一级的大人物。在史无前例的“文化大革命”中，大寨红旗高高飘扬，陈永贵由农村基层党支部书记变为公社、县、地区和省级领导干部，数年之中升为党的中央委员和中央政治局委员，国务院主管农业的副总理。他仍然是一身农民打扮，头上还扎着白毛巾，频频出现在电影、电视镜头中，这也可以说是史无前例的。

中国幅员辽阔，农村的自然条件、经济条件千差万别，只树一面红旗，只学一个大寨，这种做法本身就不科学，不实事求是。廖鲁言在大寨蹲点调查时，新华社记者、《大寨之路》作者之一范银怀始终同调查组一起活动，晚饭后大家在坡梁上散步，他有机会多次与廖闲谈，廖曾对他谈过这个看法。大寨社员的艰苦劳动使廖鲁言很受感动，他对耕作上的“三深法”（深耕、深翻、深种）、“三保田”（保水、保肥、保墒）、“海绵地”“大寨田”等所表现出来的创造精神深为赞许，但对陈永贵和党支部通过思想政治工作强行高积累、低消费的做法以及自报公议的评分办法却持保留态度。

这种“自报公议工分”有一个演变过程。初级社时期，大寨的劳动记酬方法是“死分活评”。高级社和人民公社初期，实行定额管理，按件计酬。这个办法对调动社员积极性，提高劳动工效和农活质量，起过积极作用。但是由于定额太多，过于繁杂，影响干部参加劳动。1960 年由繁到简，改为“农活分项计酬”的办法，对于数量质量容易检查验收的“明活”，如运输、挑粪等，仍按劳动定额分别计酬；对农田基本建设和一般田间农活开始实行“标兵工分，自报公议”的办法。就是在干完一项农活之后，在社员中选出一个劳动好、质量高的社员为标兵，确定一天的最高工分，大家按这个标准自报应得的工分，然后互相评议，一天一评或十天、半月一评。这种办法基本上体现了多劳多得，社员还是比较满意的。1963 年遭灾后，全部取消了劳动定额，实行了“标兵工分，自报公议”，评议时间也改为一月、一季或一年一评。简便是更简便了，社员的民主权利却更少了，切身利益更受干部支配了。廖鲁言对此做过详细调查研究，担心长期下去社员的积极性能否持久。这时“文化大革命”将临，突出政治成为风尚。陈伯达没有去过大寨，得知此事后却做了一次“关于大寨评工记分的谈话”，对此大加推崇，说什么“大寨找到了适合中国农村情况的新办法，是中国农民土生土长的新经验”，“所有社会主义国家，都没有解决这个问题”，“是世界最好的办法，有普遍国际意义”。而农民却把这种评工办法称为“大寨工”或“大概工”，并不高兴。因为工分的多少关系到农民的直接利益，每天争吵固然不好，但“大概工”实际上助长了平均主义，否定了《六十条》中规定的按劳分配、定额记分的政策，农民认为是夺走了他们的“命根子”。尽管如此，总的来说，当时大寨还是个艰苦奋斗、建设山区的好典型。“文化大革命”兴起，大寨成为毛主席亲自树立的红旗之后，日渐自我膨胀，自以为一切正确、一贯正确。1967 年初，陈永贵被“造反派”捧为“毛主席的好学生，我们的好标兵”，参与了山西省和晋中地区及昔阳县的夺权，成为昔阳县掌握实权的第一把手。党的第十次全国代表大会上，陈永贵成为政治局委员和副总理以后，还同时兼任从中央到地方到基层各级的党政领导职务，在大寨和昔阳，一切由他说了算，他不点头，什么事也办不成。

从“农业学大寨”到“普及大寨县”

1970年夏召开的北方农业会议，是有14个省、市负责人参加的重要会议，也是“农业学大寨”的一个新起点。会议前夕的9月23日，《人民日报》发表社论，指出：“昔阳从一个大寨大队发展为大寨式的县，粮食亩产过‘纲要’，其经验可贵之处，就在于它提供了一个县的范围内全面学大寨、用毛泽东思想教育人，以较快的速度跨‘纲要’的范例。”社论还引用毛泽东在一封信里的话：“昔阳能办到的，你们难道不行吗？一年不行，两年不行，三年行不行？四年五年总可以了吧……”这一句话，之后到处传播，给各地造成了很大的压力。在这次会议上，昔阳县革委会把解决“五种人”掌权，整顿农村基层领导班子问题，作为建设大寨县的一条重要经验，向全国介绍推广。所谓“五种人”指的是混进领导班子的坏人、被拉下水的蜕化变质分子、热衷于走资本主义道路的人、老好人和思想停留在民主革命阶段的人即民主派。陈永贵经常说，“学大寨，赶大寨，手中无权学不开。”1967年在昔阳夺权后，从冬季开始通过整党的形式，解决了“五种人”的问题。实际上是从政治需要出发，人为地制造各类“反面典型”，随意整治。当时以“五种人”点名批判过的基层党支部主要负责人有117人，占总数的1/3。昔阳建成大寨式的县，为毛泽东提供了有说服力的样板，证明“以阶级斗争为纲”这一方针的正确性。昔阳干部参加劳动，原来确实比较好，但后来夸大为“一、二、三”制度（即县级干部每年劳动100天，公社干部劳动200天，大队干部劳动300天），显然是不可能做到的，却被推崇为“反修防修”的根本制度，得到毛泽东的高度评价和有力的支持。

昔阳建成大寨县后，“农业学大寨”运动就发展为普及大寨式的县，不仅农业要学大寨，工业、财贸、文化、教育等各个方面都得学大寨。昔阳县经济并不发达，大寨当时只有一个初中生、十几个小学生，其余全是文盲。什么都学大寨怎么可能呢？于是，所谓教育学大寨就变成用无产阶级政治占领一切文化阵地，把学校建成无产阶级专政的工具，从根本上结束资产阶级知识分子统治学校的局面，强调学生要当“小闯将”，不要当“小绵羊”。所谓财贸学大寨，突出了两条：一是要求财贸战线职工参加农村劳动，干部100天，职工200天到300天，大搞农田基本建设；二是让国营商业占领农村市场，取消农村集市贸易，狠抓流通领域里的阶级斗争，“管紧、管严、管死”。所谓公安学大寨，就是学大寨的斗争哲学，全面专政，群专群管，在彻底砸烂公检法，以群众代替法制的时期，又注入了一个推行极左路线的样板——大寨治保委员会的“经验”，把反大寨、不学大寨、假学大寨视为阶级敌人，加以迫害。此外，还有什么卫生学大寨、邮电学大寨、文艺学大寨、民兵学大寨，等等。一个时期，不管哪个系统，什么行业，开展什么活动，都要贴上“学大寨”这个标签。本来是违背真理的谬误，经过千百次重复变成了谬误的“真理”。

在学大寨、普及大寨县的那些年，最响亮的口号是“大批判开路”“大批促大干”“大批资本主义，大干社会主义”“堵不住资本主义的路，就迈不开社会主义的步”。翻开报纸，至少每隔几天都有关于大寨和昔阳的大块文章、大字标题，成为“文化大革命”大批大斗中的一个突出的景观。新华社《文化大革命促进学大寨运动》的述评指出：“大寨不是个生产典型，而是所有制变革以后农村如何继续革命的一面旗帜”①；1975年6月20日《人民日报》刊出大寨铁姑娘的文章：《加强思想文化领域的专政》②；10月21日《人民日报》刊出昔阳县革委会的文章：《在卫生战线实行无产阶级专政》③；《人民日报》10月21日社论《普及大寨县》，强调学大寨要真学，

① 见1975年8月3日《人民日报》。
② 见1975年6月20日《人民日报》。
③ 见1975年10月21日《人民日报》。

真学就是抓根本，抓阶级斗争，要敢批敢斗。[①] 这样使广大农村变成了斗私批修的大学校、大战场。

“左”倾错误的膨胀

陈永贵夸耀大寨每年有个“新套套”，实际上往往是“左”倾错误的膨胀，最突出的要算“割尾巴”“取消自留地”“穷过渡”。

大寨这个原来只有78户人家的小山庄，是个独立核算单位。说它是小队，是个大小队，说它是大队又是个小大队。公社化时期一直是大队核算，其实同一般生产队（小队）核算规模差不了太多。1963年遭灾后，新建的住房全由集体修建，从此取消了社员的自留地。后来管理进一步加强，几乎是完全限制了社员发展各种家庭副业，没有户养的猪羊，不准社员到集市上出售农副产品。所有这些，都与大寨当时的具体条件，也同“大寨工”一样，有个演变的过程。在“农业学大寨”“普及大寨县”运动中，这些便变成中央的政策向全国农村推广，发展到荒唐的程度。除了集体分给社员的粮、钱、物以外，凡是个人增加的东西，都被当作“资本主义”加以批判，当作“尾巴”加以割除。1970年，昔阳把全县到外地搞运输和其他副业的几千名劳力、几百辆马车收回社队，向全国介绍了“车马归队、劳力归田、大砍运输业”的所谓经验。有些大队只允许“一户一猪一树”“一人一鸡一兔”，超过的都得割掉。在“割尾巴”过程中，大批形形色色的资本主义，对于资本主义的解释越来越五花八门。城关公社作了七条总结：“（一）搞农业是社会主义，搞工业是资本主义；（二）农业收入高于工副业收入是社会主义，工副业收入超过农业收入是资本主义；（三）公社搞是社会主义，大队搞是资本主义；（四）集体搞是社会主义，个人搞是资本主义；（五）在本地搞是社会主义，到外地搞是资本主义；（六）直接服务于农业的

---

① 见1975年10月21日《人民日报》。

工副业是社会主义，和农业不能直接挂钩的是资本主义；（七）不赚钱或少赚钱的是社会主义，‘利大大干，利小小干、无利不干’的是资本主义。”可谓把“一大二公”越大越公的“左”倾观点发挥得淋漓尽致。后来又提出什么“批判集体经济内部的资本主义”，把“批资、堵路、割尾巴”从集体外部转入内部，推向新的高潮。普及大寨县的口号提出后，“割尾巴”“取消自留地”“穷过渡”更由昔阳而山西而全国，流毒更广，危害更大。

参观的人们初到大寨和昔阳，看到治理的沟坡、硕壮的庄稼、整齐的排房、山河的巨变，无不为之振奋。后来宣传得太多了，反而引起了怀疑和反感。大寨人特别吃苦耐劳，劳动强度大，这是没有疑问的。但它的辉煌成就并非完全来自于自力更生。大寨成名后曾得到昔阳县大批机关干部、工矿工人和兄弟社队在劳动力上大量的无偿支援，还有个固定的“长工队”，即大寨接待站十六七个工作人员，每年要投4000多个工。大寨境内有6个蓄水池，只有一个小的是自己修的，其他5个和10多里长的渠道、涵洞、渡槽，都是县、社专业队、机关干部和解放军分别帮助修建的，总投工达7万多个。300多间瓦房和100多孔窑洞，大部分也是雇用外来劳力修建的。昔阳建成大寨县，强调要算“政治账”，实际重搞“一平二调”。很多大工程集中在公路边，集中到几个先进队、参观点上，为数众多的公路线以外的小村、山庄、穷队负担很重，得益甚少，面貌改变不大。由于昔阳成为大寨县，也就从地区和省里得到了更多无偿的支援。昔阳县从1973年到1977年虚报粮食1亿万斤之多。1977年末，联合国粮食考察团去昔阳考察，听说皋落大队搞得好，就去了皋落。这里粮仓有10万斤玉米，但颗粒小，不中看，公社连夜让社员从公社粮仓借200麻袋玉米送到皋落粮仓充数，把原10万斤小粒玉米说成是饲料粮。

党的十一届三中全会以后，人们对“大寨”和陈永贵弄虚作假、欺上瞒下的行为日益反感，带头揭开这个盖子的是农业专家、农业部原副部长杨显东。1978年7月，中国农学会在太原召开全国农业科学大会。会后杨显东率领一批棉花专家、小麦专家、玉米专家、畜牧专家、水稻专家、园艺专家、植保专家、土壤学专家去大寨参观。经过实地考察，结果大失所望，认为没有树木、没有畜牧，也说不上综合经营，不符合农业全面发展的方针。回京以后，他又以农业经济学会的名义，先后组织了有 60 多人参加的座谈会，作了进一步的研究。1979 年春，在全国政协的小组会上，他尖锐地提出："我认为，动员全国各地学大寨是极大的浪费，是把农业引向歧途，是把农民推入贫困的峡谷。"这一发言成了爆炸性的新闻，得到绝大多数政协委员的支持和赞扬，一位来自大寨的委员却接受不了，农业部党组的一位负责人竟说："老杨，你这个发言是错误的，中央没有说的，你不应该说。未经部党组同意，一切后果由你个人负责"，而且要他去向大寨那位委员道歉。杨回答说："作为一个共产党员，一个农业科学家，我要对 8 亿农民负责，讲出真实的情况。如果再捂盖子，我会受到自己良心的谴责！"

盖子一经揭开，就再也捂不住了。揭发、批评大寨的报道陆续见报。夏秋以后，更是一发不可收拾，使那些因吹捧大寨而平步青云的人变得惶惶不可终日，真心也好，应付也罢，不能不对"农业学大寨运动"中出现的问题，开始进行检讨。

1979 年 2 月间，中共山西省委召开扩大会议，出席会议的全省各级干部，要求省委深入总结"农业学大寨运动"中的教训。与会者普遍认为，山西如何落实三中全会精神，落实农村经济政策，很大程度上与如何正确对待"大寨经验"有直接关系。山西农业要发展，一定要冲破"学大寨"这个"禁区"。前几年把"学大寨"绝对化，动不动就说人家"反大寨"，说什么"反大寨就是走资派"，这是禁锢人们思想的"紧箍咒"。"反大寨"在山西已成为一根棍子，打得大家有话不敢说。

会上不少人指名道姓批评了省委领导人在"农业学大寨"运动中的错误。粉碎"四人帮"之后两年来，山西省委在推广大寨经验中，仍然要求各地坚定不移地推广大寨的"一整套具体经验"，只准念大寨"一本经"，强调

“大寨咋办，全省咋办”，还说不这样做，就是对大寨经验的“抽象肯定，具体否定”。这与党中央的政策和新宪法的精神相背离，妨碍了党在农村现阶段各项基本经济政策的落实。

在这次会上，山西省委第一书记王谦代表省委常委在作总结时说，在推广大寨经验中出现的问题，责任在省委，由我负主要责任。“文化大革命”以来乱给干部扣“反大寨”的帽子，这种做法是错误的，在这方面的一切不实之词应一律推倒。

接着，中共昔阳县委召开常委扩大会议和县委扩大会议。会上县委书记李喜慎代表县委检查了昔阳县“文化大革命”以来工作中存在的虚报粮食产量等 7 个方面的问题。但是整个检讨很不深刻。以后事实证明，当时李喜慎本人思想上还没有转过弯子来，昔阳坚持不放自留地，不开放集市贸易，也不搞“真理标准”的讨论。总之，一切照旧。

思想没有转过来的不是李喜慎一人。当时昔阳县委还有一些人没有想通。1980 年 6 月中共昔阳县委扩大会议上，县委书记刘树岗谈起一年前，十一届三中全会之后那段时间，昔阳有人企图把“学大寨”同“文化大革命”中的极左路线分开。他说，实际上这是分不开的。因为，从客观上讲，“文化大革命”极左路线横行，林彪、“四人帮”出于他们反动的政治需要，自然要利用大寨，利用昔阳这个先进典型，为他们推行极左路线服务。从主观上讲，我们理论水平低，识别能力差，盲目地追赶浪头，确实执行了极左路线，办了不少蠢事。有人说，我们是对极左路线有抵制、有执行，在执行中有抵制，在抵制中有执行，而且抵制是主要的，这不符合实际情况。如果我们真正抵制了极左路线，在三中全会以后，就应该理直气壮地批判“左”的路线，执行党的路线、方针、政策。然而我们在相当一段时间内并没有这样做，而是同极左路线有一种难舍难分的感情，对党的三中全会路线很不理解。

这段话真实地反映了三中全会之后那段时间里，昔阳不少人的思想状况。两个月后，1979 年 5 月 7 日，陈永贵回到昔阳主持召开中共昔阳县委扩大会议。会上李喜慎谈昔阳形势，竟说“三中全会以来，没有动摇我们大搞农田基本建设的决心”。这句话里有话的话，反映出当时昔阳县委一些人对三中全会的基本态度。

直到 1979 年秋天，陈永贵迫于形势，也接受了中央的劝告，开始改变“顶牛”态度，昔阳县委才开始行动起来，落实三中全会精神。

1980 年 11 月 23 日，党中央批转了山西省委《关于农业学大寨运动中经验教训的检查报告》。批语中指出：“‘文化大革命’以来，在山西省内推行大寨经验的错误以及由此造成的严重后果，山西省委已经承担了责任。就全国范围来说，主要的责任，在当时的党中央。”对于大寨，批语中说：“‘文化大革命’以前，大寨的确是农业战线上的先进的典型，周恩来所总结的大寨的基本经验以及这些经验在全国的推广，也曾经起过积极的作用。‘文化大革命’以来，在大寨和昔阳县推行‘左’倾路线以及由此造成的严重后果，主要应由陈永贵同志负责。中央希望大寨和昔阳县的干部和群众，在实事求是地批评陈永贵同志的错误（不要登报点名批判），认真地总结经验教训以后，恢复过去自力更生、艰苦创业的好作风、好传统，结合自己的实际，切实贯彻执行党在三中全会以来制定的各项政策。只要振奋精神，和农业战线的其他先进典型取长补短、互相促进，大寨和昔阳就不但能够恢复过去应有的荣誉，而且一定可以取得新的进步，同其他先进典型并驾齐驱，为我国社会主义建设做出新的贡献。”

“农业学大寨运动”在这里画上了句号，这一页历史终于翻过去了。有些人认为，“大寨经验”和“学大寨运动”是强调抓生产的，只是方法不对，不能否定得过头。对大寨抱有好感和同情，这是完全可以理解的。大寨农民艰苦创业的精神永远值得学习和发扬，他们本身也是受害者。但不能因此否认所谓“大寨红旗”是极左路线的产物，教训必须深刻记取。

在十年“文化大革命”中，损失最重的是农业，受害最深的是农村，牺牲最大的是农民，许多农民付出了温饱和生命的代价。1978 年全国农民人均年度纯收入为 133.57 元，比 1957 年仅增长 60.62 元，每年平均增长率只有 2.9%[①]，其中 90%以上为实物，货币收入不足 10%。同时，还有 2.5 亿多人口尚不得温饱。当时有一份关于某个贫困地区的报告曾经指出，过去我们不仅剥夺了农民的财产，也剥夺了农民的自由。这是造成农民贫困状况几十年改变甚少的两个重要根源。农民之所以至今还没有起来打扁担，主要是由于我们党在战争年代与农民有过非常牢靠的血肉关系，后来又结束战争，建立人民政权，给了农民几十年和平生活。但如果还不对过去的农村政策作出重大调整，农民终究会起来打我们的扁担。可以肯定，如果没有农村改革，后果真是不堪设想的。

---

① 见国家统计局农业统计司编《我国农民生活的巨大变化》，中国统计出版社 1985 年版，第 5—9 页。

四、批判性继承与创造性发展

历史的转机是从打倒“四人帮”、结束“文化大革命”开始的。

1976 年 9 月 9 日，毛泽东同志逝世，中国向何处去的问题摆在党和人民面前，也摆在主持中央工作的华国锋同志面前。华国锋自抗日战争到“文化大革命”前，先后担任过县至省一级的领导职务，后来到中央工作。在历史发展的重要关头，华国锋同志同“四人帮”篡党夺权的阴谋活动进行了坚决斗争，并提出要解决“四人帮”的问题，得到了叶剑英、李先念等中央领导同志的赞同和支持。同年 10 月 6 日，华国锋等同志代表中央政治局，执行党和人民意志，采取断然措施，对王洪文、张春桥、江青、姚文元等人实行隔离审查，一举粉碎“四人帮”，挽救了党，挽救了中国社会主义事业，推动党和国家事业发展翻开了新的一页。

粉碎“四人帮”后，华国锋同志领导揭批“四人帮”，重视恢复和发展工农业生产，动员全党为建设社会主义现代化强国而奋斗，派员学习外国的成功经验，引进先进技术，要把农业搞上去，采取减轻农民负担的措施等，在多个方面做了很大努力，起了积极作用。但是，华国锋同志提出和迟迟不改正“两个凡是”的错误方针，影响了对“文化大革命”错误理论、政策的纠正，仍然坚持“以阶级斗争为纲”，在农村推行被“文化大革命”扭曲的“农业学大寨”，限制家庭副业，搞向大队核算的“穷过渡”等。这些都表明，由他来领导纠正党内的“左”倾错误是不可能的。

当时的社会情况显示，粉碎“四人帮”的胜利，激起全国的欢腾，使人们在窒息般的重压中长长地吐出了一口气，看到了透过乌云露出的曙光。

但是，如何认识面临的错综复杂的形势和人民群众的要求，如何从问题成堆、困难成山的混乱中找到出路？在决策层中思想并不统一，在一些重大原则问题上仍然存在着分歧。广大干部群众重新点燃了希望的火花，要求全面深入地揭批和清算林彪、“四人帮”反革命集团的罪行，纠正长期以来的“左”倾错误，废止“以阶级斗争为纲”的口号，实行以现代化建设为中心，迅速恢复和发展生产，改善和提高人民生活。而华国锋的思想认识与群众的根本要求有很大距离，这是由特定历史条件和个人局限所决定的。

历史的发展并不是一帆风顺的，在回顾这段历史的时候，我们在总结历史经验教训的时候，不能太苛求前人。

“两个凡是”与继续“普及大寨县”

1977 年 2 月 7 日，《人民日报》、《红旗》杂志和《解放军报》同时发表了《学好文件抓好纲》的社论，明确提出：“凡是毛主席提出的决策，我们都坚决拥护，凡是毛主席的指示，我们都始终不渝地遵循。”“两个凡是”的方针，阻碍和压制了全国人民日益高涨的纠正“左”倾错误、打开一个新局面的历史性要求。

华国锋对毛泽东亲自树立的大寨红旗情有独钟，呵护备至，对“农业学大寨”和“普及大寨县”运动更是全力支持和推广。1975 年 9 月 15 日至 10 月 19 日召开的第一次全国农业学大寨会议，华国锋代表中共中央、国务院作了《全党动员，大办农业，为普及大寨县而奋斗》的总结报告，后经毛泽东圈阅批准，于当年 10 月 25 日作为中共中央 21 号文件下发全国各地。报告指出：“农业学大寨、普及大寨县，是一个在无产阶级专政下继续革命，多快好省地建设社会主义农业的伟大革命运动。全党从中央到省、地、县各级党委，必须把这个运动切实抓到自己手上，实行一元化领导，组织各条路线、各个部门齐心协力，为争取这一运动的伟大胜利而奋斗。”仅隔一年，又召开了第二次全国农业学大寨会议，规模比上一次更大，更是加快“农业学大寨、普及大寨县”的步伐，重申 1980 年把 1/3 的县建成大寨县，全国基本上实现机械化；强调“以粮为纲，全面发展”，实现粮棉油猪和各项经济作物、林牧副渔各业的生产超《纲要》、超计划的奋斗目标。

如何看待“文化大革命”，如何评价毛泽东的功过，如何科学地认识和评价毛泽东思想和他晚年的错误，是粉碎“四人帮”后走出层层迷雾开创新局面的关键。拨乱反正，既要拨林彪、“四人帮”破坏之乱，又要纠正毛泽东晚年的错误。不这样做，就不能彻底冲破“左”倾思想的束缚，把党的事业推向前进。

改革的预演

早在 20 世纪 20 年代初期，邓小平在法国勤工俭学时就成为一名共产主义战士。他是红七军、红八军和在右江根据地的创始人之一；中央苏区时期，他是坚持正确路线而受到错误批判的“邓（小平）、毛（泽覃）、谢（唯俊）、古（柏）”之首；他是战功卓著的开国元勋之一，素以精明干练、举重若轻为人所称道。1956 年党的八大讨论人事安排时，毛泽东推荐邓小平担任总书记职务，说他比较公道、比较有才干、比较能办事。1974 年，周恩来病重，“左”倾错误导致的混乱已接近无法收拾的地步，“四人帮”经过秘密策划，妄图阴谋组阁，毛泽东赞同周恩来的推荐，把邓小平请出来，称赞他“政治思想强，人才难得”，让他担任中共中央副主席、国务院第一副总理、军委副主席和总参谋长等重要职务。他受命于危难之际，刚刚出来工作，就不负众望，以高屋建瓴、势如破竹的革命魄力，以运筹帷幄、决胜千里的领导才能，很快取得了成效，扭转了局面，因而遭到“四人帮”的忌恨，再一次被打倒。但这短短一年的治理整顿，已在全国人民的心中点燃了希望，成为后来改革开放的一个预演。此前好几年时间，他在南昌近郊一个机械厂接受监督劳动，孤单地居住在一座旧建筑中，几乎与外界隔绝，曾不断在庭院的小径上来回踱步。想必在那个时候，对历史与现实、革命与建设的种种问题，他已经翻来覆去地深思熟虑过了，对什么是社会主义、如何建设社会主义，也有了与过去不同的见解。他是20世纪60年代初期中共中央主持反修理论斗争、起草“九评”的负责人，20多年后的1989年他会见苏共中央总书记戈尔巴乔夫时曾说：“多年来，存在一个对马克思主义、社会主义的理解问题。从1957年第一次莫斯科会谈，到60年代前半期，中苏两党展开了激烈的争论。我算是那场争论的当事人之一，扮演了不是无足轻重的角色。经过20多年的实践，回过头来看，双方都讲了许多空话。马克思去世以后100多年，究竟发生了什么变化，在变化的条件下，如何认识和发展马克思主义，没有搞清楚。绝不能要求马克思为解决他去世之后上百年、几百年所产生的问题提供现成答案。列宁同样也不能承担为他去世以后50年、100年所产生的问题提供现成答案的任务。真正的马克思列宁主义者必须根据现在的情况，认识、继承和发展马克思列宁主义。”①这一段话，是意味深长，值得反复咀嚼的。

邓小平之所以能成为改革开放的总设计师，与其说由于他的资历和威望，不如说由于他深刻反思“文化大革命”的教训，对毛泽东思想的继承和创造性发展。1977年4月10日，邓小平在全国呼声越来越高但还没有被批准出来工作的时候，曾经给中共中央写过一封信，针对“两个凡是”的观点，指出必须准确地、完整地掌握毛泽东思想体系。5月，他明确指出“两个凡是”是错误的，不能够只从个别词句来理解毛泽东思想，要善于学习、掌握和运用毛泽东思想的体系，来指导我们的各项工作，这样才不致割裂、歪曲毛泽东思想。对于以高举毛泽东思想旗帜之名继续坚持毛泽东晚年错误之实的“两个凡是”，这无疑是个有力的冲击，使一些特别明

① 见《邓小平文选》第3卷，人民出版社1993年版，第291页。

显、遭到群众广泛抵制的极左错误不得不有所收敛。但由于对毛泽东本人的崇拜经过“文化大革命”已达到登峰造极的地步，“文化大革命”的理论与实践是根本性而不是片言只语的错误，已与毛泽东思想混在一起而泛滥成灾，仅仅提出完整、准确地理解毛泽东的思想体系，还不足以使人们完全醒悟过来，纠正“文化大革命”中已形成完整体系的“左”倾错误，实行拨乱反正。

关于真理标准讨论

正在这时，1978 年 5 月 11 日《光明日报》以特约评论员名义发表了题为《实践是检验真理的唯一标准》的文章。此文的特色在于“唯一”二字，即强调实践是检验真理的唯一标准，而没有任何可与之并列的第二个根本性的终极的标准，从而鲜明突出地重申了马克思主义认识论的原理，从理论上根本否定了“两个凡是”的错误，为区分毛泽东思想和毛泽东晚年错误提供了极为犀利的思想武器。此文还尖锐地提出“四人帮”加在人们身上的精神枷锁还远远没有被粉碎，对“四人帮”设置的禁区“要敢于去触及，敢于去弄清是非”，并提出不能拿现成的公式去限制、宰割、裁剪无限丰富的飞跃发展的革命实践，应该勇于研究新的实践中提出的问题。由于这篇文章是在中共中央采纳了邓小平关于要完整地、准确地理解毛泽东思想体系的意见以后，在聂荣臻、陈云等老同志关于全党必须坚持实事求是的革命作风的文章陆续发表之后，全国上下对“两个凡是”的错误方针日益不满、纷纷抗议的情况下发表的，因此引起了特别巨大的反响。新华社当时转发了此文，《人民日报》《解放军报》次日同时转载，引发了一场全国性的大讨论，出现了两种截然相反的态度。华国锋指示中央宣传部对这场讨论“不表态”“不介入”；《人民日报》在转载此文的当晚就接到一个口气严厉的电话，说“这篇文章犯了方向性的错误，理论上是错误的，政治上危害更大，很坏很坏”。17日，汪东兴在一次会议上斥责登这篇文章的负责人“没有党性”，提出“要查一查，接受教训，下不为例”。但是，这场讨论已不可能按照他们的意愿冷却下去，而逐渐发展为一场声势磅礴的思想解放运动，为不久后召开的党的十一届三中全会作了思想准备，吹响了改革开放的冲锋号。

现在有些回忆文章、电视片，对这场运动进行评价时，都谈到南京大学哲学系教师胡福明写的文章。胡当时写过一篇题为《实践是检验一切真理的标准》的文章，原拟1978年4月上旬在《光明日报》“哲学”专刊上发表。总编辑杨西光审阅时认为这样一个有重大现实意义的题目，作为一般的学术论文来发表可惜了，决定先撤下去，要求加强现实针对性，把当时影响拨乱反正的一些问题，提到思想路线上来阐述、论评。随后得知中央党校理论研究室孙长江早在撰写同一主题的文章，便请孙、胡两位共同研讨修改。这篇定名为《实践是检验真理的唯一标准》的文章，由孙长江执笔重写，历经一个多月，先后修改10次，由胡耀邦最后审定，5月10日刊登在中央党校主办的内部刊物《理论动态》上。5月11日，在《光明日报》一版显著位置以特约评论员名义发表，与胡福明的原文从内容到文字已有重大差别。由于反响巨大，争论激烈，胡耀邦又组织党校的吴江写了另一篇评论《马克思主义的一个最基本原则》，得到罗瑞卿支持，帮助审阅修改定稿，也以特约评论员的名义在6月24日《解放军报》发表，专门批驳对前一篇文章的责难，集中批判了林彪、“四人帮”对理论与实践关系的根本颠倒，指出一些人之所以要坚持“两个凡是”的口号，除了人们思想往往落后于实际这一点外，还因为有一部分人的利益或多或少地同这些旧的口号联系在一起的缘故。接着，胡耀邦又组织了一篇文章《一切主观世界的东西都要经过实践检验》，9月10日刊登在《理论动态》上，同月26日又以特约评论员的名义在《人民日报》发表。在此期间，邓小平刚刚出来工作，他一见到《实践是检验真理的唯一标准》这篇文章，就认定此文对解放思想、恢复实事求是传统，比他关于系统、完整理解毛泽东思想的提法更有说服力，便大力加以倡导，使之成为声势浩大的思想解放运动。从前后整个过程看，胡福明是文章作者之一，孙长江使此文提高了思想性、针对性，大大增强了震撼力；杨西光独具慧眼，果断处理；胡耀邦是这一场讨论的具体策划者、组织者；陈云、聂荣臻、徐向前、罗瑞卿等许多老同志都曾分别给予过大力支持；邓小平则使之发展为一个全国性的思想解放运动，用历史唯物主义的基本观点，武装全国人民的头脑，从根本上破除个人迷信，使毛泽东从神回到人，进而认识到任何人，包括伟大的领袖人物，都是社会和时代的产物，不能不受到社会环境的影响，具有一定的时代局限性。也就是说，不可能永远正确，而必须接受实践的检验，通过实践得到纠正、补充和完善，继续向前发展。这场讨论为认识和纠正毛泽东晚年的错误创造了最重要的前提。其深远的影响，在此后改革的整个过程中随时可见，至今仍然继续发挥着作用。

拨乱反正与摸着石头过河

当邓小平在“文化大革命”中作为“资产阶级司令部”第二号人物被打倒后又在 1973 年重新出来工作，1975 年他领导全面整顿，不仅是受命于危难之秋，面临多种尖锐复杂矛盾和成堆成山的问题，更为尖锐而难以处理的是如何对待毛泽东思想和毛泽东晚年的错误。他提出“三项指示为纲”，雷厉风行地开展治理整顿。他与毛泽东相处共事近半个世纪，当然深知这样做的危险性，但他还是坚决地义无反顾地这样做下去了。1977 年他第三次出山在党的十一届三中全会上，他已经成为众望所归的党的领袖了。而他孜孜以求的，不是自己担任什么职务，而是如何纠正毛泽东晚年的错误，从而真正做到对毛泽东思想的科学继承和创造性发展。再过三年，到 1981 年春起草《关于建国以来党的若干历史问题的决议》的时候，改革开放的局面已初露曙光，干部群众已日益认识到毛泽东晚年的错误。邓小平的话分量更重了，他孜孜以求的，仍然是如何纠正毛泽东晚年的错误从而真正继承毛泽东思想。当决议草稿先在小范围、后在4000人的大范围内认真开展讨论之际，有一种情绪逐渐明显，就是有些人从一个极端偏到了另一个极端，要全盘否定毛泽东思想。邓小平没有附和这一思潮，而是力排众议，坚决维护毛泽东的历史地位，主张继续高举毛泽东思想的旗帜，继承和发扬实事求是的优良传统。

他反复强调，总结历史主要不是为了评判个人功过，而是为了开拓未来。过去的成功是我们的财富，过去的错误更是我们的财富。所以不应看重个人的责任，而应该分析历史的复杂背景，分析错误的内容和原因，吸取错误的教训，明确纠正错误和避免重犯错误的方法。毛泽东晚年的错误，是由于他本人背离毛泽东思想所造成的，纠正这个错误，正是要靠毛泽东思想，正是要把握这个契机更好地坚持和发展毛泽东思想。

他反复强调，毛泽东思想是全党集体智慧的结晶，集中体现在毛泽东的著作中，但也包括了党中央其他领导同志的一些重要思想。在《关于建国以来党的若干历史问题的决议》中，讲到刘少奇、周恩来、朱德等党的领导人对毛泽东思想的形成和发展，都从不同的侧面作出了自己的贡献。其中还特别提到邓子恢对农业责任制问题的许多建议，也应当视为毛泽东思想的重要内容。这位忠诚的共产主义战士，早在1956年就被戴上了右倾机会主义的帽子，但他仍然无怨无悔、孜孜不倦地在可能的范围内进行调查研究，向党中央和毛泽东提出政策建议。一方面对自己意见中包含片面性的、不完善的地方作诚恳的检查，另一方面继续坚持正确的主张，不断提出新的更完善的建议。《六十条》中一些比较好的具体政策，不少是根据他的建议制定和修改的。毛泽东晚年所犯的错误，也不能归之于毛泽东一个人，中央有责任，中央有些负责同志也有错误。邓小平说："毛泽东犯的有些错误，我也有份。""对毛泽东同志的评价，对毛泽东思想的阐述，不是仅仅涉及毛泽东同志个人的问题，这同我们党、我们国家的整个历史是分不开的。要看到这个全局。”

正因为邓小平对毛泽东晚年错误采取实事求是的态度，他才能成为中国改革开放的总设计师，开创了一个改革开放的新时代，才能把马克思主义原理与这个新时代的实践相结合，创造性地发展了毛泽东思想，在回答和解决什么是社会主义、如何建设社会主义的实践过程中，逐步形成了建设有中国特色的社会主义理论即邓小平理论。马克思主义本质是批判的，马克思主义最核心的不是某些具体结论，而是它的世界观和方法论。马克思主义原理只有以正确的立场、观点、方法加以运用，回答和解决了时代和实践提出的重大问题的时候，才能显示它伟大的生命力。邓小平正是这样一位创造性的马克思主义者，邓小平理论是马克思主义基本原理与中国改革开放的实践相结合的产物。

邓小平说，摸着石头过河。这句话曾有人加以讥讽，其实这正是邓小平理论的本色和起点。石头是什么？就是实践，就是群众，就是群众的实践或实践中的群众，就是要到实践中去摸群众的意愿、群众的要求，抓住历史的脉搏、历史的趋势。他经常说，他自己是实事求是派，改革开放的成功，不是靠本本，而是靠实践，靠实事求是，从当时当地的实际出发。从白猫黑猫到摸着石头过河再到南方谈话的“三个有利于”，贯穿着的一条主线就是实践第一。邓小平理论来源于实践，反过来指导实践，同时又接受实践的检验。认识要随着实践的发展而逐步深化，以致改变原来的某些判断；理论要在实践中不断丰富、完善、提高，才能系统化成为完整的理论。从1978年十一届三中全会《解放思想，实事求是，团结一致向前看》的讲话，到1982年党的十二大提出“走自己的道路，建设有中国特色的社会主义”[①]，再到1992年南方谈话明确提出社会主义可以搞市场经济，不正是这样一个过程吗？当然，邓小平同毛泽东一样，是人不是神，有自己

① 见《邓小平文选》第3卷，人民出版社1993年版，第3页。

的局限性，会犯错误。但作为马克思主义与中国实践相结合的产物，邓小平理论是毛泽东思想的发展。由于“文化大革命”的破坏，我国国民经济遭到巨大损失，百业凋敝。毛泽东逝世前曾说：“我一生干了两件事：一是与蒋介石斗了那么几十年，把他赶到那么几个海岛上去了；抗战八年，把日本人请回老家去了。对这些事持异议的人不多，只有那么几个人，在我耳边叽叽喳喳，无非是让我及早收回那几个海岛罢了。另一件事你们都知道，就是发动‘文化大革命’。这事拥护的人不多，反对的人不少。”①这是他临终前的自我评价和苍凉、孤独的内心世界的表白。21年后邓小平逝世时，我国国民经济尽管存在不少潜在危险，却充满活力和勃勃生机。中国有句老话，叫作“继往开来”，这符合马克思主义辩证的发展观。只知继往而不开来，那必然是抱残守缺，既不能开拓新局面，也不能真正继承优良的老传统。只有批判地继承才能有创造性发展。改革以后出现的生动活泼的气氛和丰富多彩的创造，就是批判“左”倾错误的思想解放运动的产物。

社会主义新中国是从半殖民地半封建的旧中国脱胎而来的，农村人口仍然占全国人口的压倒多数，农村经济仍然没有完全摆脱自然半自然的农村经济形态，农业、农村与农民问题仍然是社会主义现代化建设的根本性问题。在民主革命中，毛泽东敢于打破旧框框、老教条，上山打游击，建立农村革命根据地，用农村包围城市，成功地走出了一条有中国特色的革命道路。在新的历史条件下，邓小平领导中国的改革，与当年的革命有许多不同，但从战略上讲，也是依靠改革要求最迫切的广大农民，选择计划经济体制力量比较薄弱的农村为突破口，首先是肯定和推广家庭联产承包责任制，解决广大农民的温饱问题，稳定农村这个大头，接着乡镇企业的崛起，促进商品经济的大发展，然后转向城市改革，终于成功地走出了一条有中国特色的建设社会主义的道路。这并不是偶然的，而是决定

① 见《毛泽东传》第6册，中央文献出版社2011年版，第2750页。

于中国的国情，表明邓小平继承了毛泽东思想，对中国国情的认识和对社会主义的认识都深化了一步，因而使马克思主义原理与中国社会主义初级阶段的实践相结合，并创造性地发展到了一个新的阶段。

第二章
安徽为什么成了农村改革的突破口

一、“左”倾错误的重灾区

中国改革从农村开始,农村改革又从安徽开始。之所以从安徽开始,同样不是偶然的,而是由于多方面因素互相作用的结果。其中最重要的有三点:(1)安徽是受“左”倾错误折腾的重灾区;(2)20 世纪 60 年代初安徽在全省范围内推行过“责任田”也就是包产到户;(3)当时有一个勇于开拓、团结奋进、实事求是的省委领导班子。后一点是关键,因为农村改革即家庭联产承包责任制是来自农民实践中的创造,但又离不开党的领导。党的领导是否正确、坚定,直接影响农民的创造是得到保护还是遭受压制,是生长、成功还是夭折、失败。农村改革之所以首先在安徽突破并推广,决定性的因素是省委有改革开放意识,有执行中央正确路线、方针的自觉性、坚定性,创造了一个改革的幼芽得以茁壮成长的“小气候”。

安徽地处江淮,气候条件适宜农业发展,古代曾经是粮食集中产区之一。黄河夺淮后,大量泥沙淤塞了淮河及其众多的支流,形成淮河流域多灾的局面。小雨小灾,大雨大灾,无雨旱灾,内涝灾害则几乎年年有之,越到后来越为严重。1921 年、1931 年、1950 年 3 次大水,使淮北变为一片泽国,广大农民流离失所,啼饥号寒。1950 年新中国刚刚成立,正当百废待兴之时,毛泽东毅然发出“一定要把淮河修好”的号召,随即开始了声势浩大的治淮斗争。但是,同自然灾害相比,“左”的错误造成的损失更不限于一个地区,而是遍及全省、全国的。对这些多灾的地区,天灾再加人祸,后果可想而知。

凤阳：安徽的缩影

就“左”倾错误在农村造成的危害而言，安徽可说是全国的缩影，而凤阳又是安徽的缩影。认真解剖凤阳这个典型，就能充分了解“左”倾错误在安徽的特殊严重性。1989 年 12 月，农村读物出版社出版过一本名为《乡村三十年》的书。这本近百万字的专著，是“中国农村发展问题研究组”与中共滁县地委在 1981 年共同商定的一个科研项目，是凤阳县新中国成立后经济社会发展的实录。十几位同志花了 3 年多时间，进行了大量调查研究，选材范围包括党政机关的档案、典型调查、专题访问、座谈记录，都是可靠的第一手材料，记录了从 1949 年到 1983 年 35 年内在这个拥有 46 万人口、140 万亩耕地的县份发生的大事、小事；记录了农民与干部、社区与政府方方面面关系的演化；也记录了农村多种规章制度的实行与变迁。如此翔实又如此系统，为研究中国农村问题提供了极为珍贵的史料，反映了原汁原味的历史真实。下面摘引其中若干重要材料。

凤阳县位于淮河中游南岸，居安徽省东北部，东西长 74 千米，南北宽近 50 千米，北部是沿淮平原，南部为连绵山区，中部乃起伏的丘陵地带。历史上凤阳县以出过明朝开国皇帝朱元璋而著名，凤阳这个县名，就是这位皇帝亲自取的，意为“龙飞凤翔之地”。洪武二年，他曾设想在此建立“中都”，筑城池、盖宫殿、立宗社，过了 4 年才取消这个计划，至今仍留下明中都城、明皇陵、龙兴寺等遗迹。其中最具特色的是中都鼓楼。这是一座城阙式的建筑，分上下两层，上层楼宇已在战乱中焚毁，现仅存基座，极为宏伟。东西两面开三个门洞，正中门宽 5 米，高 5.5 米，白玉石的门楼上镌刻着四个大字“万世根本”，令人仰视之际不禁引发深思。凤阳这种显赫与辉煌并不能掩盖它的屈辱和灾难，原来就多灾多难的凤阳，后来更成了十年九荒的穷困之地，讨饭的农民特别多，成了著名的“身背花鼓走四方”的花鼓之乡。《凤阳县志》称：“人民饥寒困苦，他处人所不能忍者，独能忍之。”直到新中国成立，凤阳人民才翻了身，特别是在土地改革之后，第一次过上温饱不愁的日子。

但是，历史的发展是曲折的，新中国成立初期那些虽然并不宽裕却充满希望与欢乐的日子，没有几年就重新被失望、痛苦所代替。在建设社会主义的道路上，凤阳人民和全国人民一样进行过探索和实验，付出了艰辛的劳动和巨大的代价。“左”的错误不仅未能使这些努力转化为积聚起来的新社会和人民的财富，反而变成一股破坏性力量，损害了农民的利益、国家的利益，败坏了社会主义制度的声誉。“大跃进”实际上是对农业生产力的大破坏，“人民公社”也没有架起一步登天的“金桥”，而是使凤阳人民重新挎起了讨饭的篮子。

初级农业合作化时期强调要重视农民两个积极性，即集体积极性与个体积极性，土地、牲畜和大农具入社时可以作股分红，总的来说全国情况都比较好，农业生产是发展的。凤阳县也是如此。这个县在1954年出现第一个高级社，1955年以后大批初级社转向高级社，取消土地分红，问题就逐渐多了。社员入高级社，规定必须将自有的土地全部入社，由社统一经营，社员只取劳动报酬，不取土地报酬，所有不在册的坟地、荒地均应同时入社。每户按在家常住人口，留给人均土地亩数的1%—5%，称为自留地。过去各乡负担的农业税，转归社里统一缴纳。社员的牲畜，按口齿、肥瘦不同折价入社，统一使用。大农具、运输工具折价入社，小农具社员自备。种子、牛草、饲料按亩平摊，同耕畜折价款一并记入各户名下。对于这些办法，有些地方思想工作做得不细，农民中顾虑不少。一些生产资料较多、较好的人怕取消土地股后收入减少；一些鳏寡孤独户劳力弱或没劳力，怕入大社后派不到活，生活困难无法解决；少数老人怕入大社全部土地交公，死后没有埋坟地；有的干部怕并成大社当不上干部，或选上也干不了。1956年39200家农户、356674口人、1655678亩耕地，共组织了1268个农业合作社。其中高级社57个，入社户数占全县总户数49.1%，人口占49.3%，均近一半。当年有雨涝灾害，高级社中增产1—3成的14个，占24.6 %；保产(持平)的7个，占12 .35%；减产1—3成的16个，占28 .1%；减产3—5成的16个，占28 .1%；减产5成以上的4个，占6.9%。与初级社相差不远。这年冬季掀起高级化高潮，到1957年全县总农户的97.3%、人口的97.5%都入了高级社。名为加强领导，全面规划，实际是强迫命令，压制哄骗，边动员，边拉牛。有的干部说："动员入社，像吃西瓜一样，七成熟就成了。要不，嘴唇磨烂了也不行。"有的农民不肯入社还挨了打。由于规模扩大，干部没有经验，造成管理混乱。生产不民主，分配不合理，账目不公开。干部与社员之间，贫农、下中农与中农、上中农之间，干部与干部之间，国家、集体与个人之间，男女社员之间(同工不同酬)，劳力强弱之间，矛盾重重，纠纷不断，至于折价入社的财物，由于账目不清，几经转手，已被变相剥夺殆尽。

人民公社章程与刮"五风"

1958年8月17日凤阳县开始试办人民公社，到9月底，全部实现了人民公社化。县委规划尚未公布的时候，全县乡、社纷纷申请，要求办大社。[①] 有的要求一乡一个社，有的要求全县办一个社。全县全部申请办公社，要求马上实现工资制的也很多。

公社化实现后很快就于1958年12月24日制定并公布了《凤阳县人民公社(联社)试行章程(草案)》，主要内容如下：

> 本公社(联社)在共产党领导下把全县公社组成联社，并逐步实现全县社，政社合一。

① 见《凤阳县并社、试办人民公社简报》第一期。

本公社（联社）逐步地把集体所有制改变为全民所有制。

本公社的分配原则是，以基层社为单独核算单位，在有利于生产发展和社员生活水平不断提高的原则下，在各尽所能的前提下，实行“按需分配”的半供给制和“按劳分配”的半工资制的分配方法。随着生产的发展，逐步增加供给部分，在工农业产品极大的丰富的基础上，以共产主义各取所需的分配制度全部代替社会主义按劳取酬的分配制度。

本公社（联社）在劳动组织上实行组织军事化、行动战斗化、生活集体化、管理民主化。

本社内原来的地主、富农、反革命分子、坏分子和右派分子，根据他们的表现和劳动改造情况，可以分别吸收他们入社做社员或候补社员。对其中未改造好的，允许他们入社做非社员，在社内实行严厉的管制劳动，在经济上不参加工资评级，不得享受供给制的待遇，政治上不得担任公社任何职务。

本公社范围内的所有土地、荒山、河道、湖泊、树林、竹园一律归社所有。社员的役畜、大型农具、运输工具等生产资料，折价入社，记在社员名下。在处理前，不得变卖或破坏。

各基层社公共积累（包括公积金、公益金）上缴30%—50%归联社使用，60%由基层社掌握使用。

社员房屋所有权归社员，社员家庭的生活用品一律为社员所有。

必须经常教育社员热情地、忠诚地为建设社会主义而劳动，遵守劳动纪律。但必须保证社员的休息时间。在一般情况下，应该做到10小时的劳动，2小时的学习，4小时的吃饭和休息，8小时的睡眠。在农忙时可以劳动12小时。

在公社化过程中，发现有些基层社私分粮食；还有些基层社的公共积累已变成一笔空头账；有些基层社男女分住，过集体生活，不许回家；不少干部反映“咱水平低，办法少，管不好，管不了”；劳动与分配、消费都陷入混乱。小溪河乡提出“五不分”：(1)干不干，照吃饭——好坏不分；(2)多劳不能多得——强弱不分；(3)无代价调粮、调牲畜、调农具、调种子、调劳力——穷富不分；(4)有一个人下一个人的米，规定每个人三碗饭——大小不分；(5)小农具、小菜园、鸡鸭集中归队，社员可用——公私不分。“六一样”：吃的一样，穿的一样，用的一样，住的一样，做的一样，照顾一样。诸如此类的做法，后果十分严重。富队思想不通、劳动强的思想不通，助长了懒汉、滑头的依赖思想，造成了瞒产私分，乱吃乱用，不关心集体，不爱护公共财产的现象，从而普遍刮起了“五风”，即共产风、浮夸风、强迫命令风、生产瞎指挥风、干部生活特殊化风，猖獗一时，愈演愈烈。共产风层层刮，一级大一级，一阵紧一阵，有些人晕头转向，说什么“人民公社化，不分你我他”。刮的范围无所不包，大的有劳力、耕畜、土地、机器，小的有锅、碗、瓢、勺，有的竟发展到拉牛、拖耙、找犁子、调粮、集中家畜家禽、扣款、扒房、并庄，乱来一通。有些大队借口“个人服从集体、小集体服从大集体”，大揩生产队和社员之油。山河大队实行五个“集中”：(1)猪集中，集中了小队和社员的猪仔 125 头，办万头猪场；(2)鸡集中，规定每户或每个劳力交鸡 2 只，办万鸡山；(3)鸭子集中，大队在一天早晨突然统一行动，捉去群众自养的鸭子 350 只，赶到山上集中饲养，由于天热缺水，不到一个月，死、偷、吃，全部搞光；(4)厕所集中，扒掉群众的私人小厕所，全庄盖一个或几个厕所，有的排队等候，拥挤不堪；有的离村较远，半年无人拉屎；(5)山芋种子集中育苗，结果烂掉很多。此外社员的自留地多次被没收，收后又还，还了再收，收了不种，大部荒芜。[①]

在“一大二公、一切归公”的“左”倾思想支配下，有些干部竟把“共产风”发展到任意搜刮群众财物的地步。小溪河公社山河大队组织了一个“挖掘潜力专业队”，村村查、户户搜，一户不漏，有的户被搜四次。稍有不

① 见《中共凤阳县委给地委的报告》。

满，即加训斥："什么是你的，只有一嘴牙是你的！"他们手持铁棍，到处翻箱倒柜，东捣西戳。查到什么，吃什么；看中什么，拿什么。府城公社红旗大队把社员的粮、菜、柴草集中到食堂，称"三集中"。结果有些队不允许社员家冒烟，把社员的小铁锅也收了，变为"四集中"。最严重的是扒房、并庄的现象。小溪河公社因此曾有7个大队25个村庄无人居住，杂草丛生。石马大队大郢生产队5个村并为一个村，男、女、老、少分四处居住。乔山大队31个村，总支书记梅树华强迫群众在半天之内并成6个庄子，扒掉房子300多间，社员无家可归，外流100多人，集中以后，有14户40人住在3间连通的房子里，晚上大门上锁，民兵持棍把守，尿尿拉屎都在一起。①

当时的县长后来被错划为"右倾机会主义分子"的赵从华说："小庄并大庄，像抗日时日本鬼子'扫荡'一样，造成田地荒芜，群众流离失所。大伯子和弟媳妇同住一室，连撒尿都听见，有的妇女只要一提并庄子事就哭！"②

浮夸风，弄虚作假，前所未有。1958年粮食总产量为0.75亿公斤，上报2.025亿公斤；全县只有141.2万亩耕地，1960年春种就上报播种面积184.8万亩；1961年烤烟实栽57388亩，上报137400亩，多报一倍以上；这年生猪实有4.3万头，上报16.6万头，多报12万头。水利方面实作土方5000万立方米，上报2.1亿立方米。造林方面浮夸更为突出，3年全县栽树13.2万亩，上报绿化荒山隙地72万亩。有的公社把社员私人的大树移栽到公路旁，有不少这边没活，那边也搞掉了，劳民伤财。县委要求各公社当天数字当天下午4点钟汇报，不报不行。公社4点钟以前向大队要生产进度表，大队中午就向小队要生产进度。生产队的社员下地没有干完活，哪来的数字汇报呢？不汇报就要受批评，只有假报胡

① 见《中共凤阳县委给地委的报告》。
② 见凤阳县委《赵从华反党罪恶材料》，1959年10月。

吹，有的想先报后补，而劳力只有那么多，天天多报怎么能补上呢？所以数字越报越假，越吹越大。①

由于大刮共产风、浮夸风，干部强迫命令搞瞎指挥及生活特殊化日益严重。无偿平调劳动力进行大兵团作战，经常加班加点，随意增加劳动强度。尤其是大办公共食堂，造成的问题更多，进一步助长了某些基层干部的不正之风，多吃多占，肆意压制、剥夺农民，终于实在办不下去而不得不予以解散。但是，“左”的指导思想未从根本上解决，上有所好，下必甚焉，于是层层加码。高指标，高估产，高征购，卖过头粮，是紧密相连的。面积报大了，产量估高了，不仅不向上承认错误，进行纠正，反而用层层下压的办法购过头粮。1959 年冬到 1960 年春，全县正当缺粮、疫病、外流严重的时候，还错误地认为没有粮食是思想问题不是实际问题。于是规定各个公社每天粮食入库数字，一天要报 3 次：上午报打算，中午报行动，晚上报实绩。不问实际情况，不分青红皂白，多卖的表扬，少卖的批评，不卖的指责。逼得农民卖了种子，卖了口粮。搞不到粮食就认为是资本主义思想作怪，进而召开全县生产队长以上干部大会，进行反瞒产斗争，乱斗硬逼，提出要斗得狠，不狠就是“右倾”。县里开大会后，接着公社开，大队开，小队开，年三十晚上也开，一直开了 40 多天。并且规定，公社散会要经县委批准。散会后，还把所谓惜售余粮的干部留下来反省斗争，干部被斗得无法，只好带人去逼社员，到处翻箱倒柜，搜查粮食。②

“左”的错误导致“五风”猖獗，其直接结果是农业生产力的大倒退、大破坏，突出表现为：

(1) 劳力减少，土地荒芜。1958 年全县劳动力为 158272 人，1961 年初减少到 109025 人，减少 52247 人(包括死亡、外流、上调等)，占 36%。

(2) 耕畜死亡，农具残缺。1958 年实有耕畜 37619 头，两年来减少

---

① 见《凤阳县委书记赵玉书代表县委在五级干部扩大会上的检查材料》。

② 见陈根亚《关于凤阳问题的报告》。

13763头，占36.6%。剩下来的28178头中，还有一部分由于管理不善，缺少草料，躯体瘦弱。农具大量破坏，1958年全县原有犁、耢、耩子、车辆等共32882件，两年减少14077件，占34.5 %，价值约为70万元。

(3) 产量下降，费用上升。1960年凤阳县风调雨顺，基本上不涝不旱，但各种农作物产量下降到惊人的程度。粮食总产量为49520550公斤，比1957年的135805000公斤下降63.5%；生猪饲养下降43 .4%；家禽也下降到惊人的地步。[①] 与此同时，费用开支逐年增大。如1959年大搞工具改革，一下赶制72部插秧机，没有一部能用，每部工本费70元，浪费5040元。瞎指挥造成的浪费，举不胜举。

(4) 饥荒外流，疾病死亡。在大办食堂时期，全县97.8%的农村人口进食堂，一度“吃饭不要钱”。而食堂又缺少制度，秩序混乱。年轻的有力气的吃得快，吃得稠，年老体弱的吃得慢，吃得稀。许多人对食堂有多少粮表示担心，怕不够吃，思想恐慌。食堂解散后，缺粮断炊现象日渐增多，于是大搞“瓜菜代”。全县各地采取烘、晒、晾、炒等办法收采干菜、山芋叶等代食品1964226公斤，平均每人18.15公斤。县成立了采挖指挥部，集中了8个乡2600多人，去山上安营扎寨，采挖葛藤根、鸡爪菜、黄狗蛋等多种野生淀粉代食品。开春后县委提出：“前后方并举，男女老少齐动手，要求每人完成75公斤。”[②]由于饿肚，人口大量外流，身背花鼓远走他乡。小溪河公社原党委书记李清义，在燃灯水库私设一个劳改队，把外流回来的社员、犯错误的干部及小偷小摸的“落后”社员、五类分子集中在一起，白天派民兵监督劳动，干得不好就扣粮，铐上手铐关进牢房，病死了不上报，不通知家属，随便埋掉。据他自己承认死了30人。对人民生命视同儿戏，令人发指。全县发病率不断提高。1959—1960年发病人口达102994人，占农村总人口的37.7 %，最多的是浮肿病、妇女子宫下垂和

① 见陈根亚《关于凤阳问题的报告》。
② 见凤阳《生产自救工作小结》。

闭经。人口死亡惊人，其中相当部分又是属于非正常死亡，出现了很多孤苦的老人和孤儿。初步统计，全县有孤老 1580 人，孤儿 2289 人。①

以上这些就是当年在安徽不少地方曾程度不同地发生过的真实情景。

20 世纪 60 年代初搞责任田，凤阳人民得到一次短暂的喘息，但为时不久，“左”倾错误恶性发展，“四清”“学大寨”“文化大革命”，苦难更深重了。因此，凤阳的人口外流一直没有间断。1967 年冬春全县不完全统计，达 18000 人之多，大部去南京及苏北；1969 年 3 月，37％的农户及 23％的人口外流，包括皖、苏、浙三省；70 年代外流情况仍很严重。1970 年春节，全县有 4000 人外流未归(平素春节间暂回)；1974 年初某大队共 1119 人，竟有 900 多人外流乞讨。因此，凤阳便成为闻名遐迩的花鼓之乡。这首广泛流传的花鼓词是：

> 说凤阳，道凤阳，凤阳本是好地方，自从出了朱皇帝，十年倒有九年荒。大户人家卖田地，小户人家卖儿郎，奴家没有儿郎卖，身背花鼓走四方。

小岗村的真实记录

在这里，有必要叙述一下在农业改革史上占有重要地位的小岗村。对小岗村发生的事情，各种书刊已写得不少，但最真实、生动，具有史料价值的，应当是以凤阳县委政策研究室的名义于 1979 年 12 月 20 日写的一份调查报告，名曰《一剂不可少的补药——凤阳县梨园公社小岗生产队“包干到户”的调查》，作者是当时凤阳县委办公室干部，后来担任过凤阳县委书记的吴庭美。摘要介绍如下：

---

① 见陈根亚《关于凤阳问题的报告》。

小岗生产队，原是一个自然村，合作化前全村共有三十四户，一百七十五人，三十犋牲畜，耕种一千一百亩土地，农民生产积极性高涨，生产发展很快。全村正常年景粮食总产都在十八九万斤左右。好的年成可达二十多万斤。下中农成分的严家齐，当时全家六口人，三个劳力，一犋牛，种四十多亩地，最多的一年收过三十石稻（合六千斤），六石小麦（合一千五百斤），三石高粱（合六百多斤），三十担山芋（折粮六百斤），二石多豆类（约合五百多斤），共九千二百多斤，平均每人一千五百多斤。那时全村根本没有人外流。人们把外流讨饭看作是极不光彩的事。

……

1955 年办初级社时，这个村没办起来。1956 年直接入了高级社，动员大家入社的干部说，你们是一步跨进了“天堂”。入社的第一年景况还算不错。全队收了十六万五千斤粮食。平均每人六百斤口粮，留下种子，其余四万多斤都卖给了国家。这四万多斤粮食是小岗生产队合作化以来第一次，也是以后二十三年间最后一次向国家作的贡献。

1957 年反右派反到了小岗，在“辩论社会主义优越性”时谁要是说个“不”字，不管你是贫农还是佃农都要被大批一通，甚至被戴上“反社会主义分子”的帽子。从此，政治上鸦雀无声，上面叫怎么干，就怎么干。那年冬天小岗队就开始吃供应粮了。

1958 年在农村出现的各种不正常的现象，在小岗也都发生过。生产上的瞎指挥相当厉害，搞什么“十里芋峰岭，五里菜花香，千亩水稻方”。结果是：“十里芋峰岭变成大草荒，五里油菜地未打半‘土缸’，千亩水稻方没收多少粮”。二十多年前被抛荒的芋峰岭上的山芋垅至今还留在那里。“五风”越刮越大，使生产力受到严重破坏。到 1960 年，小岗队只剩下十户三十九人，一犋半牛，耕种一百多亩土地。据统计，在这三年中纯属饿死的（也叫作非正常死亡）六十人，死绝六户。有七十六人背井离乡，寻找活路。当时全村是满目残垣断壁，处处蒿草丛生。很多人至今回忆起来还不寒而栗，简直不敢相信，我们党取得政权十多年后会出现那种惨状。1962 年，被社员称为“救命田”，后来被批为“复辟田”的包产到户的“责任田”之风吹到小岗时，已经是强弩之末了。尽管如此，社员还是搞了“责任田”，种上了小麦，收的时候又拢了“大摊”。抢的抢，偷的偷，结果只收九百六十五斤，还没有种下去的二千四百斤种子中，留下九百斤种子，每人只分一斤半小麦。从此，小岗队就出现了“种二十（斤），收十八（斤），不用镰刀用手拔”的说法。以后几年稍有安定，生产刚抬头，1966 年“文化大革命”又“席卷”了小岗。社员分为两大派，戴上了“红袖章”“造反”。

十年动乱期间小岗生产队的生产非常落后，群众生活十分穷困。尽管如此，还是照批“资本主义”。社员严金昌，全家七口人，1975 年在家前屋后种了二三分地生姜，一二分地辣椒、大葱。自家的一二十棵柿子树看管得好，未让小孩乱摘。秋后烘一烘到集上卖了，并喂了二头肥猪。年收入八九百元。得到的这些钱，主要是到小市场买点粮食养家糊口，免得寒冬腊月，拖儿带女，到江浙一带农村去“查户口”（此地把外出讨饭叫“查户口”，也叫数门头）。这种靠自己辛勤劳动的所谓“走资本主义道路”的“暴发户”，充其量“暴发”到不逃荒要饭的水平。但是，他在小岗的确是“冒了尖”，被大队、公社批判了三四场。严金昌气愤地说：“都喝西北风，就平均了。”在极左路线干扰破坏下，小岗确实达到了“平均”：这就是全队二十户，不管大户小户，户户外流过；能跑能蹦的人，一律讨过饭。

小岗生产队没有一户地主、富农。大家又都共同外流讨饭，在阶级关系上应该说没有多大对立。但是多年以来特别是“文化大革命”

以来，政治运动不断，年年抓“纲”抓“线”、“大批促大干”，搞阶级斗争扩大化。搞得生产队干部像“走马灯”一样换来换去。全队十七个男劳力，有十五人先后当过队长、副队长。二十户人家户户都当过干部，“算盘响，换队长”已成了这里的规律。台上的压台下的，台下的捣台上的。斗来斗去，人心斗散了，土地斗荒了，社员斗穷了，集体斗空了。

小岗生产队尽管遭到错误路线如此摧残，但是群众对我们党和政府还是充满感激之情。大家几乎异口同声地说：“凭良心，这些年也亏着政府。”事实也确实如此。从 1962 年到 1978 年十七年中，全队每年分配的口粮每人只有一二百斤，生产、生活主要靠政府救济支持。从高级社以来，国家给这个队贷款一万五千六百三十二元二角八分，无偿投资二千四百二十五元；从 1966 年到 1978 年十三年一百五十六个月份中，吃国家供应粮的是八十七个月，共吃供应粮达二十二万八千斤，占这十三年的总产的百分之六十五，占集体分配口粮总数的百分之七十九；给生救款、社救款一万五千多元，占社员分配总额的百分之五十四；供应各类种子六万五千多斤。现有的十头牛，没有一头不是国家给钱买的。过去用的犁耙等主要农具没有一件不是国家花的钱。“农民种田，国家给钱，缺吃少穿，政府支援”，这几句话用在这里是最贴切不过了。群众对政府的救济和支持，始终感恩戴德，念念不忘。但是，他们回顾这一段历史时，又是感慨不已。不少老社员说：“我们都是庄稼人，种了一辈子地，看到长庄稼的地大片荒着，心里像油煎一样。我们种田人不交一粒公粮，却常年吃着国家供应的粮食，感到有愧。我们也知道怎么干能多收粮食，但是‘政策’不许啊！”这是多么复杂的感情！既有感激又有苦衷。过去的二十多年，小岗生产队群众就是在这种矛盾心情中度过的。

从 1956 年至 1978 年，由于“左”倾错误长期的反复折腾，凤阳成了有名的“三靠”县(生产靠贷款、吃粮靠返销、生活靠救济)。23 年全县共向国家交售粮食 4.8 亿公斤,而返销粮却达 6.7 亿公斤,购销相抵倒吃国家 2 亿多公斤粮食;共用国家贷款、无偿投资、预购定金、救灾款总计 16426 万元。尽管如此,农业生产仍然上不去,农民的温饱问题仍无法解决。后来凤阳成为大包干的故乡,小岗成为大包干到户的起点,确实不是偶然的。

二、救命而又短命的“责任田”

“责任田”的由来

1959年至1961年被称为三年困难时期。1958年“大跃进”和“人民公社化”的“左”倾错误，导致农业大幅度减产、国民经济比例严重失调、市场供应极为紧张，人民吃了大苦，不仅生活质量下降，而且不少地方普遍发生营养不良性疾病、人口外流和非正常死亡现象。安徽是这种情况最突出的省份之一。20世纪50年代中期曾在芜湖地区出现过的包产到户，又以“责任田”的形式再次在农村中出现了。

“责任田”得以在全省范围内推行，是同当时中共安徽省委第一书记曾希圣的倡导与支持分不开的。

曾希圣是位颇具传奇色彩的人物。1922年加入社会主义青年团，1924年考入黄埔军校，1927年参加北伐战争，加入了中国共产党，从事秘密情报工作。他善于破译敌军密码，屡建奇功，受到毛泽东高度赞扬，曾说“长征有了二局，我们就像打着灯笼走夜路”，“没有曾希圣的二局，就没有红军”，“曾希圣是搞玻璃杯的，我们和蒋介石打仗，好像玻璃杯里押宝，看得准，赢得了”。新中国成立后他首任刚恢复建制的安徽省委第一书记，却遇到了最难“破译”的难题。他深得毛泽东的信任、器重，对毛泽东更是忠诚、敬佩。1958年“大跃进”，他头脑也很热，推行“左”的一套很积极。但他毕竟是个有高度责任心和群众观点的共产党人，看到“左”倾错误造成的严重危害，就认真总结经验，采取措施纠正。面对当时全省农村严峻的现实问题，省委认为恢复和提高农业生产，必须从改进经营管理体制、加强生产责任制入手，没有责任制，生产必然搞不好。1960 年底开始采取划小包产单位、认真评记工，超过底分奖励的办法，对恢复生产起了一定作用。从此省委又进一步寻求更好的激发农民生产积极性的途径，恰好这时发现了一个颇有说服力的典型。

宿县褚兰公社苗光大队王庄生产队有个叫刘庆兰的老农，73 岁，儿子有肺病，人们劝他进养老院。他向公社党委提出，公家有困难，现在我还不能靠公家吃饭，要尽我的力量做事。1959 年他带儿子进山，一面养病，一面开荒种地。第二年收了 1650 公斤粮食，除父子二人生活无虞，还交给队里 900 公斤粮食和 60 元现金。刘老汉建议，最好把田包给社员种，不然社员混工分，生产搞不好。这个建议引起了曾希圣的重视。

1961 年 2 月 14 日，曾希圣在省委书记处会议上提出“按劳动底分包耕地，按实产粮食记工分的联产到户”的办法，实质上就是包产到户。会议表示赞成，但又感到有风险，提出应先在小范围内试点，并选定合肥市郊蜀山公社井岗大队仅 28 户的南新庄生产队为试点单位。为避免被误解为单干，还提出“五个统一”，即“计划统一（生产指标和作物安排），分配统一（包产部分），大农活和技术活统一，用水管水统一，抗灾统一”。强调必须在“五个统一”的基础上分包。基本做法是：包产到户，按大小农活用工比例计算奖赔，称为“田间管理责任制加奖励”，简称“责任田”。实行后社员积极性高涨，普遍认为“有了奔头”。3 月 6 日，省委书记处会议讨论了南新庄试点经验，决定扩大试点。3 月 7 日，曾希圣到广州参加中央召开的工作会议，在华东组介绍了南新庄的做法，引起了邻省的关注和议论。后来，他向毛泽东作了汇报。毛泽东说：“你们试验嘛，搞坏了检讨就是了。如果搞好了，能增产 10 亿斤粮食，那就是一件大事！”曾希圣立即把毛泽东的话转告省委，于是省委又通知各地、市、县委，可以“有计划有步骤地全面推行”。3月28日，曾希圣在省委常委会议上传达广州会议精神时，却提出根据毛泽东的指示，只能在小范围内试验，并让省委办公厅打电话通知各地停止推行，但这时全省已有39.2％的生产队实行了责任田，而且还在继续发展。实行责任田使农民生产积极性大大提高，耕畜、农具增加，庄稼种得足，管得细，长得好，一片丰收景象。责任田被农民誉为“救命田”，对恢复和发展农业生产、稳定农村形势、活跃市场、改善城市供应，起了极为明显的积极作用。省委经研究后决定继续推行。曾希圣明确指出：“有些同志怀疑这个办法的方向是否对头。我认为这个方向没有什么不对头的地方。因为这个办法的中心问题是责任制……它没有改变所有制，生产的东西还是交大队统一分配，分配的方法和劳动的方式还是和过去一样，并没有变动，如果有变动的话也就是包产的方法变了。”“实行这个办法也不会削弱社会主义因素。社会主义因素是什么东西？是不是大家混起来一块耕作就是社会主义？当然不是。社会主义的集体劳动并不是不要分工，能够分散的，就应该分散，需要集中就集中，分散和集中是矛盾对立的统一。”“总之，我们提出这个办法的目的，就是为把责任制加强起来。责任制到共产主义还是要的。”当然，围绕“责任田”问题争论的焦点是，这样做是不是“分田单干”，会不会“形成两极分化”，以及试行这个办法会不会加重社员的私心。

关于“责任田”的辩护和批判

1961年7月24日，安徽省在给中央、主席、华东局《关于试行田间管理责任制加奖励办法的报告》中作了专门剖析。

（一）这个办法是不是单干？报告中说：

> 我们曾设想，实行定产到田，责任到人，把田间管理包工到户，按照产量计算奖赔，这就可能成为单干。但反过来分析，这种设想是不

准确的,因为它并没有违背集体经济的基本原则。

就以定产到田、责任到人来说,它只是为了使包产更加落实,使包产任务的完成更有保证。过去包产任务是按照划框定产的办法来推算的,指标没有落实到田,社员也不了解对包产应负什么责任,他们说:“包产一捆柴,队长一人挑。”现在包产任务是按照逐丘定产的办法来计算的,不但包产比较准确,而且社员都知道自己对包产应负的责任,他们说:“现在是人人有责,千斤担子众人挑。”道理很明显,一个队的总包产是由逐丘定产才能落实的,总包产任务的完成,要靠大家负责才能做到的,这与工业生产一样,一个工厂的生产任务定下来以后,必须划分一个工段,一个车间,一部机器的生产任务,必须依靠每个工人的责任心,否则总的生产任务是会落空的。因此,我们认为决不可以把定产到田、责任到人的责任制度看成是单干。

再就田间管理包工到户来说,这是因为这类农活比较复杂、琐碎,适合于分散去做,所以把它一次总包到户,从而划定田间管理责任田。这样,不仅省去了对这些小农活的经常派工和评工记分的麻烦,减少窝工费工现象,而且能使每块田的田间管理都有专人负责。这和纺织工厂按照工人的技术水平固定看多少纱锭,看多少织布机的做法是完全相同的。从此,也就可以理解这种办法在集体所有制中也是可行的。不仅如此,它还有以下两点好处:第一,能使承包田间管理活的社员和做大农活的社员更好地分工合作,互相监督,保证农活质量;第二,能使适宜于做田间管理活的家庭辅助劳力参加生产,改变了以前只有整半劳力才能参加生产的缺陷。

再就按照产量计算奖赔来说,这只是为了使奖赔更加合理,并没有改变包产到队的性质。以往的超产奖励,减产赔偿,是按社员所做农活的多少(工分数)来计算的。这种奖赔方法,只注意农活的数量,不注意农活的质量和劳动的效果,结果助长了社员争工分,不讲质量。现在把大农活包给作业组，把小农活总包到户，再根据产量多少按大小农活用工比例计算奖赔，把产量多少作为计算奖赔的标准，这就改变了上面所说的社员只争工分数量不注意农活质量的毛病。这与煤矿采煤，超产奖励，减产即减低其当日工资的做法是相似的。总之，田间管理责任制加奖励的办法只是社会主义集体经济的一种管理方法，它并没有改变生产资料的所有制，土地、耕畜、大农具仍然是集体所有制的；它并没有改变产品收入的分配方法，包产以内的产品收入仍由大队统一分配，社员仍然是按劳取酬；它并没有改变集体的劳动方式，这不仅表现在大农活是统一做的，而且小农活也是为了完成总的包产任务而进行劳作的，所以仍然是集体生产的一个组成部分。这种生产的集体性与劳动的个别性，在任何社会主义的生产单位中都是存在的。所以我们说，这个办法不是单干。

（二）这个办法会不会产生两极分化？报告写道：

我们也曾设想过：实行这个办法，劳力多劳力强的户，工分做得多，超产也多，生活会越过越好；劳力少劳力弱的困难户，工分做得少，超产也少，生活会越过越差，结果形成两极分化。但反过来分析，这种顾虑也是可以解除的。因为：

第一，它并没有改变生产资料集体所有制，也没有改变产品的统一分配，既然以前包工包产没有发生两极分化，那么，就可理解现在也不会发生两极分化。

第二，社员与社员之间收入水平的差别不会因为实行这个办法而扩大。固然劳力多劳力强的户，工分会做得多些，超产也可能多一些，但是不可能无限度的增加。因为他们所做的工分是生产队根据生产需要包给的，是有一定限度的；他们承包的田间管理责任田，只要定产恰当，不过于偏低，超产也是有限度的。至于劳力少劳力弱的困难户，他们的收入虽然比劳力多、劳力强的户要少一些，但是不会少于他们以往的收入，因为田间管理工都是按照他们自己的劳动能力承包的，而且又有许多关照，如帮助搞副业（养猪、养鸡、养鹅、养鸭等），包近田、好做的田；同时，产量比一般的田间管理责任田定得低一些，即使超产比劳力多劳力强的可能会少一些，但不会少得太多。

第三，在上述关照以后还不能维持生活的困难户，则从公益金中予以补贴，从救济款中给以救济，照着这样的办法做下去，他们的生产是有保障的。

因此，可以肯定说，这个办法不会造成两极分化。当然在试行中，也有一些地方对困难户照顾不够，但并不是这个办法本身有毛病，而是某些干部在执行中的偏差。

（三）这个办法是不是会加重社员的私心？报告的分析如下：

我们考虑，社员的私心，不外乎两个方面，一是对收益的私心，一是对土地的私有观念。关于对收益的私心问题社员回答得很清楚，他们说："这种私心过去有，现在也还有，所不同的是过去的私心是暗的，如许多人混工、争工分，不关心农活质量，不关心庄稼生长的好坏，这种私心对生产危害最大。现在的私心是明的，大家想种好责任田，争取多得超产粮，这种私心和责任心是分不开的，对生产有很大好处。"对于这种明的私心，只要加以正确引导，经常加强社会主义和集体主义教育，就能使大家把这种积极性和社会主义积极性很好地结合起来。关于对土地的私有观念，据我们看，也不会因为实行这个办法而触动起来。第一，因为社员承包田间管理责任田的数量，是按照每户的劳动能力来确定的，不是按人分摊的，同时，田间管理责任田并不是长期固定不变的，每年都要根据劳力增减情况进行调整，这样就不会使社员把责任田看成是自己的私有田。第二，包责任田的社员只管小农活不管大农活，大农活仍是统一做的。第三，社员对田间管理责任田只有操作权，没有所有权，正如工厂的机器、部队的武器固定给一定专人管理使用一样，这只会增加他们的爱护心理，不会增加他们的私有观念。

当然在试行中，也有一些社员要求多包田包好田，干活争先恐后，产量不如数上交，等等，但这是由于宣传教育不够的结果，并不是由于这个办法助长了农民的私心。问题很明显，试行这个办法的，百分之九十以上都是好的，发生了上述毛病的只是少数，而且是可纠正过来的。

在对以上三个问题进行剖析后，报告得出结论：

总的来说，我们认为田间责任制加奖励的办法，是适合当前生产力的发展水平和群众的觉悟水平的，是符合当前农业生产以手工操作为主的特点的。只要正确地贯彻执行，它能够发挥组织和推动生产的积极作用。

但为时不久，在1962年初中共中央召开扩大的工作会议（即“七千人大会”）上，安徽代表揭发了安徽农村中刮“共产风”带来的严重问题，指责推行“责任田”是犯了“方向性的错误”。接着，省委改组，曾希圣和曾经积极推行责任田的省委其他负责人都受到批判，被撤销职务和调离了工作。

改组后的新省委多次举行会议，对“责任田”进行严厉批判，并在给党中央、毛泽东的报告中指出：“安徽的‘责任田’办法，是在农村中从1959以来发生严重的‘饿、病、逃、荒、死’的情况下搞起来的。当时省委在困难面前惊慌失措，病急乱投医，用普遍推行‘责任田’的办法，来迎合一部分农民的单干倾向。”

报告接着指出：“包产到户势必会分田到户，社员把分的包产田都看作私人财产，埋界石、插牌子，各人打各人的算盘，生产计划、农活安排就无法统一。”“至于分配，粮食分户收打，产品归户掌握，生产队要挨户催交，而包产又普遍偏低，有些社员还瞒产少交，结果统一分配也无法保证。总之，包产到户造成集体和个人之间的大量矛盾，助长了社员的私心，削弱了集体观念，使集体经济趋于瓦解。”

报告针对前一段时间认为“责任田”不是分田单干、不会产生两极分化、不会加重社员私心这三点，一一加以具体驳斥，上纲上线批判。

“过去省委曾经辩护说：‘责任田’是一种经营管理责任制，不会削弱集体经济，不会走向单干。可是，事实恰好相反，第一，包产到户实际上是把集体的土地分到户，劳动力多、劳动力强的户分的包产田多，劳动力弱、劳动力少的户分的田少，没有劳动力的户不分田。这样就给军属、烈属、工属、干属和其他困难户增加了很大困难。全省不少军属、工属，纷纷写信叫在外地的战士、职工回家分田，否则日子难过。分田之后，农民对于自己包产的田责任心是大大加强了，但是对于集体所有的耕牛和大农具都没有责任心。……这难道是集体生产的责任制吗？第二，实行‘责任田’以后，一家一户成了一个生产单位，不论生产和分配，都取消了集体经济的优越性。社员的口粮和现金收入，不是主要靠集体，即使生产队勉强统一分配一部分，所占比重也不大。第三，实行‘责任田’以后，群众反映：‘私心重了，人心散了，农村中的社会主义、集体主义的空气淡薄了，一部分基层干部和劳动力强的社员在分田中多占便宜，欺负困难户，只管个人利益，不顾集体收入，不完成国家征购任务。’有些社员说：‘搞了责任田，手长的人丰收，手短的人不丰收，集体不丰收，国家也不丰收。’还有些基层干部不干工作，不参加会议，基层组织陷于涣散状态。”

“由此可见，‘责任田’办法并不是集体生产责任制，不是经营管理方法问题，而是从根本上动摇了集体经济，走上了单干的道路。”

两份报告，谁是谁非，时间过去了 30 多年，历史已作出公正的结论。即使在当时，由于试行了一年的“责任田”迅速改变了农村的面貌，强行改正“责任田”的通知受到抵制，广大干部、社员思想不通。新改组的省委负责人听了下面强烈的呼声，也不得不表示：“改正‘责任田’要慎重，要尊重群众的意见，群众不愿改的不要强扭。”一些正直的干部甘冒风险为“责任田”进行了大胆的辩护。

两封寄给毛泽东的信

就在安徽省委强行改正责任田的同时，1962 年 10 月，中共太湖县委宣传部长钱让能给毛泽东写了一份《关于保荐责任田办法的报告》。钱让能以太湖县推行“责任田”前后的鲜明对比，肯定“责任田”“是农民的一个创举，是适应当前农村生产力的必然趋势的”。他说：“1961 年 3 月份，我们一搞责任田，好！逃在外面的劳动力回来了，跑到城镇工厂当工人的小手工业者回来了（原来请也请不回来），流到机关里跟干部、工人当家属的也回来了。父亲托人写信给儿子，妻子写信给丈夫，弟弟写信动员哥哥，等等。我们忙得不可开交，热闹非凡，这真是大喜事。”“去冬下乡，看到嫁到宿松徐桥的姑娘们三五天就往娘家跑。我问为什么？她们的父母说：‘那边吃不饱，叫她回来多吃几餐，女婿不好意思来，每次回去总是要带走十斤八斤的。唉，那边不搞责任田真急人！’无论下乡也好，出差在轮船码头或等车休息也好，许多农民有关责任田这方面的道理，与我在省城听到的和文件上看到的道理，则完全相反。许多奇迹，见所未见，闻所未闻。所有不赞成责任田的人们，我想请他们到这里一闻一见，是会有很大教益的。”

钱让能列举了大量数据，论证了“责任田”在发展生产中的巨大作用。太湖县在三年困难时期，农村中荒、逃、饿、病、死一项不漏，生产条件极差。1961 年在一年之内而且还在遇到 105 天干旱以及后来遇到风灾的情况下，基本上解决了吃饭的问题，粮食总产比 1960 年增长了 1%。“这样的迅速转变，究竟是什么力量呢？拿农民的话说：‘这就是责任田好。’”

他还对“责任田”的优越性作了进一步分析。“在集体所有制下的农民，关键的问题，在于如何使其关心个人利益，责任田正是完全完善地解决了这个问题。……如做不到‘人人关心生产，个个责任分明’，那就不可能提高劳动生产率，而劳动生产率是保证新社会制度胜利最重要、最主要的条件，因此，要想提高劳动生产率，必须首先提高人们的劳动积极性，使所有的人关心自己的任务和明确自己的责任。”“现在的农民总还是农民，他们最讨厌、最头疼的就是那些复杂的、麻烦的东西。他们所欢迎的也就是最简单、最通俗易行的东西。”“最简单易行、为农民所普遍乐意的，就是定产到田，责任到人，只有如此，农民才易于理解他们所做的每一件农活，都是与自己的利益发生直接关系，并且马上就能兑现。过去的办法，主要就是靠评工记分，实际产量不到田，责任不到人，评工记分就不能真正地搞好。现在如果以队集体生产，还是采取评工记分的老办法，可以说，除了有历史习惯的齐心协力的少数小队外，而普遍现象是做工只顾数量，不能保证质量，只顾工分不顾效果。尽管你点子再多，绞尽脑汁，什么包工定产，检查验收，互相监督，等等，在无数小生产残余的反抗与这些残余相联系的巨大的习惯势力和保守势力面前都是无能为力的。同时评工记分的本身也确为复杂。首先是误时，特别是大忙时耽误农民的睡眠。其次是评不好，不是争，就是吵，很难克服社员与社员之间的平均主义。再者是烦琐的哲学，几十道工序，甚至有的小队弄不清，成了一笔糊涂账。”最后，他恳切地说：“我很担心，省委决议 1962 年内就要把责任田大部分扭过来，根据这里的情况，是不可能的。因为农民是不会相信空话的，你不做出样子，证明比他们的做法优越，除掉强迫命令，我看是扭不过来。”“据我们调查摸底，拥护责任田起码占 80%以上，甚至占 90%以上。站在 90%以上的人民大众这一边同呼吸，该不能算是尾巴主义吧！怕 80%甚至 90%以上的农民不跟我们走，这恐怕也不能算是马克思主义！”

毛泽东审阅钱让能的报告后，批给在北戴河开会的代表，并由中共中央办公厅派太湖籍的干部到太湖调查，调查者耳闻目睹家乡父老由于实行“责任田”而解决了温饱问题，转变了原来的怀疑态度，反过来赞成“责任田”。后来在反右倾斗争和“文化大革命”中，钱让能和前往太湖调查的同志均受到无情的批判和打击，直到“四人帮”倒台才得以平反。

1962 年 7 月，中共宿县符离区委会也寄信给毛泽东主席，信中说："我们都是共产党员"，"如实反映情况是共产党员的光荣任务"，"决心倾吐肺腑之言，恳请调查了解"。他们列举"责任田"的十大优越性，接着说："我们全体同志，经过反复讨论，觉得在当前很难找出比责任田办法更简便易行，更能有效增产，更容易为广大干部群众所接受的办法。所以我们一致认为，责任田办法是个比较好的办法。""不是方向错误，没有复辟资本主义的危险。"

尽管如此，新省委还是遵照党中央的指示，正式作出《关于改正责任田办法的决议》，提出："我省绝大部分地区实行的'责任田'办法，与中央六十条关于改变人民公社基本核算单位问题的指示精神是背道而驰的。这个办法是调动农民的个体积极性，引导农民走向单干，其结果必然是削弱和瓦解集体经济，走资本主义道路。这个办法在方向上是错误的，是不符合广大农民的根本利益的，必须坚决地把它改正过来。"

决议下达，逐级传达贯彻，开展严厉批判。但是，"责任田"深得人心，多数人有抵触情绪，进展得并不顺利。到 1962 年 8 月，只有 36595 个生产队改了过来，仅占全省生产队总数的 12.2%，1962 年 8 月，毛泽东在北戴河召开中央工作会议和中共八届十中全会，批判"三股黑风"，即"单干风""翻案风""黑暗风"，提出阶级斗争要"年年讲、月月讲、日日讲"，批判包产到户，正是重提阶级斗争的导火线，成为会议的主要内容之一。

10 月中旬到 11 月中旬，安徽省召开省委一届十三次会议进行传达贯彻。此后，"责任田"再一次受到更严厉的批判，不久即被全面改正。

安徽农村推行"责任田"也引起了中央一些领导人和有关部门的关注。1962 年 6 月，中央政治局委员李富春写信给刘少奇、邓小平并书记处诸同志，反映他在"本月 16 日路经安徽滁县专区嘉山县管店公社，看了车站、邱郢两个生产队部分社员麦收，并同一些农民谈了话。他们说今年麦收比去年好，生活也比去年好了，没有浮肿病和逃荒的了”。“这两个队土地都已分到户，由户包产，责任到田。问了几个农民，都说实行包产到户好。”

毛泽东的秘书田家英也派两位同志到安徽无为县了解实行包产到户的情况。调查后认为：“包产到户对于解救已经遭到破坏的集体经济的危机，迅速恢复农业生产，肯定是有利的和必要的。”

1962 年 5 月 7 日，中共中央农村工作部部长邓子恢两次派人来安徽当涂县和宿县进行调查，也肯定了“责任田”的优越性，并向党中央呈报了一份《关于当前农村人民公社若干政策问题的意见》，其中写道：“个体生产的危险在于以个体经济作为主要社会制度，从而产生剥削，产生阶级分化，而最后走上资本主义道路。如果我们能保持集体经济作为农村社会制度的主体，加上政权在我们手里，国民经济的骨干如工业、交通运输、金融贸易企业等都是全民所有制，在这种条件下允许社员在一定范围内经营一些小自由小私有，是只有好处没有坏处的。”后来他在北戴河会议上又向毛泽东推荐“责任田”，受到严厉的批判。

尽管安徽广大农民衷心拥护“责任田”，尽管从中央到基层有许多同志和党组织上书、争辩、提建议，“责任田”还是被迫彻底改正了。但它已深深植根于安徽农民的心中，为变革农村生产关系进行大胆的创造性的探索埋下了种子。

三、万里与“省委六条”

万里走马上任

1977年6月，万里被任命为粉碎“四人帮”后新改组的中共安徽省委第一书记。这位农村改革大潮中的风云人物，刚到安徽时，面对的却是一个落后的农业大省经过长期“左”倾错误和“文化大革命”十年动乱反复折腾留下的凋敝残破、穷困不堪的局面。“四人帮”在安徽的代理人推行“学大寨”运动特别卖力，政策上“左”的错误及强迫命令、瞎指挥特别严重，批判、斗争的气氛特别浓，农民实际生活水平落后下降的幅度特别大。1977年全省287000多个生产队，只有12%能维持温饱，67%人均年收入低于60元，40元以下的约占25%。大部分农民吃不饱，穿不暖，不少人仍在饥饿线上挣扎。

在十年动乱中，“四人帮”颠倒是非，倒行逆施，造成了一片混乱。1975年初邓小平主持中央工作，一上台就着手全面整顿，点将任命万里为铁道部长，去解决处于半瘫痪状态的铁路运输问题。万里果然不辱使命，以非凡的勇气、魄力和雷厉风行的作风，迅速扭转了混乱局面，使火车安全、正点、畅通。可惜为时不久，邓小平就在所谓“反击右倾翻案风”中又一次被打倒，万里也跟着作为“黑干将”又一次被打倒了。

粉碎“四人帮”后，一些省、部级领导干部陆续被解放，重新走上领导岗位。起初拟派万里到湖北省去当另一位老同志的二把手。当时尚未正式宣布邓小平恢复领导职务，但他已开始参与中央一些重要的活动和决策。万里接到任命后去看望邓小平，向他辞行。邓小平得知此事，建议改派万里去安徽任职，因为安徽是个“老大难”，而万里是个治理“老大难”的能手。万里行前，当时党中央主要领导人华国锋又专门找他谈话，对派他去扭转安徽的严峻局面寄予厚望。

万里能不能继续不辱使命呢？

两次被打倒，并没有使万里失去政治上无所畏惧的勇气和魄力。他到安徽后，很快揭开了被“四人帮”代理人捂了8个月的盖子，采取果断措施排除了派性干扰，妥善处理了最紧迫的问题，整顿了地、县两级领导班子，实现了安定团结。他的办法既简单又巧妙，就是以第一书记兼革委会主任、军区政委的身份，通过新建立的省委领导班子下了一个通知，指出“文化大革命”已经结束，军队“支左”的历史任务已胜利完成。各部门、各地区、各单位都必须组织群众，以隆重的形式热烈欢送军代表返回军营，三天内全部返还完毕。对军代表有什么意见，可以在事后提交省委，由省委转送军队分别处理。他快刀斩乱麻，釜底抽薪，使错综复杂的派性斗争失去了后台，为一大批被关在牛棚里的领导干部重新走上工作岗位，迅速扫除了障碍。全省初步建立了新的秩序，大局得以稳定。但是从安徽看，从全国看，仍然问题成堆，困难成山，十年动乱后出路何在？亿万人民仍然急切地在翘首期盼之中。

万里是山东东平县人，出生于1916年12月1日。他父亲在阎锡山部队中任军官，抗日战争初期阵亡；母亲是位勤劳善良的劳动妇女，靠为别人做针线活、拆洗衣服，把他和两个妹妹抚养成人。1936年夏，万里毕业于山东曲阜师范学校。在那里他接受了马克思主义思想，成为一名秘密的共产党员。回东平后，担任小学教师，从事党的地下工作。抗日战争和解放战争时期，他一直生活、工作、战斗在冀鲁豫农村根据地，担任县委、地委、区党委的领导职务，成天同农民打交道，对农民是熟悉的，有感情的。

但新中国成立后，他从农村进入城市工作，管工厂企业、管城市建设、管铁路交通，没有再做过农村工作。他深感有重新学习的必要，便亲自到农村去，到农民中去作调查研究。他轻车简从，不声不响，说走就走，往往直接深入基层、深入农户，发现有问题再到县或地区交换意见，商量解决。有时当地领导闻讯来向他汇报，他却已经结束调查到别处去了。3个多月，他几乎跑遍了全省各个地、县，不开大会，不作指示，不提口号，只是看、问、听。他越看越问越听越是心情沉重，深感愧疚，大为震惊："没有想到搞社会主义快30年了，老百姓还这么穷！"他是个在革命斗争的实践中锻炼成长的硬汉子，但是在大别山金寨县红军烈士家属的破屋里，他看到见了底的米缸，老人、小孩子裹着露出棉絮的棉袄在寒风中哆嗦，不禁流出了眼泪；在江淮平原的茅草棚里，他看到农民锅里用地瓜面和胡萝卜缨子煮成的、散发出难闻气味的黑糊糊，心里真不是滋味。他在路上同一个挑担的农民拉家常，问有什么要求，这位农民拍拍肚皮说："没有别的，只要吃饱肚子就行了。"又问还有什么要求，这位农民又拍拍肚皮说："这里面少装些山芋（红薯）干。"万里事后发出了叹息："看，我们的农民多好！他们的要求这样低，可连这点最起码的要求都没有能得到满足。"在著名的花鼓之乡凤阳，万里同当地一些干部座谈如何解决农民外流讨饭的问题，有人说："这里的农民有讨饭的习惯。"万里忍不住打断他的话气愤地说："讨饭还有什么'习惯'！怎么能这样讲话！我不相信，有粮食吃，有饺子吃，谁还会去讨饭！"3个多月的所见所闻，集中起来最深刻最突出的就是一个"穷"字，而"穷"字的背后则是一个"左"字。定远县金桥公社有个红岗大队，是省里学大寨拔尖的典型，他去一看，庄稼长得还可以，仔细一了解，原来"学大寨"就是大批促大干，取消自留地，不准搞家庭副业，推行"大概工"，强调算政治账，不算经济账，庄稼好是化肥催起来的，做样子给上面看的，产量不低，可成本很高，农民生活比一般队还差。政策"左"，实际更“左”。有的生产队“学大寨”工作队的人数比全队总户数还多，每户都有专人去管。工作队长恶狠狠地说：“你们这里资本主义泛滥，我们左手拿着无产阶级专政的刀，右手拿着无产阶级专政的鞭，就是要砍掉一切资本主义的东西，把你们赶到社会主义道路上去！”万里痛苦地发现，自己一生为之奋斗的共同富裕的理想，竟变成了普遍贫穷的现实。他终于认定，搞“阶级斗争为纲”，建不成社会主义；牺牲农民利益去搞工业化、现代化，也建不成社会主义。长期以来一整套“左”的做法，实际上是在剥夺农民，压制农民。大寨被拔高为无产阶级专政下继续革命的典型后，农业学大寨运动便变成“阶级斗争”“两条道路斗争”的同义语，变成整基层干部、打击农民群众、破坏农业生产的政治斗争。于是他认定，农村不改革没有出路，非改弦更张不可，非彻底纠正“左”的错误不可，非制定新的农村政策不可。

在此期间，万里收到滁县地委的一份报告。他历来反对报喜不报忧，厌恶那些“假、大、空”的文字游戏，但对这份报告，却看了又看，陷入了沉思。报告反映“四人帮”及其在安徽的代理人，歪曲篡改党的社会主义经济政策，竭力散布只要“路线对头，不怕政策过头”的谬论，把“三级所有、队为基础”说成是老一套、过时了；把坚持按劳分配原则诬蔑为“强化资产阶级法权”；把社员按政策规定经营少量自留地和家庭副业攻击为“给资本主义供氧输血”；把勤俭办社方针攻击为“只算经济账、不算政治账”；把开展集体的多种经营攻击为“金钱挂帅”，等等。这样就把人们的思想搞乱了，弄得一些老干部不敢讲政策，新干部不敢学政策，讨论部署工作不研究政策，检查生产不过问政策，以致社、队经营管理混乱，社员负担过重，多劳没有多得，分配无法兑现，社员收入过低，积极性受到严重打击。他反复思考这样一个问题：滁县地区的情况是否带有普遍性？拨乱反正从落实农村经济政策入手，是否符合广大农民的要求？

调查研究，制定“省委六条”

为了摸准情况，进行全面分析，省委组织省农委等有关单位，作专题调查，解剖典型，分地区召开政策调查汇报会，在多方调查、掌握大量材料的基础上，召开了省委常委会议，核定并通过了《关于目前农村经济政策几个问题的规定（草案）》（后简称“省委六条”），强调农村一切工作要以生产为中心；尊重生产队的自主权；允许农民搞正当的家庭副业，产品可到集市上出售；生产队实行责任制，只需个别人完成的农活可以责任到人。万里和与他同时调来安徽的省委第二、第三把手顾卓新、赵守一及分管农业的副书记王光宇、省委秘书长袁振等组成了一个有战斗力的、团结的领导集体。他们认真分析安徽省的基本情况，取得了完全一致的共识。其中突出的一点是，“四人帮”在农村的流毒和影响很深很广，要害是破坏了党的政策，不顾群众死活，使党严重脱离了群众。因此，从抓落实农村经济政策入手，把揭批“四人帮”与解决农村的现实问题紧密结合，才能打开当前复杂、困难的局面，调动广大农民的积极性。

尽管文件已经经过充分酝酿讨论，多次反复修改，万里、顾卓新、赵守一等几位主要领导人仍不放心，又一同下乡去邀集公社、大队、生产队和贫下中农代表开座谈会，亲自向农民宣讲，征求意见，边听、边记、边修改，使有关条文的提法更加妥帖、完善，然后，在11月中旬召开有地、市、县委和省直各部门第一把手参加的全省农村工作会议。万里在会议开始时就说：“安徽是个农业省，农业搞不上去问题就大了，连吃饭穿衣都没有办法，更不用说搞四个现代化了。”“抓农业机械化是完全对的，但是，最重要的生产力是人。农业根本上还是靠农民的两只手，人的思想支配两只手。调动人的积极性要靠政策，政策对头农民就有积极性，政策不对头农民就没有积极性，这些年政策上不对头的东西太多了。”“中国革命在农村起家，农民支持我们，母亲送儿当兵，参加革命，为什么？一是为了政治解放，推翻压在身上的三座大山；二是为了生活改善。现在进了城，有些人把农民群众这个母亲忘掉了，忘了娘了。”“这次会议就是要想农民之所想，急农民之所急，研究如何把农业搞上去的政策。”到会人员多年没有听到这样的讲话，感到耳目一新，精神为之大振，再一次对草案进行认真讨论、反复修改，最后一致通过，作为省委的正式文件下发各地执行。

文件一经与群众见面，立即引起强烈反响。有些大队通知一户派一个代表到会，社员听说是讲政策，都争着来了。屋里坐不下，到场院里开会。有的听了一遍不过瘾，让宣讲人再讲一遍、两遍，高兴地说：“省委就像到我们院里看过一样，条条讲到了我们的心坎里。”全椒县一个 60 多岁的老贫农，从别人口里听到《规定》的一些内容，不敢相信，背上干粮跑了几十里路，到县委去询问，得知确有此事，拍着手说：“这就‘着’（对的意思）了！”

必须对本省人民负责

但是，20 世纪 70 年代后期仍然是盛行“阶级斗争为纲”的时期，对多数干部来说，“左”的影响还没有得到清理。有些人见了《规定》（草案）一直忐忑不安，怀疑省委是不是搞错了：“怎么以生产为中心，纲跑到哪里去了！不怕批生产力论么！”

果然，批判真的来了，陈永贵说话了。

从 1970 年昔阳建成大寨式的县，“农业学大寨”又发展为“普及大寨县”。到 1978 年初，据统计全国已有 723 个县建成“大寨”式的县，占全国近 1/3。但农业生产并没有什么提高，而虚报产量、强迫命令之风却日益严重。在“普及大寨县”运动中，许多地方学昔阳“大批促大干”的经验，抓“五种人”的经验，又形成一次乱批乱斗的高潮，礼县曾在 1975 年宣布为甘肃省头号大寨式的先进县，1978 年却竟被揭露出是一个“假典型”。这个县以“学大寨”之名，大搞主观主义的瞎指挥，搞乱了劳动组织，搞乱了作物茬口，破坏了森林和牧场，造成生产下降，使群众生活遭受极大的困难。湖南湘乡、陕西旬邑等县，也揭露出有严重的违法乱纪、打骂群众、乱扣乱罚的现象。旬邑县仅有 20 万人口，各级干部动手打骂群众的多达 751 人，其中县委常委 3 人，公社领导干部 24 人，一般干部 67 人，支部书记 88 人，其他基层干部 564 人。被打群众 1000 多人。

县委主要领导特别是第一把手刘书润对斗争哲学、群众专政、改造小生产等问题存在不少错误认识和错误做法。在他们影响下，有些干部竟认为“农业学大寨，死几个人算什么”，“不打好人还能不打坏人?”“打、骂、罚是坚持斗争哲学”，是“改造小生产”，“不打不骂批‘老右’，是‘好人主义’，是老好人掌权”，等等，严重破坏了社会主义法制。

1977 年秋天，北京同时开着两个农业方面的会议。一个由各省分管农业的负责人参加，农业厅长也都来了，中心议题是如何大干快上，强调深入学大寨，加速农业机械化。另一个会层次较低，只来了部分省的一些处级干部，座谈农村情况，交流经验，但是反映的问题比较实际、深刻。会议认为农村形势严峻，浮夸、说假话之风盛行，农民生活贫困，温饱难保的面越来越大，有些名声远扬的先进典型实际上也是“高产穷队”。因此当务之急是调整政策，让农民休养生息。会上有人介绍了安徽的做法，引起了有关方面的重视。后来《人民日报》派记者姚力文去采写了长篇通讯——《一份省委文件的诞生》，1978 年 2 月 3 日在头版显著位置发表，并在编者按语中指出：“安徽省委这样深入实际，注重研究，走群众路线，认真贯彻落实党的政策，是恢复和发扬党的优良传统和作用的一个好榜样。”同时还配发了评论员文章：《尊重生产队的自主权》。这一组报道，对人们了解农村真实情况，从“四人帮”造成的迷误和混乱中清醒过来，起了积极的作用。

在此之前，陈永贵已经敏感地觉察到，报纸对“农业学大寨”和“普及大寨县”运动逐渐失去了热情，有些报道甚至话中有话，隐含着某种不敬。他多次表示“宣传消极的东西太多了！”见到安徽的“省委六条”后，他终于忍无可忍，气愤地说：“什么落实政策，条条都在否定、批判‘大寨经验’！”他认定安徽的“省委六条”矛头是对着“农业学大寨”来的，必须痛加驳斥。虽然时移势易，今非昔比，他已很难再通过新华社、《人民日报》发号施令，但在山西，他说话还是算数的。1978 年春节期间，他回到山西，经过精心策划，拟定十几个题目，要省报发十几篇评论，称之为“打排炮”。第一篇《昔阳是怎样调动农民的社会主义积极性的》，全面讲大寨的根本经验，没点安徽的名，实际上批“省委六条”是“好行小惠，言不及义”，不符合“抓纲治国”的方针。这篇评论先在《山西日报》发表，后由新华社转播，4 月 21 日《人民日报》转载，来势颇猛。

安徽的“省委六条”，基本精神是解放思想，实事求是，从安徽的现状出发，让农民休养生息，用政策调动农民的积极性。尽管“省委六条”的每一条都可以从人民公社“六十条”中找到依据，但是当时华国锋紧抓不放的头等大事，仍然是把全国学大寨运动推向新的高峰。因此，“省委六条”的出现，不仅被陈永贵视为“反大寨”“砍红旗”，也为华国锋所不容。1977 年冬天，华国锋在普及大寨县的会议上仍然强调，坚持学大寨还是反对学大寨，“是无产阶级同资产阶级的激烈大搏斗”，“要加速发展我国的农业，最根本的还是靠学大寨”。会议强调“实现基本核算单位由生产队向大队过渡，进一步发挥人民公社‘一大二公’的优越性，是前进的方向，是大势所趋。各级党委应采取积极热情的态度，做过细的工作，因势利导，努力创造条件，逐步向以大队为基本核算单位过渡”。会后下发 49 号文件，提出今冬明春要把 10%的生产队过渡到大队核算。

在万里看来，49 号文件乃意料中事，是坚持“两个凡是”的必然结果，并未因此动摇和改变他贯彻“省委六条”的决心。他认为，“四人帮”的破坏和“学大寨”运动中的“左”并不是一个东西，不能简单地画等号。但前些年农村中好多“左”的东西都是通过“学大寨”运动来推行的，都给农民造成了灾难，决不能再盲目地学下去了。“省委六条”强调尊重生产队的自主权，同49号文件向大队过渡的精神恰恰相反，这是关系当时农村工作方针的一个大问题。只要生产队有了自主权，就可以反掉瞎指挥，增产一大截。原来“省委六条”只在加强经营管理那一条里提了一句要尊重生产队的自主权，万里经过调查感到这个问题太重要，建议把它分出来，单独写了一条，指明生产队的自主权包括：生产的自主权，分配的自主权，劳动力的自主权，等等。他在一次谈话中说：“尊重生产队的自主权，实质是个尊重实际、尊重群众、发扬民主和反对官僚主义‘瞎指挥’的大问题。种庄稼、搞农业，要讲究因地制宜、因时制宜。不同类型的地区，不同的社、队，这面坡或那面坡，这块地或那块地，适宜种什么，怎么种，什么时候种，对待这些问题，要从实际出发，要搞唯物论，不能搞唯心论。谁最了解实际情况呢？当然是天天同土地、庄稼打交道的生产队干部和社员群众。他们最有发言权，他们的意见应该受到尊重。尊重生产队的自主权，说到底，是一个对待群众的态度问题，是把群众当作真正的英雄还是当作‘阿斗’的一个原则的问题。不尊重生产队的自主权，这是我们过去农村工作中许多错误的根源。历史上的教训太深刻了。”①

1978年3月，党中央决定召开普及大寨县座谈会。按通知这个会应该由省委第一把手参加，万里没有去，派赵守一做代表。临行前，万里对赵守一说：你去了光听光看，什么也不要说。大寨那一套安徽的农民不拥护，我们不能学，也学不起，当然我们也不能公开反对。你就是不发言，不吭气，回来以后也不必传达。我们不能只看领导眼色行事，必须对本省人民负责，在我们权力范围内做自己应该做、能够做的事情，继续坚决贯彻“省委六条”。

① 见《万里文选》，人民出版社1996年版，第104页。

这实际上是最初在一个省的范围内的拨乱反正，抛弃以阶级斗争为纲的方针，坚持以生产为中心的方针。

政策的威力

“省委六条”下达后，生产队掌握了自主权，调动了农民的积极性；农民在实践中又沿着“省委六条”的思路发展了、突破了“三级所有、队为基础”的框框，创造了联产计酬的办法，把包工到组发展为包产到组，又发展为包干到组即大包干。

1978 年春，来安县烟陈公社李渡大队魏郢生产队为了克服生产上大呼隆的弊端，加强生产责任制，主张参照高级社时实行的“三包(包工、包产、包费用)一奖(超产奖励)”的经验，对作业组建立联系产量的生产责任制。这个意见得到了大队和公社负责人的支持。于是，他们讨论并制订了“分组作业、定产到组、以产计工、统一分配”的实施办法。全队划分为两个作业组，实行劳动力、土地、产量、工分、奖惩、领导“六定”到组和计划与茬口、经济核算与效益分配等八个方面的“统一”。魏郢生产队的做法受到了来安县委和滁县地委的重视，到次年春，来安县有一半以上的生产队建立了包产到组责任制。

凤阳县的巴湖公社前倪生产队，实行“分组作业、以产计工”的责任制，将水稻以外的大部分耕地都包到组了，效果很好。到当年麦收季节，实行包产到组的生产队发展到 38 个，基本做法是“分组作业、以产计工、超产奖励、减产赔偿、全奖全赔”。这一做法受到广泛的重视和推广。

1979 年初，凤阳县在贯彻“省委六条”中学习十一届三中全会的农业文件，认真总结合作化以来农业生产的经验教训，广大干部群众解放思想，实事求是地分析了凤阳各个历史阶段的农业生产实际情况，决定适当调整生产关系，实行“大包干”到组。其具体做法是：(1)划分好作业组。

本着有利于生产、有利于团结的原则，将生产队划分为若干个作业组，民主选举产生组长、记账员、保管员，作业组规模一般为五六户。(2)处理好生产资料。耕地、耕牛和农具按一定的分配标准，固定给作业组使用。(3)搞好包干合同。生产队把国家下达的生产计划、农副产品交售任务、公共积累和各项提留，按土地面积合理分配到作业组。作业组承包任务落实后，队组签订合同，一式三份，上报大队、公社监督执行。全县3710个生产队中，实行大包干的有3098个生产队，占总队数的83.5%。

滁县地委组织全地区的公社书记到最早搞大包干的岳林大队开了个现场会。这个会的开法很特别，领导不做任何报告，当地不做任何介绍，直接让到会的人自由参观，愿意看哪一家就到哪一家，愿意问什么就问什么，没有人不说大包干又简便效果又好。大家你一句我一句凑成了一段顺口溜："大包干，大包干，直来直去不拐弯。交够国家的，留够集体的，剩下都是自己的。"从此，大包干之名便越来越响亮了。

人民公社体制的弊端，从农民的感受来说，最深切的是生产上的"瞎指挥"，管理上的"大呼隆"和分配上的"大锅饭"。对干好干坏一个样、干多干少一个样、干和不干一个样的平均主义，农民早已深恶痛绝。十一届三中全会前后，农村不少地方自发地搞起了包工到组、包产到组、包干到组等大同小异却层次有别的责任制。一个队分为若干组，一个队长就变为若干组组长，好的队长各组争着要他去兼组长，社员不满意的队长哪个组也不要，成了被架空的孤家寡人。有的队长不得不写检讨，表示以后好好劳动，决不多吃多占，才被吸收入组。这实质上是在不许也不敢"包产到户"的情况下，农民强烈要求纠正平均主义错误所发起的冲击，是对一部分又懒又馋的基层干部和平地"夺权"。联系产量的责任制，从包工到组发展到包产到组或包干到组，是农业经营管理的新突破。

为什么这样说呢？长期以来，农村人民公社的计酬形式是劳动工分。工分本身并没有固定的价值，劳动日工分值的高低，取决于年终总的生产成果。由于农业生产的分散性、复杂性，在基层干部文化水平、管理水平不高的情况下，用行政办法把几十户农民组织到一起劳动，一人派工，集体干活，很难避免大呼隆的毛病。“出工一条线，下地一大片”，表面上人多势众，轰轰烈烈，实际上工效很差，农活质量没有保证。“队长不喊不动身，人不到齐不出工”。“干部转，滑头站，老实人气得不想干”，出勤不出力。“农忙时活多人少误季节，农闲时活少人多磨洋工”。合作化初期，为了改进劳动管理，劳动计酬的办法变换过多次，但都离不开评工记分，而评工记分总是不容易反映实际劳动的数量和质量。高级社时期曾普遍推行的包工、包产、包成本、超奖减罚的“三包一奖”制度，但这些逐步改进的做法，没有得到巩固和进一步发展。公社化以后，特别是十年动乱中被一风吹了，评工记分被大寨“政治工”“大概工”所取代，定额管理被讥为“繁琐哲学”，“三包一奖”更不能提了。因此，整个人民公社时期，农村的劳动生产率普遍很低，即使20%左右机械化水平比较高、产量也相当高的先进队，农民的脸上也没有多少笑容。因为投资大、成本高、管理不善，浪费严重，增产不增收。有的甚至成为“高产穷队”，“喜人的产量，惊人的成本，愁人的分配”，就是真实的写照。至于那些“生产靠贷款、吃粮靠返销、生活靠救济”的“三靠队”，情况就更严重了。

“省委六条”使安徽农村出现了蓬勃的新气象，农民积极性大为高涨，普遍加强了经营管理，农业生产责任制有了迅速发展。万里多次指出，多种形式的责任制，只要能够增产、增收、增贡献，就是好办法，“先试验”一年，年终再总结。上上下下改革的劲头十足，从此走上了一条新的发展道路。

为十一届三中全会准备的书面意见

1978年秋后，万里接到参加中央工作会议的通知。这次会议是为党的十一届三中全会作准备的。万里对此十分重视，先后8次找周日礼等座谈讨论，写成了一份书面意见，其中包括关于人民公社体制问题、农业学大寨问题、过渡问题、农工联合企业问题、劳动计酬问题、农业机械化问题、农业副产品收购政策问题，等等，尖锐地批评了“农业学大寨运动”中的形式主义，弄虚作假；劳动计酬中的平均主义，“大锅饭”。指出盲目搞“穷过渡”，“就不可避免地出现杀猪砍树，破坏生产力，使农业生产倒退，这方面的事实不仅过去有，现在仍然有”。而最能代表万里改革彻底性的，则是关于人民公社体制的一段，摘录如下：

> 现行的人民公社的体制是“政社合一”，实际上是“党、政、社”三合一。二十年来的实践说明，这种“政社合一”的体制带来了不少严重问题。
>
> 第一，从表面上看，似乎加强了党对人民公社的领导，而实际上，“党、政、社”三个机构合而为一，既不能集中精力抓党政工作，又不能集中精力抓生产，往往出现顾此失彼的现象。比如政治运动来了，只顾抓运动，而忽视了生产和人民公社的经营管理……
>
> 第二，由于党、政、社三合一，集公社党政、生产大权于党委书记一人，权力过于集中，容易出现利用职权，按照行政命令、长官意志管理和指挥生产。许多地方出现一平二调、强迫命令、瞎指挥、形式主义等弊端，与现行体制有重大的关系。
>
> 第三，人民公社是社员互助、互利的集体经济组织，本来应当充分发挥社员群众当家作主的精神，发展由社员代表大会产生的社委会的领导作用，而实际上是用党、政领导代替社委会的领导，这很不利于发展生产……
>
> 鉴于上述原因，吸取合作社时期管理体制方面好的经验，参照国营企业只是作为经济单位而不是政权机构的情况，建议将现在“政社合一”的管理体制进行适当改革，实行“政社分离”。可以考虑以现在

的公社为单位设乡，大公社设大乡，小公社设小乡……①

早在十一届三中全会之前，在送交中央的书面意见书中，居然提出废除人民公社的建议，这说明万里对农村改革的思想比一年前制定“省委六条”强调生产队自主权的时候已经有很大的发展。但是这次会议有更多紧迫的问题要处理，农业问题未能充分展开研究，万里曾在小组会上作过发言，意见书中的一些观点也被吸收写入关于农业问题的决议。但他这个最重要的意见却没有受到重视。文件明确提出两个“不许”，即：“不许分田单干，不许包产到户。”这使农村改革能否突破在关键问题上遇到了新的困难。因此，在十一届三中全会之后的1979年，包产到户仍然是明确不允许的；包产到组，则含含糊糊，在允许与不允许之间。

① 见《万里论农村改革与发展》，中国民主法制出版社1996年版，第20—21页。

四、艰难的第一步

借地度荒诱发包产到户

敢于突破旧框框、敢于为天下先的，是作为农业生产实践主体的亿万农民。1978 年春，贫穷饥饿、死气沉沉的安徽广大农村，在“省委六条”的指引下出现了转机，生产队掌握了自主权，农民积极性高涨，在实践中又突破了“省委六条”的一些具体规定，创造了联产计酬的办法，各种各样、五花八门的联产承包形式犹如雨后春笋，蓬勃发展。午季(即夏季)收成不错，人们都满怀信心，争取丰收。谁知天公不作美，偏偏又遭到了罕见的严重干旱。夏秋季节，长江和淮河在境内的各条支流，几乎全部断水。农民愁肠百结，干部焦急万分。到了 9 月，减产已成定局。万里果断地提出，要正视现实，减了产就是减了产，不能打肿脸充胖子，非常时期必须打破常规，否则就要吃大亏。省委常委讨论决定“借地”给农民度荒，凡是集体无法耕种的土地，借给社员种麦种菜;鼓励社员在不影响水土保持的前提下开荒，谁种谁有，国家不征公粮，不派统购任务。这项政策极大地调动了农民抗旱自救的积极性。这时，“真理标准”的大讨论正在全国上下热烈展开，也促进了农村干部和农民思想的进一步解放，肥西县山南区打破了禁区，冒出了“包产到户”。

1978 年 9 月 1 日夜，肥西县山南区在柿树公社黄花大队召开全大队 23 名党员参加的党支部扩大会，讨论省委“借地种麦”指示，落实战胜旱灾、保耕保种的措施。会上有人悄悄地说:“只有一条路可以度过荒年。”参加会议的区委书记汤茂林问:“什么路?”那人说,“就照 1961 年那么干。”汤茂林是个敢作敢为的人,有“汤大胆”的雅号。但他一听“1961 年的办法”,心上还是不禁一阵发怵:“当真要包产到户?”但是,当时确实也再没别的办法可想,“汤大胆”一挥手就决定“试试看”。每个劳动力包 5 亩麦子、5 分油菜地;小麦亩产 100 公斤,油菜亩产 50 公斤;种子、化肥等工本每亩 5 元;每亩超产 50 公斤,奖励 30 公斤粮食,减产 50 公斤如数赔偿。

9 月 18 日,汤茂林在黄花大队召集附近 3 个公社的党委书记和 9 个生产大队的支部书记开会,推广黄花大队的办法,全区借“借地”之名,迅速掀起了“包产到户”的热潮。黄花大队按水、旱、岗地搭配,两天内将 1700 亩土地包下去 1420 亩。这一包,群众的积极性火山般地迸发了。地干了,牛犁不动,社员就日夜用铁锹挖,用榔头敲,跑几里路打井挑水点种小麦。于是,奇迹出现了,全区秋种计划超额完成。

9 月 20 日,万里收到一封匿名信,痛斥汤茂林“是曾希圣‘阴魂不散’”。也就在这时,喜讯也传到区上:3 个公社的小麦和油菜已全部提前播种完毕,这按人民公社的老套套是无论如何也办不到的。

万里密切注视着“包产到户”的出现和发展势头。他面向实际,坚持一切从实际出发,没有因为“省委六条”中有些什么规定而捆住自己的手脚。他要求省农委的干部下去调查研究,他自己则多次在各种场合表示,凡是能够增产、增收、增贡献的办法都是好办法。

《人民日报》能管你们吃饭吗?

在 1979 年,包产到户只能在“天高皇帝远”的偏僻之地悄悄进行。因为知道的人不是很多,议论也不太大。肥西紧邻省会合肥,山南的包产到户范围又相当大，省直机关议论纷纷，有些好心的同志认为，肥西就在省委眼皮底下，如此明目张胆地违背中央规定，不制止不处理恐怕要出岔子。有的甚至质问："省委想把群众引导到哪里去?!"这些意见所以敢于以尖锐的方式提出，是因为十一届三中全会作为草案下发试行的农业文件，明确规定两个"不许"，即"不许分田单干，不许包产到户"。

万里强调要领会三中全会主要精神，解放思想，实事求是，不要拘泥于个别条文。他说："中央文件基本的精神是加速生产的发展，而不是什么两个不许，如果句句照搬文件，那还要你这个领导干什么？这不是组织纪律，这是不负责任。"话虽如此，中央既有明确规定，也不能等闲视之。他于2月2日派省农委周日礼、刘家瑞率领12位干部组成工作队，到肥西县山南公社，向干部群众宣讲中央十一届三中全会两个文件，干部、群众展开了热烈讨论。讨论中大家普遍要求实行包产到户，不仅群众拥护，党员、干部也拥护；不仅劳力强的拥护，劳力弱的甚至连"五保户"都拥护。

听取汇报后，万里又于2月7日召开常委会议专门讨论这个问题，多数人认为应当支持农民的行动，又怕直接违背中央规定，比较犹豫。会议上午没有开完，下午又接着开。万里专门请王光宇介绍了当年实行"责任田"的始末和经验教训，最后说了他个人的看法："对包产到户，过去批了十几年，许多干部批怕了，一讲包产到户，就心有余悸，谈'包'色变。但是，过去批判过的东西，有的可能是正确的，有的也可能是错误的，必须在实践中加以检验。我主张应当让山南公社进行包产到户的试验，在小范围内试验一下，利大于弊。不宣传，不推广，不登报，秋后再总结。如果试验成功，当然最好；如果试验失败了，也没有什么了不起；如果滑到资本主义道路上去，也不怕，我们有办法把他拉回来。"在万里主持下，省委决定山南公社正式定为包产到户的试点，但不宣传、不推广、不登报。

这虽然是一件小事，但在农村改革过程中的分量却不小。在当时的情况下，居然以省委的名义把一个公社正式定为包产到户的试点，使人不能不对万里政治上的勇气和胆识肃然起敬。

刚刚处理了肥西县山南的问题，又来了“张浩来信”的风波。当年 3 月 12 日到 24 日，国家农委在北京召开了七省农村工作部门负责人参加的座谈会，对责任制问题展开了激烈的争论。安徽代表周日礼对会议纪要提出了不同意见，主张各种责任制都应该允许试行，在实践中进行比较，包产到户也应当看成是责任制的一种形式，双方争执不下。就在这时，《人民日报》3 月 15 日头版头条刊载了署名张浩的读者来信，对包产到组提出责难，编者按中强调：“人民公社现在要继续稳定地实行三级所有、队为基础的制度”，“不能从队为基础退回去搞分田到组、包产到组。已经出现分田到组、包产到组的地方，应当正确贯彻执行党的政策，坚决纠正错误做法”。如此严厉的居高临下的语气自然是有来头的，后来果然得知，这是编辑部奉接替陈永贵新任国务院副总理兼农委主任王任重之命，按他的批示编写的。当时，“两个凡是”阴影犹存，广大干部心有余悸。于是一封普通的读者来信，竟在全国广大农村引起思想混乱，有些地方甚至有点惊慌失措。

但是，三中全会后毕竟不是三中全会前了，这个“坚决纠正错误”的错误，遭到了不少地方的抵制。在安徽则基本被顶住了。万里当天听到新闻广播，立即以省委名义，向各地、县发出八条紧急电，要求各地不论什么责任制，都要坚决稳定下来，集中精力搞好春耕生产。第二天一早，就到皖东的全椒、定远、嘉山等县做稳定干部群众情绪的工作。他一再讲：“报纸是‘公共汽车’，发表各种不同意见都是可以的。别人写读者来信，你们也可以写读者来信。究竟什么意见符合人民的根本利益，靠实践来检验，决不能看了一封读者来信和编者按就打退堂鼓。”他强调：“春耕大忙已经开始，政策决不能变来变去，看准了就定下来干，秋后再总结经验教训。”他还说：“秋后减了产，农民饿肚子，是找你们县委，还是找《人民日报》，《人民日报》能管你们吃饭吗?”万里到嘉山的那天晚上，接到北京的一个电话,是先打到合肥转了好几个地方都没有找到万里,才又转到嘉山来的。当时地委书记王郁昭等正在向万里汇报工作,研究如何稳定干部、群众情绪,都猜测到这个电话的重要性,在屋子里等着。这个电话是王任重打来的,询问他周日礼的意见是否代表省委。万里回答说,他是我们派去的,意见是省委研究过的,并建议春耕大忙已经开始,不管什么责任制,都不能再变了,秋后总结了再说。王任重表示完全同意。谈话就这样在双方心照不宣的情况下友好地结束了。可能由于各地反应强烈,半个月后,《人民日报》又发表了安徽辛生、卢家丰两人的来信,并在编者按中承认上一次的按语"有些提法不够准确",今后应注意改正。表示:"不管用哪种劳动计酬方式和办法,不要轻易变动,以保持生产的稳定局面。"一场风波终于平息了下来,但不少地方农业生产损失不小。安徽各县比较平稳,但也不是毫无损失,霍邱县摇来摆去,贻误农时,就减产了 5000 多万公斤粮食。

1979 年春天,中共十一届三中全会的春风吹拂着神州大地,安徽农村中思想更加活跃,农民的积极性更加高涨,创造性得到更多发挥,实践中出现了许多突破性的新事物,特别是凤阳县的大包干最受欢迎,这个多灾多难的花鼓之乡,如今竟是一派生机勃勃、欣欣向荣的气象。

但安徽受到来自外界的压力仍然很大,在安徽与江苏交界的不少乡村、路口、岗坡、田头,醒目地刷出了大标语,有些还用高分贝的大喇叭高声尖叫:"坚决抵制安徽的单干风!""坚决反对复辟倒退!""坚决肃清'三自一包、四大自由'的流毒!"……不少农村干部思想上又动荡不安,甚至陷入惶恐之中。有些原来主张搞"包产到组""大包干"的干部思想上又出现了变化,原来心里就不大赞成的现在出来指责:不能搞"三级半核算"了。万里斩钉截铁地说:三级半有什么不好?为什么只能是三级而不能是四级?我看五级才更好哩!家家户户搞核算,更精打细算,生产会上得更快。

万里这句话真是说到农民的心里去了。在农民看来，队不如组，组不如户。包产到组，去掉“大锅饭”还有“二锅饭”，最好是包产到户，包干到户更好，比什么都好。他们只是不敢说就是了。

1979年7月中旬，邓小平来到皖南，第一次登上黄山，而且是以75岁高龄徒步攀登上去的。下山后到了南京，军区领导向他汇报工作，他兴奋地说：“你们先不要汇报，听我给你们讲讲黄山。”“不上黄山不知道我们祖国的伟大，山河的壮丽，你们每个人都应当爬到黄山顶上去看一看。”邓小平生平很少游览山川名胜，这一次当然也不仅仅是为了游览，而是对安徽的工作表示肯定，对农村改革的突破表示支持。

两次关于包产到户的对话

尽管山南公社是省委正式确定的包产到户试点，肥西县委有些领导人仍然思想不通。一位老书记愤愤地说：“毛主席逝世才三年，尸骨未寒就变了，怎么对得起他老人家？对得起党和国家？老牛要是会说话，也要到中央去告状。”7月，县委以中央所下发的农业文件为依据发出46号文件，决定纠正包产到户。许多基层干部和农民理直气壮地质问：“增产粮食犯不犯法？”“实践是检验真理的唯一标准在农村还兴不兴？”部分区、社干部执行县委指示采取强硬办法来纠，社员则采取不干活、罢耕罢收的办法相对抗。在群众的坚决抵制下，县委不得不在8月8日又发出一个50号文件，改变了46号文件的“决定”。县委一位负责同志后来说：“试验包产到户的一年，我们害怕了一年，捂了一年，被动了一年；群众却抗了一年，干了一年，增产了一年。”

省政府参事室参事、民盟盟员郭崇毅，20世纪50年代曾因揭发农村基层严重虚报粮食产量而被打成反革命分子，判处12年徒刑，1962年“七千人大会”后才得以平反，重新工作。他对肥西比较熟悉，对农民包产到户十分赞许。1979 年春见到中央新的农业文件有“不许包产到户”的规定，怕有争议，又到山南区去作了详细调查，写了一份《关于参观肥西午季大丰收情况的报告》，7 月初冒着酷暑，亲自送到北京，不料第一次谒见一家大报的经济编辑，就受到斥责。

这位编辑问：“党的十一届三中全会农业《决定》看过没有？”

“看过了。”

“看到‘不许包产到户，不许分田单干’没有？”

“也看到了。”

“那你为什么还要提出分户生产？”编辑声色俱厉。

“我以为‘两个不许’不是农业《决定》的基本精神，加快发展农业生产，才是文件的要害问题。”

没等郭把话说完，那位编辑就将报告掷还给他，说：“我们农业合作化的方针、路线是正确的。生产中存在的问题，是基层干部管理不善和农民觉悟不高造成的。”

他觉得彼此没有共同语言，只好告别。

幸而留他下榻的好友蔡树民很关心安徽的生产。蔡是萧县人，解放战争期间，曾任皖西军区的分区联络部长，后来出国当外交使节，但未忘记曾共过患难的朋友。由于蔡的建议，郭又到农业经济研究所，找到所长王耕今。王所长热情地接待了他，并把报告托一位姓陈的同志转送到胡耀邦手里，并告诉他回安徽后给万里送一份。万里见到后很高兴，曾在常委会上加以赞许，让省委办的《政策研究》在第 18 期上加按语发表。这年 10 月、12 月，郭崇毅还寄过另外两份报告，阐述包产到户的好处。

万里自己对肥西山南更是放心不下，曾于 5 月 21 日、12 月 13 日亲自去作调查考察。前一次主要是帮助当地干部解除顾虑，鼓励他们大胆干，不要怕。他说：你们这里搞的试点，省委知道，是我表态点头的，到秋天再总结。并详细询问了征购任务、集体积累、家畜饲养、水利建设、五保福利等方面的情况。后一次是来考察丰收情况的。下面是当时他和区委书记汤茂林谈话的记录：

万：我这次来，想问你几个问题，请你回答。

汤：万书记，我知道多少讲多少。

万：有些同志反映你们在山南区搞包产到户是“扰乱军心”“毁我长城”，你怎么回答？

汤：这种担心是不必要的！我们山南区有现役军人十四名，区委一一去信介绍家乡包产到户后获得大丰收的消息。同时，告诉他们：家中的“责任田”，照顾得很好，超奖减赔，工分照顾，分配兑现。一般困难户照顾一千工分，对军烈属每年另外照顾一百五十到二百元现金。

万：那你不是“扰乱军心”“毁我长城”，而是巩固国防喽！

汤：是的！

万：我再问你第二个问题：合钢（合肥钢铁公司）工人不上班了，要求回家种地，你看怎么办？

汤：也不是这种情况！刘老家大队有一位工人家属叫熊祖华，一个人带四个小孩，没搞包产到户以前每年收入一百五十元左右，包产到户以后，基本口粮四百二十斤，超产一千六百五十斤，还养了一头重二百多斤的大肥猪和七只鹅。过去每年都超支，今年生活有所缓和，没有超支。

万：那不是工人要回乡，而是双工资喽！

汤：对，相当于双工资！

万：我问你第三个问题：烈、军属和五保户、困难户没人管了，你看如何解决？

汤：不是没有管，而是比过去管得更好了！我们在金牛公社搞试点，五保户每年给口粮七百斤，稻草一千斤，食油五斤，生活全包，还给五十元现金零用，已在全区推广。至于烈、军属，比“大呼隆”时好多了，那时工分值很低，每年不过二十五元，现在超过四至五倍。

万：我再问你第四个问题：破坏水利设施的，可有？

汤：我们过去在大集体时，争水争肥的现象也存在。包产到户后我们确实发现李桥大队有三户农民为争水打架，后来把水塘划分开了，也就稳定了。关键是领导问题，大塘有专人统一调配、统一管理，水利设施完好。

万：我现在问你第五个问题：耕牛、农具，怎么保护好？

汤：牛、犁、耙统一折价落实到户保管，损失要赔。“大呼隆”时，说是生产队管，实际上没有管，各户负责比那时管理得好，责任心强得多。

万：现在，我问你最后一个问题：“包产到户”的穷队，今年能不能取得丰收？

汤：能！

万：举个例子！

汤：馆东大队瓦屋生产队包产到户后，红光生产队王光柱一年就产粮两万多斤。

万里最后高兴地说：“不虚此行，不虚此行！看来怕这怕那都不是必要的，也是可以解决的！”一边说一边向门外走去，招呼着汤茂林：“好，去看看你们的打谷场！”

山南公社在借地种麦的基础上，闯开禁区，大面积搞了包产到户，全区1006个生产队有77.3%的队相继包产到户。大胆实践的结果是，大旱之年夺取了大丰收，全区1979年麦子总产量达到1005万公斤，比历史最高麦子年产量增产718万公斤，增长两倍多，向国家交售麦子490万公斤，为1978年全年缴售粮食的一倍。

经过几番风雨，安徽农村形势更好了，全省28.9万多个生产队，普遍建立责任制，实行不联产责任制的队占38.4%，实行联产责任制的队占61.1%。其中，包产到组的占22.9%，大包干到组的占16.9%，包产到户或包干到户的占10%，采取其他联产形式的占11.3%。实践证明，农业生产非建立责任制不可，联产责任制比不联产的效果好；在联产责任制中，包产到户又比包产到组好，包干到户效果更好，已成为比较明显的趋势。

这一年安徽遭到大旱灾，却夺得了接近正常年景的收成，比预料的要好得多。

小岗的包干到户

小岗村是凤阳县梨园公社最穷的一个生产队，这在本章第一节中已作过介绍。1978年12月的一个寒冬之夜，队长严俊昌、副队长严宏昌和会计严立会三人商量好，在严立华家开会，一家一个户主参加，到18个户主连干部共20人。这些人的名字是：关延珠、关有德、严立符、严立华、严国昌、严立坤、严金昌、严家芝、关有章、严学昌、韩国云、关友江、严立学、严俊昌、严美昌、严宏昌、严付昌、严家其、严国品、关友生。

大家议定，一是土地分到户，不准任何人向外透露；二是保证上交国家粮油，该给国家的给国家，该交集体的交集体，任何人不准装孬。如果事情被捅出去，干部坐牢，大家就是讨米也要给干部送牢饭，全体社员共同负责把干部的小孩抚养到18岁，决不反悔。当场在昏暗的马灯下，写成契约，举手通过，到会的20个人郑重地在自己的名字下面捺下17个指印和3个名章，以示信守。这份材料现存中国革命博物馆，馆藏号为GB54563，已成为珍贵的历史文物了。①

---

① 对这份文书的真实性，有人曾提出疑问。凌志军在《历史不再徘徊》一书中作了考证分析，认为事实情节都是真实的，但原件可能遗失，是后来仿制的。见该书（人民出版社1997年版）第8—10页。

迄今为止出版的有关书刊和播出的电视剧，都把小岗这颇具悲壮意味的一幕称为农村第一步改革的起点。其实，在当时的中国农村，类似小岗的事情，至少还可以找到十几起乃至几十起。距凤阳不远的来安县，1978年在推行包产到组时就有小郢、前郢等七八个村搞了包产到户，县委书记王亚美冒着风险暗中批准并予以支持、鼓励。小岗的秘密不久也被凤阳县委书记陈庭元所发现，他同样没有声张，采取了瞒上不瞒下的态度给予庇护。按说肥西山南区包产到户比小岗早，范围和影响也比小岗更大，为什么把小岗视为农村改革的起点呢？这是因为包产到户与包干到户相同又不完全相同，相同之处是基本的，都是包到户，不同之处是包干到户更彻底，利益更直接，方法更简便，更受农民欢迎。一般说包产到户实际上包括包干到户，是两者的统称，或称“双包”。后来情况变了，凤阳全县得到进一步发展，而山南的包产到户发生过波折。因此凤阳出了名，成了大包干的故乡，最初把包干到组发展为包干到户的小岗村，也就理所当然地受到人们的尊崇。

关于小岗包干到户的情况，本章第一节中已摘引过的吴庭美文章的下半部分讲得很清楚：

> 1978年春天凤阳县全面推行包干到户亦即大包干的时候，小岗村也是准备实行这种责任制的，但是这个村太穷了，人心太散了。最初把全队20户195人划成4个作业组，搞不成；后来又划成8个组，还是搞不成，就偷偷摸摸地搞了包产到户。全队517亩地，按人分到户；10头牛，两户一头；国家农副产品交售任务，还贷任务，公共积累和各类人员补贴按人包干到户。包干任务完成后，剩多剩少都归自己。虽然他们知道只许“包干到组”，不许“包干到户”，但是他们觉得在这块穷地方，这样干得动，能干好，结果还是这样干了，而且幸存下来了。
>
> 实际效果究竟如何呢？还是让事实来回答：今年全队粮食总产

十三万二千三百七十斤,相当于1966年至1970年五年粮食产量的总和。油料总产三万五千二百斤。群众说过去二十多年总共也没收到这么多的花生、芝麻。家庭副业也有很大发展。生猪饲养量达一百三十五头,超过历史上任何一年。全年的粮食征购超任务二千八百斤。过去二十三年一粒未交还年年吃供应,今年向国家交售粮食二万四千九百九十五斤,超额七倍多。社员还准备卖五千斤山芋干。油料统购任务三百斤。过去统计表上这一栏,从来都是空白。今年卖给国家花生、芝麻共二万四千九百三十三斤,超过任务八十多倍。还第一次归还国家贷款八百元,并可卖肥猪三十五头。全队还留储备粮一千多斤,留公积金一百五十多元。今年棉花交售任务没有完成。社员们内疚地说:“明年一定补齐。”

小岗“包干到户”是群众“偷偷摸摸”地干起来的。一年来谁也没有去总结它,更没有人去宣传它。在县里整理的一些材料中偶尔出现小岗的例子也都谨慎地被删去了。但是这里的事情却在一些地方特别是在那些穷困地方很快传播开了。有的把这种传播叫“吸引力”,有的叫“影响”。在梨园公社一些和小岗情况差不多的生产队,已经成为群众议论的中心。他们说:“同是一个政府领导,小岗能干,为什么不叫我们干呢?”尽管公社三令五申,讲得严厉,不准包干到户,可是今年秋种时,有的地方还是采取“瞒上不瞒下”的办法,学习小岗了。群众一夜之间就把田划开了,把牛分好了,鸡一叫就下地种麦了。我们问这些地方的群众:“你们这样分,不会闹出意见吗?”他们说:“咳!谁敢明达亮世地干,我们这块穷地方,只要允许那样干,吃亏讨巧不在乎!”在这种情况下,有的干部埋怨起小岗来了。他们说:都是受小岗的“影响”,没有小岗我们这里屁事没有。小岗在影响着一些地方,这是事实。但是,小岗从来未去宣传自己,更无权向其他地方发号施令。为什么能吸引那么多地方?其他很多地方却“影响”不了小岗？

对包产到户问题，万里思考过很多，向当时党中央主要领导人作过汇报，虽未得到明确的认可，也没有不允许他试点。万里建议中央对有关包产到户提法进行修改的意见没有被采纳，又在中央几次开会时继续再提。12月初，他在安徽省军区党代会上讲话，明确指出：“对包产到户到底应该怎么看，至少是一个需要进一步探讨的问题。用不着听着这四个字就头皮发麻。”“它仍然是一种责任到户的生产责任制，是搞社会主义，不是搞资本主义。”[①]12月25日，他在省人代会上作工作报告。因为是党外隆重的正式大会，他把包产到户称为“定产到田，责任到户”，并说：“实践证明，责任到户也是生产队统一领导下实行责任制的一种形式，没有涉及所有制的变动，同分田单干有原则区别。”[②]这一段话，会前就在常委会上作过认真讨论，会后又在常委会上反复斟酌，才公开在省报上刊登。紧接着，1980年1月2日至11日，召开了省委扩大会议，县委书记和各部门的第一把手都来了，集中解决领导干部对包产到户的认识问题。会议开始，他只讲了三五分钟的开场白，就发给每人一份“纪要草稿”，让大家发扬民主、敞开思想、集思广益，讨论修改。他说：“讨论问题应当畅所欲言，反对、拥护都可以。反正大家都有自己的实践，从群众中来，到群众中去，实践了还要实践，反复实践。现在看来，从思想上政策上拨乱反正还是不够的，政策的活力还没有充分发挥出来，当前要中央拿很多钱给我们不可能，省里又穷，主要是靠政策调动群众的积极性。”会上，民主气氛很浓，各小组对“纪要草稿”展开了非常激烈的争议，不同的意见都登简报。有人提出：“纪要草稿”简直是复辟宣言书，是些什么人执笔的，要查一查。有人说：“谁官大谁嘴大，最后还不是省委领导说了算，讨论也没有用。”这些也都上了简报，当然更多的是修改、补充的意见，越讨论思想越活跃，规定

① 见《万里文选》，人民出版社1996年版，第121—122页。
② 见《万里文选》，人民出版社1996年版，第123—124页。

越具体、越实际，经过反复讨论、修改，各级领导干部终于取得了一致认识，为全省推行以包产到户为主的各种形式的联产承包制创造了条件。

就在这次会议上，万里第一次公开明确地说："'包产到户'不是单干，而是责任制的一种形式。现在对这种'包产到户'的办法是不是联系产量责任制的形式之一，同志们看法有分歧。有些同志承认这种形式对改革长期低产落后的生产队效果显著，但又担心这样做违反中央的决定。其实，这样做正是实事求是地执行中央的决定，和中央农业文件的基本精神是一致的。"

也就是在这次会上，万里第一次收到陈庭元直接递交给他的关于小岗包干到户大增产的材料，他一口气就读完了，连说："好，好！"会后不久，一天清晨，瑞雪初霁，北风还在凛冽地呼啸，天气干冷。万里来到凤阳县第一个悄悄实行包干到户的生产队——梨园公社小岗生产队。他踏着泥泞挨门挨户地走访。当他来到人口多、劳力差的关友江家，见到竟贮存着数千斤粮食，由衷地赞道："呵！这回讨饭庄不再饿肚子了！"万里又走进了严宏昌家。严宏昌向万里诉苦道："有人说我们小岗'包干到户'是'拉历史车轮倒转''挖社会主义墙脚'。"万里显然被激怒了，神情庄重地回答："谁这样说，我就问问他：如果他有更好的办法，能使农民富裕，就照他的干。如果没有更好的办法，谁要说你'拉倒车''挖墙脚'，不准你们干，这个官司交给我给你打好了。"万里一连看了十几户，最后来到严俊昌家。这时全村的人汇聚到这里来了，连步履蹒跚的老太太也一步一步地赶来了。严俊昌把一箩刚炒熟的花生端上，招待万里一行。万里客气地摇摇头说："不吃，不吃！"

"不要钱！"严俊昌幽默地说。在场的人都笑了。

一位老太太说话了："万书记，以前想给吃也没有，现在多了，也不在乎了。"

"那好！"万里点点头，"我带点给常委们尝尝你们'大包干'的成果！"

万里在凤阳、定远、嘉山等县农村转了四五天回到省城后，在省委常委会上把满满一袋花生"哗"地倾倒在会议桌上，欣喜地大声说："咱们先吃花生，再开会！"

1980年2月下旬，万里被调往北京，成为新成立的中央书记处的成员之一。他在安徽任上两年半多的时间内，全神贯注地调查农村问题，研究农村政策，为农村改革迈出了艰难的第一步。这一步大体可分为三个小段：

第一段，1977年冬，在"抓纲治国"、继续推进大寨"穷过渡"等一些"左"的错误时毅然制定"省委六条"，强调生产队的自主权，坚持以生产为中心的方针，在一个省的范围内开始了最早的拨乱反正；

第二段，在"两个凡是"仍然盛行之际，大胆突破"三级所有、队为基础"的框框，坚决支持农民在实践中的创造，实行联系产量，包产到组；

第三段，在新的农业文件明确规定"两个不许"的情况下，善于抓住文件改革的精神实质，不拘泥于个别词句，以极大的政治勇气，确定包产到户的试点，冒着风险闯开农村改革的突破口。

邓小平说过，中国改革从农村开始，农村改革从安徽开始，万里是有功的。尽管安徽这两年多的变化，只是整个农村改革的前奏，但已充分显示出这场伟大改革的艰巨性和复杂性。

改革需要领导人的信念、勇气、魄力、坚毅，更需要马克思主义的立场、观点、方法。这方法就是毛泽东早就强调过的群众路线的方法，也就是坚持从群众中来、到群众中去；坚持先做群众的学生、再做群众的先生；坚持实践、认识、再实践、再认识；坚持实践证明是正确的东西，改正实践证明是错误的东西；不断有所突破、有所改进、有所发展、有所创造。

20世纪80年代，万里作为党和国家的领导人之一，主管全国农村工作。他在邓小平同志的指导、支持下，协助中央主要领导人共同努力，在农村改革开放的事业中取得了历史性的成就。他本人从安徽工作这一段的思想和实践中得益匪浅，也可以说他后来取得的成就，是这一段思想和实践的深化、延伸和发展。

农村改革是广大农民自身的迫切要求。家庭联产承包责任制来自农民在实践中的创造，但是又离不开党的领导。党的领导是否正确、坚强，直接影响农民的创造是得到保护还是遭受压制，是生长、成功还是夭折、失败。一个县如此，一个省也是如此。农村改革之所以首先在安徽省突破，决定性的因素是省委执行中央的路线、方针、政策的自觉性、坚定性，创造了一个改革的幼芽得以茁壮成长的“小气候”。

第三章

家庭联产承包责任制在全国推行(1979—1984)

一、阳关道与独木桥的大争论

安徽从1977年冬起实行“省委六条”在农村中引起的大变化，可以说是巨澜翻腾，震动全省。但从全国来说，这只不过是个前哨战，党的十一届三中全会才正式拉开了改革的帷幕。1979年是中国改革开放新纪元的第一年。

改革开放的历史转折点

1978年底召开的十一届三中全会，是我们党的一个重要的历史转折点。人们常常把它与遵义会议相比。1935年长征途中在遵义召开的中央政治局扩大会议，在危急关头纠正了王明“左”倾错误路线，确立了毛泽东同志在全党的领导地位，从而挽救了党和红军，使中国革命绕过一个又一个暗礁，走上胜利的坦途。十一届三中全会在长期“左”倾错误、“文化大革命”十年动乱积重难返之际，毅然废止“阶级斗争为纲”的口号，决定把全党工作重点转移到社会主义现代化建设上来，明确提出改革开放的新方针，从此开创了一个充满生机和活力的时代，进而使古老的中华重新崛起，走向伟大的复兴。

在十一届三中全会前，由华国锋主持召开了一个为全会作准备的中央工作会议。原定的议题，一是1979、1980两年国民经济计划安排和农业问题，二是讨论《中共中央关于加快农业发展若干问题的决定（草案）》以及修改《农村人民公社工作条例（试行草案）》（即“六十条”），三是讨论李先念在国务院务虚会上的讲话。因为粮食紧缺已成危机，农业问题不认真解决不行了。华国锋代表中央政治局常委提出，在讨论这些问题之前，先讨论一个问题，把全党工作的重点转移到现代化建设上来，这是一个全局性的问题，是这次会议的指导思想。

工作重心转移的建议，是邓小平 1978 年 9 月提出的，华国锋接受了这一建议。他也希望全国努力生产，实现他提出的各种规划的设想。但他本人的指导思想却是坚持“两个凡是”，这与工作重点转移是尖锐对立，无法并存的。

经过几个月来关于真理标准的讨论，人们越来越清醒地认识到，坚持“两个凡是”就是坚持毛泽东的晚年错误，就是坚持以阶级斗争为纲，就是坚持“无产阶级专政下继续革命”的理论，就是坚持“文化大革命成绩是主要的”。因此不纠正“两个凡是”的方针，就无法实现党的工作重点的转移，中国就不可能找到出路。

会议一开始，陈云就提出了为彭德怀平反等六个重大的政治性遗留问题，这些问题影响大，牵涉面广，不解决人心不服，工作重点转移还是一句空话。这一发言引起强烈反响，许多老同志纷纷讲话，会议讨论热烈，争论激烈，气氛活跃，原来的议题不得不暂且搁置，首先讨论总的方针问题了。大多数与会者发言中对主张“两个凡是”、反对实践标准的同志进行了严肃的批评，指出“两个凡是”背离了党的实事求是的思想路线，是完全错误的。会议开了一个多月，改革的呼声越来越高。后来汪东兴就自己的错误作了书面检查，华国锋在大会上也就“两个凡是”问题作了检讨。他们检讨很勉强，但这一事实表明，实践标准胜利了，“两个凡是”失败了，改革开放的最大障碍扫除了。会议闭幕时邓小平作了题为《解放思想，实事求是，团结一致向前看》的重要讲话，集中概括了这次会议的思想成果，为三中全会提出了明确的指导方针。

于是，三中全会成为新中国社会主义建设的一个历史转折点，郑重地提出了改革的任务和基本方针。会议公报指出:“实现四个现代化,要求大幅度地提高生产力,也就必然要求多方面地改变同生产力发展不适应的生产关系和上层建筑,改变不适应的管理方式、活动方式和思想方式,因而是一场广泛深刻的革命。”公报还针对我国经济管理体制权力过于集中的严重缺点,指出了改革的方向,即四个“应该”:“应该大胆下放权力,扩大企业管理的经营自主权;应该大力精简各级行政机构;应该坚决实行按经济规律办事,重视价值规律的作用;应该配套解决党、政、企不分的现象,实行分级分工分人负责。”这些实际上是全面改革纲领的胚胎、雏形。

随着会议重点的变化,农业问题的文件也不能用了。原来起草的文件从指导思想、形势分析到具体政策都不对头,当务之急是停止前一段以“学大寨”名义推行的那些过“左”的政策,恢复过去某些行之有效的政策,这不是在原稿基础上修修补补就可以通过的。原起草的文稿认为农业的出路在加快“学大寨”的步伐,加快机械化的速度,甚至坚持穷过渡、收自留地、取消集市贸易的这一套极“左”的做法,当然不能不推倒重来。毛泽东曾说过农业的根本出路在于机械化,而且规定要在1980年实现。当时已是1978年底,只剩下不到两年时间,怎么可能完成呢?当时的农业机械部部长反对提这种根本做不到的指标,但有些人强调这是毛主席的遗愿,仍然坚持要写上去。一位对我国非常友好的国际友人曾为此问过这位部长:“你们的机械化标准是什么?”这位部长了解对方也不赞成这种浮夸的空话,想了想还是如实相告:“70%左右农田实行机耕。”对方又问:“那么播种、施肥、收割用不用机械呢?”部长只好苦笑了。其实,仅仅机耕这一条,显然也是实现不了的。鉴于这种情况,会议决定另找一批人重新起草文件,要求解放思想,在总结经验教训的基础上,写出一个大家能够接受的文件,这就是认真讨论后会议通过的《中共中央关于加快农业发展若干问题的决定(草案)》。“六十条”也作了一些相应的修改。这个《决定(草案)》,以马克思主义的观点,总结了新中国成立以来农业生产正反两方面的经验，坚决批判了农业战线上长期存在的“左”倾错误，明确指出：“总的看来，我国农业近20年来发展的速度不快，它同人民的需要与四个现代化的需要之间存在着极其尖锐的矛盾。”从而把农业问题的严重性、迫切性，如实地摆到了全党和全国人民的面前，使人们从虚假的“莺歌燕舞”的“大好形势”中清醒过来。

《决定（草案）》提出七条主要经验教训，实际上都是对“左”倾错误的批判，归结到一点，就是“左”倾错误违反自然规律和经济规律，剥夺了生产队和农民的自主权，打击了他们的积极性。

《决定（草案）》提出了25项农业政策和增产措施。强调调动几亿农民的积极性，必须在经济上充分关心他们的物质利益，在政治上切实保障他们的民主权利。主要项目有：

——保护生产队的所有权和自主权，任何单位和个人，绝对不允许无偿调用和占有生产队的劳力、土地、牲畜、机械、资金、产品和物资；

——恢复社员的自留地、自留畜、家庭副业和农村集市贸易，鼓励和扶持农民经营家庭副业，增加个人收入；

——粮食统购价格从1978年夏粮上市起提高20%，超购部分在这个基础上再加价50%。棉花、油料、糖料、畜产品、水产品、林产品等的收购价格，也要分别情况，逐步作相应的提高；

——迅速增加化肥、农药、农用塑料等农用工业品的生产，保证产品质量，在降低成本的基础上降低销售价格，把降低成本的好处基本上让给农民；

——在抓紧粮食生产的同时认真抓好棉花、油料、糖料等各项经济作物，抓好林业、牧业、副业、渔业，实行粮食与经济作物并举，农林牧副渔五业并举；

——鼓励发展社队企业，国家对社队企业，分别不同情况，实行低税或免税政策；

——努力实行计划生育，使全国人口增长率逐年下降，1985 年要降到 0.5%左右，等等。

所有这些具体政策，对于让农民休养生息，提高农民的积极性，促进农业生产的发展、农村经济的繁荣，都起了重大的积极作用。总起来说，这是一个前所未有的实事求是的纠正“左”倾错误的文件。即使如此，它仍不能完全摆脱“左”倾思想的历史惯性。文件提出了纠正分配上平均主义的问题，规定了三个“可以”，即“可以按定额记工分；可以按时记工分加评议；也可以在生产队统一核算和分配的前提下，包工到作业组，联系产量计算劳动报酬，实行超产奖励”。但接着又明确规定：“不许分田单干，不许包产到户。”可见“左”倾思想根深蒂固，决不是一次就能清扫干净的。改革刚刚开始，仍然荆棘塞途，但坚冰已经打破，道路已经开通了。

新的矛盾和斗争

1979 年的春天是改革开放的第一个春天，阳光灿烂，风和日丽，同往年没有多少区别。农民和农村干部更感到温暖和舒适。中央有了新政策，日子更有盼头了；“两个凡是”是错误的，不再坚持了；“学大寨”也不强调了，不必担心“穷过渡”了。但“三级所有、队为基础”仍然是神圣不可侵犯的，包产到户仍然是决不允许的，如果连这也想突破，仍然是方向、路线性的严重错误。

这就不可避免地产生了新的矛盾和斗争。

农民是现实主义者，只要允许他选择，他一定选择对自己利益最直接、“看得见、摸得着”的。文件规定是“可以、可以、也可以”，广大农民对前两个“可以”不加理睬，纷纷兴高采烈地专挑后边的“也可以”大干特干。文件传达后，全国各地联系产量的包产到组、包干到组很快就普遍大幅度地增加了。到春耕时，全国已有 200 万个村的 3 亿农民包产到组，把公社化以来属生产队或大队集体所有的土地变为五六户的小组共同拥有。吃尽了“大锅饭”之苦的农民，如今对赖以生存的最基本的生产资料“看得见摸得着”了，对此莫不心满意足，欢天喜地。

突然，3 月 15 日《人民日报》头版头条刊载了读者张浩的来信，并加上严厉的“编者按”，指责包产到组是“三级半核算”，动摇、破坏了“三级所有、队为基础”，必须立即改正。这已经是三中全会提出解放思想，改革开放之后了，如果在前一两年，“反党、反社会主义”的帽子是跑不掉的。于是，一封普通的读者来信竟在全国农村中引起了相当的思想动荡。

山东曾派出大批工作组下去纠偏，使蓬勃发展的包产到组比例大大下降，有些地方几乎销声匿迹了。

其实，发表这封“读者来信”，加这样的“编者按”，都不是《人民日报》愿意的事。事过 18 年，《炎黄春秋》杂志于 1997 年刊登了时任《人民日报》农村部主任李克林写的《几乎中断“包产到户”的张浩事件》一文，透露了“张浩来信”发表的经过。

她写道：党的十一届三中全会后的第一个春天，国家农委于 1979 年 3 月在崇文门饭店开七省农口负责人参加的座谈会，研究如何贯彻三中全会有关农业的决定和 25 项政策措施，报社派我参加这个会议，并要求经常回来汇报情况，研究宣传方针计划。记得是 3 月 14 日的“编前会”上(这是报社每天的例会)，主持会议的副总编辑提出，中央农口的领导同志给报社负责人写了一封信，并附一河南的读者来信，说当前农村出现了抢牲口、农具的混乱局面，有些地方还出现了分队现象，影响了集体经济的巩固，要报社赶快发表这件读者来信，刊载位置显著些，并把他的指示信改作评论一起发表。

李克林继续写道：按照惯例，总编室收到此类信稿一般都分到有关的部门处理。这个信本应交给我们农村部，可是当时值班的副总编说，不用交农村部了，时间紧迫，就留总编室直接处理吧。当时我心里很感谢这位副总编辑，觉得这人总是这样任劳任怨的，正好，免去农村部许多麻烦。当夜他们就把指示信改作"编者按"发了，可没想到处理竟那么突出，版面这样吓人。

她写道：这次回忆当时情况时，我问这位副总编辑，当时为什么没交下来由我们处理。他说，当时他看了那个指示信，很恼火，很反感。他说，他了解农村部的思想情况(指农村部反"左"积极)，交下来肯定大家不同意，会发生许多周折，不如总编室直接处理快些。我问他，是否你们那位总编室主任他不大了解农村情况，处理成这样？他说："不是，他不了解我了解，但遇到这种情况没办法，不同意也得登。我这人性格就是太软弱了！"说完一阵苦笑！

这就是"张浩来信"发表的经过。从这段文字里，可以清楚地看到，"张浩来信"和《人民日报》3 月 15 日的"编者按"，是农业主管部门领导人思想的体现，他们连三中全会都"开了口子"的"也可以"，都不准许了！"左"的流毒要肃清，真不那么容易啊！

但是，这种"纠正错误"的错误在不少地方受到了抵制。上一章已经讲过，安徽顶住了这股风。万里说："三级半有什么不好？为什么一定是三级而不能是四级？我看五级才更好哩！家家户户精打细算，生产会发展得更快。"在这场风波中，只有霍邱等个别县受到的影响较大，全省继续大力贯彻"省委六条"，沿着正确的方向大步前进。包产到组、包干到组的责任制蓬勃发展，农民积极性高涨，有些地方实际上是明组暗户，包产到户也在逐渐增多。在万里影响下农村领导干部对此采取睁一眼闭一眼的态度，坚定地站在农民一边，放手让农民到实践中去探索、去创造。有人把肥西山南的包产到户告到中央，万里干脆向中央请示，把它作为正式的试点。看来他已认定公社体制必须从根本上加以改革，决心坚持到底，等待实践最后的裁决。因而使屡遭劫难的包产到户，在新的历史条件下在大范围内再次茁壮成长。尤其是皖东北的滁县地区，出现了"队不如组，组不如户，包产到组稳不住，包产到户堵不住"的趋势，成了农村改革先行的发源地。

四川省这个号称"天府之国"的人口最多的农业大省，经过"文化大革命"十年动乱竟变为缺粮的省份。实行新方针后生产面貌迅速改变。粮食产量、牧业、副业、渔业等无不蓬勃发展。1979 年生猪存栏数达到 4500 多万头，比 1976 年增加 40%以上，蚕茧产量达到 130 多万担，由过去居全国第 4 位跃升为第 1 位，整个农业生产的增长速度，由"文化大革命"期间远远落后于全国平均水平转为高出全国平均水平之上。张浩来信事件之后，四川引起过思想混乱，省委为此发出了《关于农村人民公社生产队建立健全生产责任制和奖惩问题的通知》(简称"十二条")。《通知》肯定了前一段各地积极试行"分组作业、定工定产、超产奖励"的做法，是克服平均主义和按照客观经济规律办事的好办法，要求继续坚决贯彻执行。《通知》特别指出，对于个别地方出现的把土地分到户搞包产到户的偏向，不要沿用过去"反右倾倒退"的办法加以批判；对于已经把作业组搞成一级核算单位、而群众不同意改变的，也不要马上去纠正，允许暂搞一年。这样就使实行包产到组和包产到户的干部和农民稳定了情绪，引导他们继续进行这种试验。省委还规定各地可依据当地情况，适当扩大农民的自留地，最多可以扩大到 15%。这对调动农民积极性是更为有效的措施。

群众心里有一杆公平的秤。谁为农民办事，为农民利益说话，谁就会得到农民衷心的拥护和爱戴。当时广泛流传过四句关于吃米吃粮的民谚，年龄大一点的人至今记忆犹新。

越是贫困的地区，农民改革的要求越迫切，行动越积极。贵州省在 1978 年秋后，有 60%左右的生产队自发地搞起了定产到组的责任制，农民积极性很高，效果很好。张浩来信事件之后，有些干部动摇了，到处打听"中央的新精神"，有的还去纠"偏"，给生产造成了损失。《贵州日报》发表了一篇短评:《定产到组姓社不姓资》。农民见了视为珍宝，剪下来放在口袋里，碰到纠“偏”的干部就拿出来同他辩论：“到底是你的道理对还是报上的道理对?”阳关道与独木桥的争论以尖锐的形式出现了。贵州是个偏远的穷省，“三级所有、队为基础”的人民公社显然不是什么阳关道。经过一段曲折，多数领导干部都感到不能不面对现实，既然广大农民拥护定产到组甚至到户，即使是独木桥也得去过，否则别无出路。省委第一书记池必卿说：“一年来，农村的局面是一场拔河赛，那一边是千军万马的农民，这一边是干部。”他决定要站到那一边去了。1980 年 3 月，省委终于发出指示，宣布油菜管理可以包产到组，随后多种联产责任制相继恢复与发展，实践效果之好，出乎人们的意料。农业产量突破历史最高水平的消息接踵而来，展现了多年未有的新气象。这年全省粮食总产达 64.8 亿多公斤，比上年增产 2.85 亿公斤，成为新中国成立以来第二个高产年；油菜籽总产达 1.45 亿公斤，创历史最高纪录；出栏肥猪 460 余万头，比上年增长 15.8%，创历史最高纪录；农民人均占有粮食 282 公斤，比上年增长 16.3%；人均纯收入达 167 元，比上年增长 123.1%，创历史最高纪录。“手中有粮，心中不慌，脚踏实地，喜气洋洋”。这个贫穷的省份对阳关道与独木桥，从上到下有了新的看法。

但是中国太大，经济发展太不平衡，农村情况千差万别，因此，对改革的态度大不相同，进展的程度也差异甚大。共同的规律性仍然是，越是贫困的地区农民改革的要求越迫切，行动越积极，各省都有贫困地区，因此也都有一些农村改革活跃、走在前面的县或地区，但是由于当地领导尤其是高层领导态度不同，进展的差异就大了。

中共陕西省委 1979 年 1 月 23 日会议决定：“必须继续稳定地实行三级所有、队为基础的制度。”旗帜鲜明地肯定人民公社，反对包产到户。

山西省委第一书记王谦 1979 年 1 月说：“大寨是在毛主席指引下成长起来的，山西是坚持学大寨的。”

另一位省委第一书记1979年春说:"要继续坚持学习大寨的基本经验。"①

有些省的主要领导人则尽可能避开这个敏感的问题,不回答可不可以包产到户,最大胆的也不过说:"各种办法都可以试。"

只要让农民试,结果总是队不如组,组不如户,可说屡试不爽,无一例外。在来安县皖苏两省交界的地方,安徽的刘程村与江苏的下湖村位于一条街的两端。历史上一直是刘程穷而下湖富,1980年出现奇迹般的变化。刘程村实行包产到户,一年翻身,粮食满仓,鸡鸭成群,三个月内娶回5个江苏的姑娘。下湖村的农民一个劲地埋怨逼着他们坚持走人民公社阳关道的基层干部:"你们自己去走吧,我们豁出摔跤也要过独木桥了!"

1979年3月1日,根据中共中央建议,国务院作出规定,从3月份起,陆续提高粮、棉、油、猪等18种主要农副产品的收购价格。按此规定,1979年全国农副产品的收购价的总指数平均提高20%,超过部分在这基础上再加价50%。这一措施有效地调动了广大农民发展生产、踊跃交售的积极性。由于主要农副产品收购价格提高,农民当年增加收入108亿元。贫困区征购任务低,包产后经过努力可以多卖超购粮,得利更大。或明或暗由包产到组转向包产到户的日益增多,包产到户面大的地方增产幅度明显增大,许多贫困的"三靠队"一年翻身、面貌大变的处处皆是。两方面的因素互相促进,农村出现了急剧的变化,人民公社体制渐有难以为继之势。

1979年9月召开了十一届四中全会。会议根据前一段实践中的反映,修改通过了《中共中央关于加快农业发展若干问题的决定》,正式公布。万里在小组讨论时继续提意见,接着又去找胡耀邦,建议取消"两个不许"。胡耀邦说:"我再去做做工作。"正式公布的文件,把两个"不许"改为一个"不许"、一个"不要",即"不许分田单干,除某些副业生产的特殊需

① 以上均见当时《人民日报》。

要和边远山区交通不便的单家独户外，也不要包产到户”。对包产到户，由“不许”改为“不要”，口气比较缓和了，而且允许某些例外，开了一条小小的门缝。据后来了解，这是中央一位领导受中央委托最后定稿公布时根据万里的建议，又考虑到反对方面的意见，亲自动手修改，煞费苦心地想出来的这么一句话。万里不能满足于这样的修改，因为“不要”口气虽有缓和，也还是“不许”，而安徽包产到户的面已相当大，中央文件不予肯定，他的工作是很难做的。

但是，毕竟开了一条小小的门缝，以“包工到组，联产计酬”为突破的广大农民，后来就是从这一条小小的门缝里挤出来，掀起包产到户的历史大潮的。

大争论导致大发展

1980 年包产到户由暗而明，由少而多，引起了全国性的大争论，也得到了全国性的大发展。

1980 年 1 月份，国家农委召开的农村人民公社经营管理会议估计，全国农村全面实行包产到户的生产队大约占生产队总数的 1%。实际远不止这个数目，至于部分作物包产到户的，那就更多了。

据新华社总社从各省分社了解到的情况是：

广东省农村约有 10%的生产队实行包产到户。惠阳、梅县、海南、湛江几个地区搞的比较多。惠阳地区大约占生产队总数的 35%；其他几个地区也有 20%左右。文昌、紫金、五华、河源、阳江、琼山、屯昌、普宁等县，包产到户的生产队约占 40%到 60%。

安徽省实行包产到户的生产队占 23%左右。肥西、凤阳、来安、定远、芜湖、宣城等县较多，有的县已占 80 %以上。

内蒙古 53 个县(旗)的 47849 个生产队中，包产到户的有 13894 个，占29%。五原县1979年已搞到70%多，盟里几次去“纠偏”也没纠过来。

河南省也有约10%的生产队实行包产到户。

贵州、云南、甘肃、山东、河北和其他省区，都有一批生产队实行包产到户。

浙江、江苏也有少量生产队在搞。

没有搞包产到户的或搞得很少的是京、津、沪三市郊区，东北三省和湖南、湖北等省。

1980年2月下旬举行的党的十一届五中全会，决定成立中央书记处，选举胡耀邦为总书记，万里等人为书记处书记，这一批比老一辈无产阶级革命家年富力强的优秀干部进入党的领导集体，无疑十分有利于改革开放事业的进展。胡耀邦性格开朗，热情洋溢，年龄不大，却是个亲历过二万五千里长征的老红军。1948年他33岁时担任了华北野战军十八兵团的政治部主任，编写过一本新《三字经》，很受战士欢迎，在红军将领中以年轻有为、勤奋好学著称。新中国成立后长期担任团中央书记处第一书记，工作有创造性，常受毛泽东赞扬。在对“两个凡是”的斗争中，他的魄力和勇气进一步为全党所公认。他先后担任中央党校常务副校长、中央组织部部长、宣传部部长，他组织、发动关于真理标准问题的讨论，为解放思想作出了突出的贡献；他排除万难，平反了一批又一批冤案错案。他说：“凡是不实之词，凡是不正确的处理和结论，不管是什么时候，什么情况下搞的，不管是哪一级，什么人定的和批的，都改正过来。”他担任党的总书记后，对农村改革采取非常坚决的态度予以支持。当时关于阳关道与独木桥的争论，正处于莫衷一是、是非难辨之际，因包产到户范围的扩大而更为广泛、更为尖锐了，几乎遍及党政各个部门和全国的各个角落，到处议论纷纷。有说“好得很”的，也有说“糟得很”的，各有理由，谁也说服不了谁，而且似乎越是领导干部，思想阻力越大，中央部门和省的领导人对包产到户大多持怀疑态度。有的人甚至说：“我要保持革命晚节，坚决反对包产到户，反对单干！”胡耀邦同万里分别到西北、东北各省，一个省一个省去了解情况，耐心细致地做说服工作。

国家农委主办的《农村工作通讯》，其1980年第2期和第3期分别发表了《分田单干必须纠正》和《包产到户是否坚持了公有制和按劳分配?》两文，批评分田单干导致两极分化；批评包产到户既没有坚持公有制也没有坚持按劳分配，实际是退到单干。

作为农村改革发源地的安徽，在万里调走后出现了反复。从4月起，省委在几个月内连续召开了蚌埠、芜湖、巢湖会议和省委常委扩大会议。在这些会议上，省委主要负责人给包产到户扣上了“经济主义”“机会主义”“工团主义”等大帽子。他说，工团主义只顾眼前利益，主张“运动就是一切，主义是微不足道的，为了一个‘戈比’而斗争。包产到户虽然增产，但这不是方向，县以上领导干部要保持清醒头脑，不能只顾眼前利益，犯机会主义的错误”。指责包产到户不是方向，包干到户是“两包一脚踢”。甚至威胁说迟早有那么一天，要算他们的账。在上述几次会议的影响下，全省农村改革的形势骤然变冷，搞得人心惶惶，生怕秋后算账。当时滁县地区包产到户的面最大，受到的压力也最大，在这个阳关道与独木桥的争论似乎已经不成问题的地方，又重新成为问题了。对包产到户不理解、不赞成的主张一度又多起来了。

有的认为，“包产到户的关键是分而不是包，是分田单干，不仅退到了资本主义，而且退到了封建主义，倒退了几千年”；有的认为，如果包产到户，“人心一散，各奔前程，集体经营没有了，基本建设也搞不成了，科学种田也搞不起来了，农村的社会主义阵地就被破坏了”；有的认为，包产到户“看产量喜人，看方向愁人”，认为“农民只顾眼前利益，要求包产到户是农民自私落后意识，放弃了社会主义方向”。

在这关键时刻，按照我们国家的惯例，需要有一位最高的权威来做出决断。这位权威已由毛泽东变为三落三起的邓小平。他在1980年5月

31 日发表了《关于农村政策问题》的重要讲话，热情地肯定了安徽肥西和凤阳农民的创造，指出对包产到户的担心是不必要的。他还强调，“总的来说，现在农村工作中的主要问题，还是思想解放不够”。这是对包产到户的最有力的支持。在此之前，陈云也曾在一次会议上高兴地对万里表示，赞成他在农村工作的做法。

安徽滁县地委领导，始终没有对包产到户发生动摇，在巢湖会议上见到邓小平的讲话，信心更坚定了。地委书记王郁昭冒着风险，据理力争，公开为包产到户辩护，会议气氛紧张，分歧很难解决，最后由另一位赞成包产到户的省委领导人念了一遍邓小平的讲话作为总结，会议就草草结束了。

6 月中旬，中央一位领导写了《关于当前农村改革的一封信》，给万里并转胡耀邦，介绍陕北米脂县孟家坪包产到劳的经验，建议国家农委根据小平同志讲话精神，组织干部就包产到户问题下乡调查研究。

1980 年 4 月，万里担任国务院副总理。8 月，兼任国家农委主任。

万里当时的处境，远不能使他有一点点松懈，反而觉得思想压力更沉重了。事实确是如此。在安徽他是第一把手，尽管有些问题同当时中央领导的看法不完全一致，还可以采取一些变通的办法来缓解，最后总得由他“拍板”。北京的情况复杂多了，难应付多了。他兼农委主任，但农委、农业部不赞成甚至公开反对包产到户的就不是一个两个人。高级领导干部中，许多人谈起“两个凡是”，认识很一致，态度很坚决；谈到“包产到户”，立即有了分歧，说不拢了。公社化时期，农民当兵，军属有代耕工分，包产到户以后，谁替谁代耕？万里也担心过这件事，专门作过调查，知道根本不是问题，包产到户增产后，军属可以照顾得更好。但部队仍然听到种种传言，认为包产到户会动摇军心，瓦解部队。一位老帅听到并相信了这种说法，他并不认为邓小平说了话就可以不用再讨论。为此专门到中央一次会议上发言，简报上写道：“我反对万里搞的包产到户。”多方面的阻力都不能使万里稍有退缩,但他是省里上来的,深知没有省委第一把手的支持,什么事也难以做成。

多年后他回忆说:“1980年初我到中央工作,进了书记处,分工管农业,这个难题可大了。当时解放思想的口号很响亮,人们的思想也很活跃,平反冤假错案使人们感到中国有了希望。但是,计划经济体制下形成的思想观念,还是很顽固的。从整个农村工作来看,农民要求改革,有些地区行动比较快,但是,上层领导机关基本上还是推行农业学大寨的那一套,对农村改革,特别是包产到户,抵触情绪很大。”

他又一次去找胡耀邦,恳切地说:“农民的行动是正义的,是农业的一条出路。但中央文件一直没有个肯定的说法,支持农民的正义行动变成违法的事情,这样不行哪!”

9月14日至22日,刚刚调整的中央领导班子,召集各省、市、自治区党委第一书记对包产到户问题进行专题座谈,会议争论很大。开始只有任仲夷、周惠、池必卿等少数几个人明确表示支持,多数保持沉默,也仍然有提出尖锐指责的。农委副主任杜润生受中央委托,作了个专题报告,对文件作了阐述和解释。他在当时激烈的争论中机智地选择了一个最易统一双方认识的结合点,就是包产到户对急需解决温饱问题的贫困地区具有巨大作用。这个问题,是摆在各省领导人面前最紧迫、最头疼的问题,任何坚决反对包产到户的人,也不能不承认除了包产到户,别无选择。杜润生在讲话中引用了实际调查材料,作了比较客观的分析,很有说服力。经过讨论,基本上达成了共识,认为包产到户是必要的,至少应在贫困地区作为解决温饱问题的权宜之计或特殊政策,不存在资本主义复辟的危险。会议一致通过了《中共中央关于进一步加强和完善农业生产责任制的几个问题的通知》,即中发〔1980〕75号文件,强调推广责任制要因地制宜,分类指导,“允许有多种经营形式、多种劳动组织、多种计酬方法同时存在”,“不可拘泥于一种模式,搞一刀切”。对贫困落后地区,“包产到户”

是联系群众、发展生产、解决温饱问题的一种必要的措施。75 号文件并没有达到万里的期望，但毕竟是农村第一步改革过程中一个具有重大意义的文件，极大地鼓舞了亿万农民放开手脚去进行改革。只是限于当时的条件，文件没从正面肯定包产到户是社会主义农业生产责任制。在这次会议上，黑龙江省委第一书记杨易辰与贵州省委第一书记池必卿又一次展开了阳关道与独木桥的争论。杜润生讲话的那一天，散会时遇到农委另一位副主任，他比杜润生更资深得多，待人一向温和亲切，这次却不紧不慢，有板有眼地对杜说："你今天讲得很好，条条是道，但只能代表你自己，不能代表农委，因为党组没有讨论过。"话虽含蓄，用意明显，实质上仍然是阳关道与独木桥之争，其潜台词是：你的方向未必正确。

75 号文件是个妥协的产物，充满两种对立意见折衷的痕迹，既说包产到户"不会脱离社会主义的轨道"，又不肯定它"是社会主义集体经济的责任制"；既不否定包产到户，而且强调它对贫困地区的重要作用，又说要"在生产队领导下实行"，而且要使"社会主义商业和集体经济占绝对优势"，如此等等。不同意见的人都可以从中找到自己需要的依据，从而继续自行其是。

11 月中旬，《人民日报》以整版篇幅发表了反映 75 号文件精神的政策性理论性长文——《阳关道与独木桥》。此文以上述两位省委书记的对话为引子，阐述了包产到户出现的必然性和发展的必要性，引起很大反响，受到农民热烈欢迎，也受到一些没有摆脱"左"倾思想的人强烈反对。有一个省当时正在召开政法工作会议，会上有些人竟指责此文作者是所谓"教唆犯"，提出应追究其法律责任。长江边有一个大城市分管农业的负责人，竟在干部大会上宣布："谁要继续搞包产到户，是共产党员的开除党籍，不是党员的开除公职。公安局的大门敞开着，不希望你们有人进去，但谁一定要往里钻，那也没有办法。"尽管这些逆流而起的泡沫现在看上去显得荒唐可笑，但却充分显示了农村第一步改革的艰巨性和复杂性。

然而实践总是最有说服力的。1980 年是中等年成，年终统计：实行生产队核算的基本上不增不减；实行“包产到组”的增产 10%至 20%；实行“包产到户”的增产 30%至 50%。“队不如组，组不如户”，这句话 1979 年在安徽已得到过证明，一年后又在全国再一次得到了证明。

二、从“不许”“不要”到“有条件允许”再到“全部放开”

1981年，中国农村中蕴蓄已久的改革浪潮，逐渐由劣势转为优势，变成汹涌澎湃的主流。农村形势颇像无数灌满春水的小溪正在汇入壮阔的江河，而大江大河的波澜，又带动着千万条小溪冲出峡谷……阳关道与独木桥的大争论促进了包产到户全国性的大发展，越来越多的人纷纷把羡慕的目光投向这些小溪中激荡的春水，怕被指责为复辟资本主义的恐慌心理几乎消失殆尽。不久前下发的〔1980〕75号文件，有条件地放开了包产到户，认可了它对改变贫困地区面貌的必要性。

为什么包干到户最受欢迎

从此多种形式的联产承包责任制都迅速发展，也都在不断完善，显示了各自的适应性和优越性。其中发展最快、变化最大的是包产到户。一是突破了原来只在边远山区和贫困落后地区实行的设想，迅速向更大的范围扩展；二是包产到户本身又发展成为包干到户，也就是凤阳人所说“交够国家的，留足集体的，剩下都是自己的”的“大包干”。这种包干到户或称大包干的责任制形式，由于责任最明确、利益最直接、方法最简便，同大多数地区生产力水平、农民的文化水平及干部的管理水平相适应，受到最热烈的拥护。但由于取消了生产队的统一核算、统一分配，也受到最严厉的指责。在有些反对者看来，人民公社是坚固的社会主义的大厦，包产到户不过是治穷的权宜之计，总会有收起来的一天，他们颇有信心地预言："包产到户一年快，二年慢，三年就完蛋；一年增，二年平，三年就不行。"农民则宁可相信那句老话："队不如组，组不如户，不包到户稳不住。"20 世纪 80 年代是改革开放的年代，农民忽然变得聪明起来，学会说"权力不是真理"，"条条不是真理"，"框框不是真理"。当他们选择自己喜欢的责任制形式受到干部阻挠的时候，竟理直气壮地反问他的上级："连毛主席都有错误，你又怎么能一贯正确呢?"其实，人民公社压根儿就是违背农民意愿的。包产到户一而再、再而三地在公社化的过程中出现，证明家庭的确是我们几千年传统的农耕文明一个难以磨灭的特征。"一大二公"的人民公社超越历史阶段，过早完全否定家庭经营的作用，终于导致本身的被否定。我们党历来强调"严重的问题是教育农民"，引导农民走社会主义道路，而现在颠倒过来，是农民推着党往改革的路上走，从而使联产承包责任制的发展形式多种多样，名称五花八门，内容大同小异，演变总趋向则是凤阳式的大包干。农民对这种利益最直接、责任最明确、方法最简便的责任制情有独钟，热烈欢迎，一旦得到领导人的支持便迅速形成气候；如果领导仍然认定是方向、路线错误，严加防范，严厉压制，也可能继续拖一段时间，但人心所向，大势所趋，也只能稍稍再拖一段时间而已。

关键仍然是领导

内蒙古自治区第一书记周惠，赴任前曾与时任党中央主席的华国锋作过一次长谈。他们是老熟人了，20 世纪 50 年代，华国锋在湖南任县委书记，周惠已是省里第二把手、省委常务书记。1959 年庐山会议上，周惠本着党性和良知不肯揭发彭德怀、周小舟，多次受到批判、斗争，成为一名没有戴帽子的右倾机会主义分子，被贬到交通部当了个坐冷板凳的副局长。分手 20 年了，经过多少风风雨雨，两个人关系打了个颠倒，当年的下级已成为“英明领袖”，这次重逢还能保持昔日的坦诚和友谊，无拘无束地叙谈当年共同经历的往事，随兴所至地议论已故或健在的熟人，这使周惠对华国锋产生了好感。周惠为人历来爽快，是有名的“大炮”，见对方不见外，说着说着就掏出了憋了很久的心里话，语调也变了，不再叫老华了。他清了清嗓子，说：“哎，华国锋同志，‘大跃进’是没经验，不去说它了。现在还大讲特讲农业学大寨，全国普及大寨县，这能行吗？你开普及大寨县的会，下文件说，‘向大队核算过渡是大势所趋’，这符合实际情况吗？你现在是主席，走到哪里都被‘莺歌燕舞’包围，能看到真实情况吗？”华国锋听出了周惠真诚的好意，并不以为忤，但毕竟身居高位，很难真正听得进去了。

周惠自己倒是身体力行，决心亲自了解真实情况。他一到任就下乡去了，轻车简从，只带了秘书和警卫，一部“巡洋舰”不断在空旷的草原或崎岖的山路上奔驰，跑了乌盟、巴盟、锡盟、伊盟十几个县（旗）的几十个公社，看到了落后、贫穷，看到了真实情况。一位满脸皱纹像核桃似的老农说：“共产党什么都好，不打人，不骂人，不剥削，不压迫，就是一条不好，不叫人吃饱肚子。”这句话使周惠彻夜难眠，他反复地想：“老百姓穷得可怕啊！人都饿死了，还有什么主义？逃荒讨饭能叫社会主义？”“大队管不了，公社管不了，我也管不了，我看国家也管不了。谁能管？谁也管不了，只有农民自己能管，只有放手让农民自谋生路。”他走了一路，讲了一路：“要饿死了，先找条活路再说，联产到组，再不行就包产到户。”这正是中共中央下发 1977 年 49 号文件的时候，文件要求继续“学大寨”，对“向大队核算过渡”要“采取积极的态度”，“今冬明春选 10%左右的大队先行过渡”。相邻的一些兄弟省正在敲锣打鼓，争先恐后地刮起了“过渡风”。周惠反对看风、跟风、刮风，坚持按自己认准了的干。他心想，“充其量无非再一次撤职罢了”。十一届三中全会会前先开工作会议，他在小组会上、在食堂里，到处呼吁、放炮：“农民折腾不起了，把生产经营的权力交还农民吧，给包产到户上个户口吧，尊重农民的选择，饿肚子不是社会主义的优越性……”他的发言登上简报，引起一位政治局委员的不满，专门给中央写了封信，指名要同他进行辩论，但另一方面也引起不少人的共鸣。根据会上强烈的反映，原来起草的农业文件终于推倒重来了，重新起草了一个实事求是的好文件，却又不能摆脱“左”的惯性，仍把包产到户与分田单干列为两个“不许”。周惠很不满意，去找起草文件的同志提意见，争执半天也无结果，他生气地说：“你们拿笔杆子的不肯写，我们干实际工作的用行动来写。”时隔一年，1980 年 75 号文件为包产到户说了好话，说它是解决贫困地区温饱问题的好办法。他高兴了，“内蒙古哪里不能算贫困地区呢?”于是他心情舒畅地风风火火地大搞起来了，并按照农区牧区不同的特点研究了不同的做法。

黑龙江省的情况大不相同。第一书记杨易辰是位资深的老同志，“文化大革命”中吃过很多苦头，粉碎“四人帮”后，对拨乱反正、平反冤假错案很积极、很认真，也不赞成“两个凡是”。但他一直认为，社会主义的方向就是“一大二公”，人民公社是奋斗了多少年的成果，不能轻易退回去。黑龙江耕地资源丰富，农业机械化水平也比较高，他也看到公社体制有许多严重弊端，要进行改革，但他认为出路是机械化，提高生产力水平。他到美国考察了一次，见识了机械化大农业的威力，对这一点更是深信不疑。因此，1980 年 9 月召开各省、区第一书记座谈会时，他始终旗帜鲜明地反对包产到户，强调不能放弃阳关道去走独木桥，以至同贵州省委第一书记池必卿发生了那场著名的争论。但是，黑龙江同样有不少贫困、落后的地区，不要说农民，地、县两级干部中也有不少人支持包产到户，邻近的省、区也不时传来包产到户面貌大变的消息，因为杨易辰这第一把手态度坚决才没有闹大。他在北京开会期间，接到省委办公厅的电话，说正在召开的全省农村工作会议上又刮起了包产到户风。合江地区的地委书记讲了一通他对包产到户的调查和看法，引起强烈反响和广泛同感。这位地委书记还提出愿意立军令状，只要允许他实行包产到户，保证明年上缴粮食的数目提高到5亿公斤以上，完不成任务愿受任何处分。目前会上议论纷纷，就等他这第一把手回去“拍板”。杨易辰感到形势严峻，刚散会就立即坐飞机赶回哈尔滨，下飞机不回家也不回省委，直接赶到会场去听取汇报。开始沉着脸没有说话，大家一直猜不透他是否北京开会回来态度有了变化，后来讲到立军令状，他终于忍耐不住了，大发雷霆吼叫起来：“别的地方包产到户效果好我们也不许搞，什么立军令状，胡闹！你舍得你的脑袋，我还舍不得你的脑袋哩！”这一盆冷水泼下去，会场鸦雀无声，谁也不敢再吭气了。后来杨易辰也作了让步，答应组织一个参观访问团，到一些省、区去学习农村改革的经验，考察回来再定方案，这使黑龙江省实行家庭联产承包责任制比大部分省区又推迟了一年多。

山西是“学大寨”的大本营，省委领导人尽管在报纸上表态拥护真理标准的讨论，但实际上是紧跟华国锋、陈永贵坚持“两个凡是”的，而且比别的省还多出两个本省的“凡是”(凡大寨、昔阳创造的纪录不许超过)，虽无文件规定却必须执行。因此拨乱反正、平反冤假错案进展迟缓，农村改革更是困难重重。出乎意料的是“学大寨”的后院里也颇有些“胆大妄为”的人，烧起了一把“包产到户”的火。事情发生在1978年初，山西闻喜县南郭村19户社员，竟偷偷地搞了“包产到户”。早于肥西山南“包产到户”约9个月，早于凤阳小岗“包干到户”至少10个月。县委书记张世贤闻讯后去调查考察，了解到当年亩产成倍增长，便予以支持、推广，拍着胸脯说：“搞错了我负责。”1979年初，闻喜有877个生产队推广了南郭村的做法，这一下事情闹大了。省委领导人大为恼火，尽管形势已不允许他任意撤这位县委书记的职，还是把他打发到党校“学习”去了。但是没过多久这位省委领导人自己的日子也越来越不好过，北京一些报刊连续揭露了大寨和昔阳弄虚作假、欺上瞒下的许多事实，省委领导人不得不就推广大寨经验过程中的严重错误作出检查，调离山西。霍士廉接任山西省委第一书记后，局面很快就改观了。联产承包责任制势不可挡，包产到户的面不断扩大，遭过挫折的闻喜县发展得更快，1981 年春已达 67%。

福建省农村改革开头也比较沉闷，项南调去担任省委第一书记以后，很快就打开了局面。

1981 年包产到户的浪潮汹涌向前，逐渐成为主流，新的问题又出来了。少数地方的干部仍然思想不通，先是“顶牛”，继续抵制；后又“放羊”，撒手不管。于是有的地方把牛累死了，有的地方把拖拉机卖了，有的地方连生产队的公房也拆成砖分了。这是领导问题、工作问题，并不是包产到户本身的问题，却成了攻击包产到户的口实。“包产到户到底是集体生产责任制的一种形式，还是实际上倒退为分田单干？”这个似乎已经平息的争论重新被提出来了。

万里深知问题发生在下面，根子却在上面，于是他着手调整农业部的领导，把富有农村工作经验又先后当过京、津、沪三大市领导人的林乎加请去当部长。

1981 年 3 月 31 日，万里在农业部党组会议上，批评了一些部领导人。他说：“中央工作会议以后，全党都在进一步肃清‘左’的流毒，从思想领域到经济领域来一个大的拨乱反正。‘左’的思想不肃清，农业就没有办法搞好，搞 75 号文件时，我曾估计农口一些负责同志思想不通，现在看来，果然如此。农口一些负责同志至今还在各唱各的调，与我们没有共同语言。前不久部里有人还在说中央的决策是‘反大寨’的，是‘方向、道路’问题，是‘分田单干’，搞‘资本主义’，至今思想没转过来。在工作会议以后，各省已写了很好的报告，农口的报告我至今没有看到。理论界从经济理论方面讲了很好的意见，但说服不了农业部里有些同志，实践中大量的事实也说服不了他们，不知哪儿来的那么一股劲，你们到底有什么看法，什么意见，可以谈谈。看看能否统一起来。”

在一些同志坦率地讲出自己的不同意见后，万里说：“一个自主权，一个责任制，一个物质利益原则，这三条即我们常说的权、责、利相结合的原则，对工农业，对所有的经济工作都适用，具体做法要从实际出发。社会主义口号再多，你的办法不同群众利益联系，各尽所能、按劳分配就是一句空话。农业部是国务院的一个部，不能自己另搞一套。不解决这个问题，就无法工作。过去全国学大寨，现在大寨都在变，‘大概工’也改了，搞专业承包了，老百姓也不吃那么多苦了，但是有的领导对大寨问题的认识仍未很好转变。”

“有些同志不是从党和农民的关系这个战略高度上去考虑问题，不去想想我们过去搞了三十年，农民连吃饱肚子的问题也解决不了，现在刚刚有希望解决，却想不通，反而忧心忡忡，他们脑子里只有抽象的农民，哪怕农民饿肚子也不理。”

接着他又语重心长地说：“这么多年‘左’的思想影响是非常普遍的，谁也不能说不受这方面的影响，‘左’的思想在我们同志的头脑里程度不同地存在着，这里不是有无之分，只有多少之别。形势发展了，拨乱反正几年了，瞎指挥农民不听了，不转变认识不行了。”最后他说：“有些人拿了工资，吃饱饭，凭老经验，凭主观想象办事，在北京城里论长说短，这不行，要亲自到下边去看看，做点调查研究，否则思想认识很难统一。”①

后来，国家农委改为中共中央农村政策研究室，同时成立了国务院农村发展研究中心，两块牌子，一套人马，主任都是杜润生，他是邓子恢时代中央农村工作部的秘书长，实践经验丰富，有理论水平，又比较善于协调各方面的关系。农研室和农研中心的主要任务，是掌握农村情况，制定农村政策，协调有关农村各领导部门的关系，只是个研究机构和参谋班子，不管人、财、物，不直接发号施令，但它受中央委托起草政策性文件，协调各方面关系，在农村改革过程中，实际上发挥着综合性、指导性的重要作用。

---

① 见《万里论农村改革与发展》，中国民主法制出版社 1996 年版，第 113—116 页。

大规模下乡调查

1981年春夏之交,杜润生以国家农委的名义组织农口有关部门的干部组成17个联合调查组,由部长、副部长带队,分赴西北、西南、华东、中南15个省调查包产到户问题。这次调查历时近两个月,人员之多,接触面之广,材料之丰富,是前所未有的,调查组成员普遍了解了实际,提高了认识,统一了思想,发现了本身存在的问题。但是,争论仍未能完全消除。有的对"大包干"提出了质问:"包产到户好赖还有个生产队的统一分配,一搞大包干,集体连这一点权力也没有了,同单干有什么区别?"另一方面,到安徽的调查组却提出了一个惊人的报告,说包产到户是"农村的曙光,中国的希望"。这个调查组的成员,不少来自"中国农村问题研究组",这是个民间自发组成的研究团体,约有几十个人参加,几乎都是"老三届",下乡插队多年,回城又读了大学,对农村问题有痛切的感受和浓厚的兴趣,志同道合组织起来的。当时大部分成员尚未取得干部身份,初次参加调查便崭露头角,显示出他们与机关干部大不相同的求实作风和理论功底,往往语惊四座,令人不能不刮目相看。其中好几位后来成了中国重要的农村问题专家和学者。他们当时的论断也的确可称为真知灼见。

当然,说服力最大的还是实践本身。包产到户的确是"农村的曙光,中国的希望"。什么瞎指挥,什么大呼隆,什么大锅饭,一个包产到户统统冲光!特别是贫困落后地区长期靠国家粮款过日子的局面出现了根本性的变化,一举跃入对国家贡献大的先进行列。这不是一个公社、几个公社而是整个县、整个地区发生的根本性变化。河南商丘、山东菏泽这两个地区都是人口众多又贫困落后的大地区,1980年年成较好,但丰收主要不是靠天。农民们说,这样的年成过去不止有过一次,为什么都没有去年收得多呢?可见主要还是靠人。"人积极,天帮忙,政策带来丰收粮。"这是农民公正的评价。广大农村开始进入谁都可以感受到的一种历史性的转折。越是贫困落后的地方活力越大，变化越快。最突出的是农民手里粮多了。多年来经常下乡的干部也从没有见过农民家家户户屋里放着这么多的粮食。许许多多村庄一年巨变、两年翻身。农民还来不及盖新房子，完成国家征购、超购任务以后，还留下几千斤、上万斤粮食没处存放，都堆在住人的草屋里。许多人家的住屋都被一个个粗壮而高大的粮食囤占满了，人们的睡铺不得不见缝插针，挤在粮囤的夹缝里。他们笑着说："现在可好，睡觉不知道天亮。"粮食多了，收入高了，生活得到明显的改善。包产到户比较早的地区，大多是猪羊满圈，鸡鸭成群。"草成堆，粮满仓，鹅成群，鸭满塘，小鸡出笼排成队，肥猪长成小牛样。"好多地方不约而同地反映："包产到户，集没有少赶，戏没有少看，活没有少干，粮没有少见。"集体经济办得比较好的先进社、队，各县一般只占15%—20%。社员们一方面看到本队单产高、家底厚，认为还是集体好，不敢也不愿包产到户；另一方面看到包产到户有实惠，有自由，有自己用武之地，又觉得羡慕，心里痒痒。至于处于中间状态的社、队，社员无不跃跃欲试。实际物质利益比任何行政手段、行政办法都具有更大的吸引力。

1981年年初，当时的国务院总理曾认为农村可分为三类地区：集体经济比较巩固的地区、中等水平的地区和贫困的地区，设想把包产到户限制在贫困的地区，中等水平的地区搞联产到劳，集体经济比较巩固的地区仍然坚持集体统一经营和分配。这种办法被称为"切三刀"。有些地方对此产生误解，认为"专业承包，联产到劳"是高级责任制形式；包产到户、大包干是低级的，甚至是非法的，迟早要被淘汰的。因此，有的单位不顾条件，向"专业承包，联产到劳"去靠；有些基层干部则千方百计地要把包产到户、大包干"引导"或"过渡"到"专业承包，联产到劳"，纳入"正规"。

实际上，当时全国各地农村实行的联产计酬责任制，形式多种多样，做法也不完全一样。有的联产到组，有的到劳，有的到户，有的大包干，有的专业承包，有的几种形式并用。应当根据什么来确定采用哪种形式的责任制？由谁来决定呢？有的地方对联产计酬责任制作过这样规定：山区可以联产到户，丘陵地区可以到劳，平原地区只准到组。在贯彻执行中问题不少，上面硬性规定，下边层层生搬照套，群众对此很有意见。他们说：中央不叫搞“一刀切”，难道“切三刀”就可以了吗？平原虽然条件比较好，但也有一部分社队贫困落后，温饱问题尚未解决；同样的道理，山区也不一定全部搞包产到户或大包干。确定责任制形式既不能搞“一刀切”，也不能“切三刀”、“切五刀”，应由群众自己决定，不能由领导作硬性规定，更不应当搞瞎指挥。农业部副部长赵修说：我们在调查中对选择责任制形式和责任制的发展趋势作了探讨，深深感到，各种形式责任制的适应性，是有着不以人们意志为转移的客观规律的。建立和健全生产责任制的过程，是不断克服和清除“左”倾思想影响的过程，也是清除形而上学、贯彻实事求是的思想路线的过程。各种不同形式的生产责任制，都有个接受实践检验和广大群众对它的观察比较和选择的过程。群众说得好：“形式好不好，肚皮是记号。”到底好不好，还得看群众积极性高不高。不少同志还谈到从一种形式的责任制改为另种形式的责任制时，如果是领导硬叫改的，群众就认为是政策变了；如果是群众主动去改的，则认为是完善了。这说明，确定责任制形式，必须充分发扬民主，由群众自己来确定。有些地方过去一律不准搞包产到户；现在又不问条件如何，一律要搞包产到户。这种做法，既不符合客观实际，也不会符合群众要求。后来杜润生在一次会议上说：“包产到户的发展是一个信号，代表社会生产力而行动起来的农民，已经提出经济改革的愿望，这是不可违背的历史潮流。”

夏收前后，全国有161万多个生产队加入了包产到户的队伍，占生产队总数的32%。贵州最多，80%；次为甘肃，66%；安徽55%；河南53%；内蒙古50%。这些地方包产到户无疑已占优势，而在东北、华北、华南和华东的大部分地区，则有342万多个生产队仍然在坚持“队为基础”，包产到户的村庄散落在人民公社庞大的集体之中，似乎仍处于劣势，但了解实情的人相信，这一场前所未有的拔河赛已临近转折点，优势很快就要转到包产到户这一边了。

1982年：家庭联产承包责任制总进军

在1981年冬天召开的农村工作会议上，各地传来的讯息，几乎都是“队不如组，组不如户，不包到户稳不住”。讨论中逐渐取得共识，应当给包产到户上个社会主义的“户口”。会议纪要作为1982年1号文件发出，这个文件最引人注目之处，是承认目前实行的多种责任制，都是社会主义集体经济的生产责任制。其中包括小段包工定额计酬，专业承包联产计酬，联产到劳，包产到户，包产到组，包干到户，包干到组。也就是说，“包产到户”“包干到户”终于上了社会主义的“户口”，过去把包产到户视为分田单干显然是个“误解”。

1982年可以说是大包干总进军的一年。当年的1号文件下达后，包干到户（即大包干）得到中央明确肯定，由贫困地区向其他各类地区迅猛扩展，形成不可阻挡的燎原之势。但是，经济发达地区、水利设施比较完善的灌区、产量高征购任务重的产粮区是不是也可以搞大包干呢？富裕地区经济比较发达，生产水平较高，农民收入水平也较高。正因为如此，往往掩盖了集体经济原来模式中一些根本性的矛盾。比如，同样是平均主义的“大锅饭”，相对来说，发达地区饭比较多，一方面群众不大满意，另一方面有些干部又颇为留恋，对实行联产承包责任制，就不那么积极主动。

1982年1号文件下达后，江苏省联产承包责任制有新的突破和大的进展。大包干席卷淮北地区，苏中和苏南一部分社队也搞了联产到劳。到这年夏季，全省实行联产承包责任制的生产队发展到80%，其中大部分是联产到劳、到户的，增产效果非常明显。苏南发达地区不少农民和基层干部，看到苏北突飞猛进，不能不为之心动，决心学习“第一个吃螃蟹的勇士”，看看发达地区的高产社队能不能也搞联产承包。无锡县洛社、武进县雀桥等公社率先试点，后来宜兴、江阴等县逐步仿效，而且在联产到劳的基础上，摸索出适合经济发达地区特点的“专业承包、包干分配”的一整套新办法。人分口粮田，劳分责任田，猪分饲料田；农工副综合经营，专业承包，分工分业，大包干加小分配，合理平衡农工副各业的报酬，使务农社员不致吃亏，在统分结合上前进了一步。这个办法得到中央领导同志的肯定与鼓励。于是，“发达地区不能搞家庭承包”这个禁区，又一次被冲破了。江苏省最发达的长江三角洲地带，全面推行了家庭联产承包责任制。全省 99%以上的生产队，都实行了包干分配或包干到户。

广东省佛山地区位于珠江三角洲，毗邻港澳，包括 13 个县、市，近 700 万人口，有 680 万亩耕地，是全国土地肥沃、资源丰富、经济发达的富裕地区之一，也是广东省主要的商品粮基地、经济作物产区和外贸出口加工基地。农村经济一度曾发展得很快。但是，在合作化后的 20 多年中，由于“左”倾错误的影响，全区农业生产几经曲折，时起时落，社员收入上升相当缓慢。全地区统计，粮食亩产和人均收入长期在 500 公斤上下、120 元左右徘徊。十一届三中全会提出改革开放的方针，对广东又允许采取一些特殊政策，使佛山地区农村经济出现了持续的高速度的发展，社队工副业和社员人均收入，三年翻了一番还多，这在过去是没有过的。可以说十一届三中全会以来的政策，给佛山地区带来了农村经济发展的“黄金时代”。但是，这个“黄金时代”与责任制的关系并不大。相反，正因为佛山地区农业经济发展得很快，对实行联产承包责任制特别是“双包”的疑虑也就更多，归结起来有三怕：怕发展的高速度慢下来；怕农作物的高产量掉下来；怕作为台柱子的社队企业垮下来。不少人认为家庭联产承包制不过是解决温饱问题的权宜之计，贫困地区舍此无路可走，只好采取这种没有办法的办法。佛山地区情况这样好，发展这样快，为什么还要去冒这个险呢？因此，1980年，当包产到户已成为全国议论中心的时候，佛山地区只个别县在个别社队试点，整个地区还没有什么动静；1981年，当“双包”已在全国各地显示出巨大威力的时候，佛山地区仍然只有顺德、中山、斗门等县进展较快，全地区实行“双包”的队只占12.7%。

但是，佛山同别的富裕地区一样，经济发展并不平衡，同样存在着薄弱环节和落后社队。家庭联产承包制首先在这些地方突破，以其显著的优越性吸引着广大农民，为自己的发展不断地开辟道路。顺德县不少社队都有一些边远鱼塘，产量很低，怎么也上不去，于是便包给户试试，不料一包就灵，亩产从三四十公斤一跃而为三四百公斤，落后变成先进，从而有力地推动了塘鱼生产的全面包干。中山县原来比较落后的板芙公社和南头公社先后实行联产到劳和“双包”之后，产量超过了先进的社队，在全县引起了震动。1981年全区粮食因灾减产，但是少数实行了“双包”的社队却不减产或少减产，或者减产不减收。“双包”的威力对全区震动很大，但是由于领导干部的思想顾虑没有从根本上解决，家庭承包制在全区仍然限于经济作物。1981年秋后，全国农村形势有了新的发展，佛山地区东边的惠阳地区，在地委负责人杜瑞芝主持下，“双包”已达80%以上，效果很好，佛山地区领导深感推行责任制迟了，要加快步伐赶上。11月间，省委领导同志来地委传达全国农村工作会议的精神，帮助各级干部进一步明确了家庭承包责任制的社会主义性质和它对发展农业生产的重大作用。思想顾虑解除了，领导思想统一了，认识水平提高了，家庭承包制便在全区范围内迅速推广，1982年发展到70%，1983年初又发展到95.8%。

佛山地区实行家庭承包制起步虽迟，但吸取了别处的经验教训，发展顺利，后来居上。

1982年是佛山地区全面推行家庭联产承包制的一年，又是在三年持续较大发展的基础上出现更大发展的一年，开创了农业、工业、财贸一齐上，国营、集体、个人一齐上的新局面。农业总产值比上一年增长5亿元，增长16.75%；稻谷在插栽面积减少的情况下总产量比上一年增加5亿公斤，达27.15亿公斤，亩产近600公斤，创历史最高水平；粮、蔗、塘鱼、花生的总产、亩产均超历史水平。水果生产、畜牧业生产也比上一年有较大的发展，财政收入达7.15亿元，比上一年增长12.7%。全区社员人均收入达463元，比上一年增加112元。顺德县超过南海县，人均收入700多元，跃居全省首位，全区农村人均储蓄208元，为全国之冠。全区出现4个工农业总产值10亿元以上的县(顺德县最高，达13.8亿元)；10个产值1亿元以上的公社(顺德县桂洲公社最高，达1.6亿元)；100多个人均收入1000元以上的生产队(南海县龙头大队东四队最高，达3402元)；一万多个“万元户”。到处是一派生产发展，五业兴旺，市场繁荣，经济活跃，人心振奋的欢腾景象。尽管还有不少这样那样的问题，但是，佛山地区农村经济出现了建国以来从未有过的大好形势。

黑龙江省对联产承包制怀疑、观望达四年之久，1982年1号文件下达后，参观访问团回省，发现形势已经大变，无需他们再去做什么工作，省委领导已经“开闸放水”了。到1983年末，这个起步最晚的省份终于也全面推广了家庭联产承包责任制，达生产队总数的80%。当年，农业总产值超过100亿元，粮食总产超过150亿公斤，人均收入超过300元，一举突破了全省农民向往已久、为之奋斗了多年而始终没有实现的三大目标。至此，在农业生产领域中，再也找不出还有什么类型的地区是不适于家庭承包经营的了。1983年全国农村双包到户的比重，已占到95%以上。

三、 马克思主义合作化理论的新发展

人们对包产到户即家庭联产承包责任制的认识，普遍有一个从反对、怀疑、观望到支持、拥护的过程，这种新体制对调动农民积极性所产生的经济效益，大大出人意料，农民满意，市民满意，国家满意，上上下下都满意。任何保守甚至有偏见的人也不能不为之折服，为之振奋。但是，如果仅仅从这一方面去理解家庭联产承包责任制的深远意义，则是远远不够的。

1983 年中央 1 号文件指出，家庭联产承包责任制是“在党的领导下中国农民伟大的创造，是马克思主义关于合作化理论在我国实践中的新发展”。在中央文件中，把农民实践中的创造视为马克思主义理论的新发展，这样高度的评价是极为罕见的。可惜长期以来，这个重要的论断一直没有得到充分的阐述。后来社会主义初级阶段的概念提出来了，社会主义市场经济的目标确定了，仍然很少见到这方面的阐述，随着时间的推移反而被逐渐淡化了、模糊了。其实，正是以家庭联产承包责任制为起点的农村改革实践，推动着我们党逐渐明确经济改革的总目标应当是建立和完善社会主义市场经济体制。从人民公社到包产到户，是这一场从自然半自然经济转向现代化市场经济改革的起点，因而不是小改小革，而是质的变化，体制的变化，所有制实现形式的变化。人民公社是计划经济体制的组织基础，包产到户实质上是在这封闭的大一统的计划经济体制内创造了一个有活力的市场经济的细胞，从而突破了“一大二公三纯”的思想框框，突破了僵化的单一公有制，为探索公有制新的实现形式取得了决定

性的胜利，形成了一个改革的利益主体和依靠力量，成为农村以至全中国此后一系列变化和进步的第一推动力。这一点，是值得郑重提出、大书特书的。

马克思主义合作化理论的演变

马克思的理论贡献，在于揭示了资本主义必然灭亡和社会主义必然胜利的客观规律。他对资本主义社会的剖析，主要以资本主义经济高度发达的英国为对象。当时的英国，广大的小农已在资本主义原始积累过程中被消灭，农民已变为农业雇佣工人，农业与工业一样，也已高度社会化。因此，马克思很少直接阐述无产阶级掌握政权后对农业如何进行社会主义改造的问题。后来，他在研究了西欧大陆特别是法国的农民状况之后，写了《巴枯宁〈国家制度和无政府状态〉一书摘要》，其中谈到农民作为土地私有者占多数的地方，不能得罪农民，强迫农民，不能宣布废除农民所有权，而应当变通地直接为农民做很多事情，吸引他们到革命方面来，“促进土地的私有制向集体所有制过渡”。[①] 这些思想，应当说是马克思主义关于农业合作制理论的基本观点和总的原则。

恩格斯 1886 年 1 月 20 日在致倍倍尔的信中，第一次提出农业合作社的概念，把合作社作为经济过渡的中间环节，而且把合作社看作是建立在社会“对生产资料的所有权”的基础之上，但又有自己“特殊利益”的经济组织。[②] 恩格斯在他逝世前一年完成的《法德农民问题》，是一部马克思主义关于农民问题的纲领性著作。其中强调，我们预见到小农必然灭亡，但无论如何不要以自己的干预去加速其灭亡。当无产阶级掌握了国家权力的时候，不要用暴力去剥夺小农(不论有无报偿，都是一样)，像不

① 见《马克思恩格斯选集》第 3 卷，人民出版社 1995 年版，第 287 页。
② 见《马克思恩格斯选集》第 4 卷，人民出版社 1995 年版，第 675 页。

得不为此对待大土地占有者那样。我们对于小农的任务，首先要把他们的私人生产和私人占有变为合作社的生产和占有，但不是采用暴力，而是通过示范和为此提供帮助。[①] 值得注意的是，恩格斯说的是合作社占有，而不是集体所有；合作社是向集体所有制的过渡环节。恩格斯接着说："我们则坚决站在小农方面；我们将竭力设法使他们的命运较为过得去一些，如果他们下了决心，就使他们易于过渡到合作社，如果他们还不能下这个决心，那就甚至给他们一些时间，让他们在自己的小块土地上考虑考虑这个问题。"[②]这里，恩格斯阐明了合作社对农民只能实行自愿的原则，不能违反他们的意志，不能用外力干预他们。引导农民走社会主义道路的共同原则是实行合作制，但对待小农的办法应不同于对待较大农民的办法，更不能像对待大土地所有者采取剥夺的办法。合作社必须始终坚持自主自愿、平等互利的原则，不能得罪农民，不能违反农民的意志而用强力干预他们的财产关系；只能通过示范，以保护农民利益的办法吸引他们参加。

列宁关于合作制的思想，大体上可分为两个阶段，即"战时共产主义"时期和"新经济政策"时期。在前一阶段，列宁曾设想可以在革命胜利后很快就实行共产主义的生产和分配，在农村以发展农业公社为主。尽管国家从各方面大力支持农业公社，但并没有得到很大发展，主要原因是农业公社不能适应当时农业生产力发展水平，本身存在着严重弱点。一是所有生产和生活资料全部公有化，社员没有任何私有财产；二是实行生活集体化，家庭被弄得四分五裂；三是实行平均主义的分配制度，无法调动社员的积极性。实践证明建立农业公社的做法是错误的，列宁不止一次地对这些进行严肃的自我批评，公开承认：现实生活说明我们犯了错

① 见《马克思恩格斯选集》第4卷，人民出版社1995年版，第497—500页。
② 见《马克思恩格斯选集》第4卷，人民出版社1995年版，第500页。

误。[①] 1921年苏共第十次代表大会决定废除“余粮收集制”，改行“粮食税”，这是“新经济政策”的开端，也是列宁合作制思想的转折点。经过“战时共产主义”的挫折，加上“新经济政策”的实践经验，列宁的合作制思想更明确、更完善了，集中反映在1923年他病中口授的《论合作社》一文中，主要观点是：(1) 合作社是社会主义建设的重要部分。文中多处把合作社与社会主义相提并论。(2) 优先发展流通领域中的合作事业。强调通过合作社这样的“商业组织”，把农民组织起来，把农民的“私人利益、私人买卖利益”与国家利益结合起来；强调合作社以允许“私人利益”为基础，通过合作制达到私人利益与共同利益的结合，私人利益对共同利益服从，而绝不是对私人利益的取消，更不是剥夺。(3) 彻底改造小农需要很长时间，“需要整整一个历史时代。在最好的情况下，我们度过这个时代也要一二十年”。(4) 必须从财政、经济、金融等方面支持合作社的发展，强调“任何一种社会制度，只有在一定阶级的财政支持下才会产生”。(5) 赋予文化教育以特殊的地位，强调合作制与农民文化、文明的关系，把普及农村的文化教育看作是“两个划时代的主要任务”之一。[②] 所有这些，表明列宁把马、恩合作制的理论向前推进了一大步。

斯大林在列宁逝世后继续执行新经济政策，在农业合作社问题上相当谨慎。但为时不久，却制定了违背合作制基本原则的“左”的政策，如压低农产品价格、扩大工农业产品“剪刀差”，结果造成农民不满，出现了“格鲁吉亚暴动”，后不得不在1925年4月联共(布)第十四次代表大会后改行“九月让步政策”，即扩大新经济政策的范围，提高农民的物质生活和文化生活。到1928年，苏联农业面貌大为改观，主要农畜产品的产量和牲畜头数，都大大超过了沙俄时代的最高水平。在此期间，由于战胜了反对派，由于国内经济形势的好转和国际形势的相对稳定，斯大林又提出把限

① 见《列宁选集》第4卷，人民出版社1995年版，第569页。

② 见《列宁选集》第4卷，人民出版社1995年版，第769—773页。

制富农变成消灭富农的更“左”的政策；1929年召开的联共（布）第十五次代表大会，决定把农业集体化作为农村的基本任务。这就是说，不是建立合作社，搞合作化，而是搞集体化，建立集体农庄式的集体经济组织。全盘集体化仅仅用了6年时间，参加集体农庄的户数，由1928年的1.7％增加到1935年的83.2％，几乎每年翻两番。由于片面追求高速度，产生了严重的强迫命令，引起农民的不满和反抗，导致严重的减产，直到第二次世界大战前夕，主要农畜产品的产量和牲畜头数，仍未恢复到沙俄时代的最高水平。由于全盘集体化时期“左”的政策始终没有清理，并在若干方面延续，此后苏联的农业只有个别年份有明显增长，总的看一直发展缓慢，连他们自己也不得不承认“集体农庄不是玫瑰花”。

苏联的农业集体化，特点是在公有制的基础上，农民集体生产，集中劳动，集中管理，统一分配。这种高度集中的集体农庄模式，被认为是社会主义农业一个正确的模式。久而久之，变成了牢不可破的思想框框。但是，从马克思主义合作制理论的形成和发展的历史回顾中看，集体农庄模式在一些重要方面并不完全符合马、恩的原意，更不符合列宁晚年的思想。它用集体化的概念代替了合作化的概念；它是违背农民意愿用行政命令的办法建立起来的；它没有遵循由低级到高级逐步过渡的原则，等等。苏联70多年的实践证明，集体农庄模式，限制了农民的主动性，损害了农民的利益，不利于农业生产的发展。其他社会主义国家的长期实践，也充分证明了这一点。

马克思主义合作化理论在中国的实践和发展

我国比十月革命前的俄国落后得多，广大农村是一片小农经济的汪洋大海，“资本主义不是多了，而是少了”，新民主主义社会还没有来得及建设就匆匆忙忙地转向社会主义改造，这是否超越历史阶段，实践已经作出了明确的回答。

在合作化初期,毛泽东曾试图避免仿效集体农庄模式。他从中国经济落后、农民众多的实际出发,强调发展在农村根据地行之有效的互助组形式,先建立土地入股的半社会主义性质的初级社,照顾到农民的个人利益,取得一定的成功。1955年是合作化、公社化时期粮食和农产品产量最高的一年,也是农民最怀念的一年。但是紧接着就人为地掀起了高级合作化高潮,土地分红取消了,牲畜和大农具作价入社,只是记一笔账而并没有给钱,土地改革农民得到的物质利益又被全部收为"公有"。1956年高级合作化高潮以后,步子过快,要求过急,做法过粗,形式过于简单划一,实际上仍然是照搬苏联全盘集体化的做法。1958年"左"的错误又进一步发展,把"一大二公"绝对化,在全国普遍建立人民公社,刮起了"共产风",打击了农民积极性,使生产力遭到严重的破坏。

1961年以后,人民公社体制作过几次调整,划小核算单位,实行"三级所有,队为基础",对平均主义有所改正。但改正得很不彻底,主要是没有摆脱集体农庄的模式,反而把这一模式进一步固定化了。十年内乱期间,林彪、"四人帮"利用"学大寨"推行极"左"路线,甚至曾提出"用专政的办法办农业"的错误口号,结果使农业生产受到更严重的破坏,整个国民经济濒临崩溃的边缘。

党的十一届三中全会总结了正反两方面的经验,作出加快农业发展的决定,明确提出"我们的一切政策是否符合发展生产力的需要,就是要看这种政策能否调动劳动者的生产积极性"。农村的第一步改革,正是从这一个基本点开始的。过去没有打破框框,问题一来先考虑方向对不对,是不是社会主义性质,总怕越出了框框。现在把发展生产放在首位,把发挥农民积极性放在首位,情况就变了。联产承包制逐步推广和普及的过程,是逐步解放思想、打破框框的过程,是支持农民的创造,逐步突破以至完全取代原来固定模式的过程,也是符合中国农村实际情况的新模式逐步形成、不断完善的过程。社会主义的主要任务是发展生产力。而发展农业生产力，关键又在于充分发挥农民的积极性。任何管理体制、经营方式，都要以是否有利于发展生产、是否有利于发挥农民的积极性而决定取舍。这是马克思主义的基本原理。1983 年 3 月，胡耀邦在马克思逝世 100 周年纪念大会的报告中说："我们在农业体制上，坚决冲破了长期存在的关于什么是社会主义公有制、什么是大生产等问题上的误解，克服了吃'大锅饭'的平均主义的严重错误，创造了以专业承包、联产计酬为特点的农业生产责任制形式，在广大农村，按照中国的具体情况，真正实现马克思主义按劳分配的原则，真正实现国家、集体、个人利益相结合的原则。""我们抛弃了从外国搬来的或者自己生造的不适合实际情况的旧形式，找到了真正在中国土地上产生的适合当前中国农村条件的新形式。"因此，完全有理由说，联产承包制是马克思主义基本原理与中国具体实践相结合的产物，是对马克思主义合作化理论的新贡献、新发展。

家庭联产承包责任制的理论意义

家庭联产承包责任制的成功，使我们重新认识到家庭经营的重要性，在新的历史条件下充分发挥它的作用的必要性。

长期以来，由于受集体农庄模式的影响，我们一直认为生产组织越大越好，公有化程度越高越好，企图沿着生产队—大队—公社的模式逐级过渡。因此，对家庭经营采取排斥、否定、取消的态度。但实际上，以户为单位的家庭生产组织，不仅在生产力落后的自然经济的条件下长期存在，而且在生产力发达的现代农业中仍然具有旺盛的生命力。目前在欧美发达资本主义国家中，农业生产组织仍然以家庭农场为主要形式。家庭农场的比重，法国为 80%，美国为 89%，日本为 91%。随着生产力的发展，家庭农场数目不断减少，生产规模不断扩大，但主要是土地和资产的扩大，而不是生产组织的扩大。

为什么农业生产适合于家庭经营呢？主要因为农业生产力与工业生产力不同。(1) 农业的劳动对象是生物，有自己的生长发育的规律。农业的经济再生产必须依赖于生物的自然再生产。农作物与工业品不同，它是不可分解的活的有机体，它成长的各个阶段在时间上是连续的，不可中断的，农业的劳动成果必须表现在最终产品上。因此，农业生产需要有固定的人员对农作物生长的全过程进行连续的观察和自始至终的管理，而不能像工业生产那样同时进行不同的生产。(2) 农业的基本生产资料是土地，土地是农作物生长不可代替的物质基础，农作物是在广阔的土地上生长的。因此，农业劳动必须随着分布在不同地段上的农作物转移、变换和分散进行。而土地同时又是人们的生活居住地，因此农业生产一般总是同家庭组织联系在一起。不像工业生产那样，可以集中起来，固定在工厂中进行。(3) 农作物的生长发育需要一定的自然条件，农业生产必须根据土壤、肥力、季节、气温、光照、雨水和病虫害等自然条件的差异和变化，灵活机动地组织和安排生产，而不能像工业生产那样，按照一定的程序和固定的模式稳定地进行，否则就做不到因地制宜，因时制宜，因作物制宜。

家庭是建立在血缘和姻缘基础上的社会细胞。互相间的关系最紧密，具有生产、消费、生育、教育、文化等多方面的社会功能。同时，家庭成员在性别、年龄、体质、技能上还具有多层次性和多方面性。这些都特别适合于经营农业的各种特殊要求。在我国，由于传统文化的影响，家庭特别根深蒂固，具有持久的稳定性。家庭经营的传统农业在悠久的历史过程中积累了丰富的经验，曾达到相当高的水平。即使在高度集中统一的集体农业中，家庭经营的自留地作为一点小小的补充，尽管受到种种限制，仍然充分显示农民自觉的劳动态度、干劲和创造才能，与“公有”经济中懈怠、不负责任和消极，成为鲜明的对照。联产承包制的成功，不仅在于家庭经营这种古老的形式最有利于发掘现有的生产潜力，而且由于它是合作经济中的一个经营层次，变为一种新型的经营形式。可以说，家庭承包体现着合作经济内部的一个层次。通过合同，家庭作为相对独立的经营单位，在高一层次经营主体的控制和协调下，进行独立的经营活动，对上一层承担经营责任，并得到相应的经济利益。因此，它与合作化以前的个体小农经济有根本性的不同。在当前新的历史条件下，它是支持合作经济存在和发展的最深的基础，将长期为建设具有中国特色的社会主义农业发挥不可代替的作用。农村第一步改革，用包产到户即统分结合、双层经营的家庭联产承包责任制取代人民公社体制，标志着突破单一公有制、探索公有制新的实现形式取得了一次重大的胜利，具有深远的理论意义：

（一）找到了适合社会主义初级阶段中国农村生产力水平的实现公有制的有效形式。一方面坚持了作为农业基本生产资料土地的公有制，另一方面实行所有权与经营权分离，使农民通过承包掌握了充分的生产经营自主权，实现了生产资料与劳动者直接的结合，从而可以自负盈亏，可以自行安排生产，可以自行支配劳动时间，可以对家庭成员按男女老少的特点进行适当分工，发展家庭副业和多种经营，大大提高了每个人的积极性和农业的劳动生产率。

（二）家庭承包使农民由普通的劳动力变为经营主体，实质上意味着在高度集中统一的计划体制内创造了一个市场经济的细胞，其存在与发展，必然引起一系列后续的变化，使经济体制改革不可逆转地走向社会主义市场经济的总目标。

（三）家庭联产承包的分配，采取凤阳人提出的“交够国家的，留足集体的，剩下都是自己的”方式，不仅体现了多劳多得的原则，而且使农民有了剩余产品的处置权，突破了个人只能占有生活资料、消费资料而不能占有生产资料的老框框，使家庭有了积累的功能，农民有了自己的资产，有利于一部分能工巧匠、善于经营管理的能人实现先富起来，推动农村商品经济的大发展。

（四）统分结合、双层经营具有弹性，有利于突破在公有制内部不能兼容劳动者个人私有制的框框，为公私混合、公私融合的混合经济开创了一个成功的先例，对以公有制为主体、多种所有制经济共同发展格局的形成，奠定了初步的基础。

所有制是生产关系的基础，但不能用它去说明生产关系的一切问题。长期以来，我们往往把生产关系简单地归结为所有制，而很少研究生产组织形式、经营方式这些生产关系的具体形式问题。中共中央《关于建国以来党的若干历史问题的决议》指出："社会主义生产关系并不存在一套固定的模式，我们的任务是要根据我国生产力发展的要求，在每一个阶段上创造出与之相适应的和便于继续前进的生产关系的具体形式。"联产承包责任制，就是这种与我国农业生产力相适应的并便于继续前进的生产关系的具体形式，它把合作经济与商品经济结合起来，搞活了农村经济，家庭这个市场经济的细胞，开始发生裂变。农民不再按计划任务而是按市场需求来安排自己的经济活动，从而逐步突破本乡本县的局限，走向市场，参与市场竞争，追求更高的经济效益，造成生产要素的流动和优化组合，促进了横向联系与非农产业的发展。

让一部分人、一部分地区先富起来

家庭承包制使农民得到生产和经营上的自主权，权、责、利紧密结合，从而大大提高了生产积极性和劳动生产率，出现了剩余的劳力，手头也有了较多的资金，可以放手发展家庭副业，大搞多种经营。一般说来，最初每个承包农户就是一个"小而全"的生产单位，既种田，又养猪喂鸡，有的还兼营一些家庭手工业，等等。分户经营的承包经济与家庭副业互相结合、融为一体，某些家庭部分劳动力甚至主要劳动力从承包田中分离出来，专门从事家庭副业生产，便逐渐改变了“家庭副业”在生产中的从属地位，变成突出一业，兼营多业。一些劳动上的强手、技术上的能手、经营上的高手，必然选择最能发挥自己优势的项目，扩大其产量。发展下去这些项目逐渐上升为“主业”，便成了“重点户”，再进一步发展“主业”变为“专业”，有力地促进了社会分工和商品生产的发展。由于家庭劳动力有限、资金有限，专业户往往为了发展生产的需要，组成新的联合体，“小而专”又变成“小而联”。但是这种联合，只是按自愿互利的原则，用合同的形式来实现经济上的合作，起初大多是以家庭为单位各自经营，自负盈亏，所以是“联而不合”或“联而不并”。

农村改革的实践证明，单一经营与平均主义的结果不是共同富而是普遍贫穷；只有多种经营，分工分业，发展商品市场经济，才能摆脱贫穷。也就是说，只有让一部分人、一部分地区先富起来，才能带动大家实现共同富裕。这是与人民公社时期完全不同的新方针。

1982 年的 1 号文件，强调要全面贯彻执行“决不放松粮食生产、积极发展多种经营的方针”。文件指出：“只有在多种经营的基础上发展社会分工，才有利于动员农村的人力资源。”在短短一年多的时间内，实行了专业承包责任制，发展了一大批专业户，涌现出很多饲养能手、种植能手和各类能工巧匠，并开拓出新的生产领域，向生产的社会化、专业化方向发展。“发展家庭副业、发展专业户，可以充分利用分散的物力、财力和具有技术专长的人才。这是一项巨大的经济资源。对于家庭副业和专业户，必须实行积极扶持的政策，在资金、技术、供销等各方面给予帮助和指导”。

1983 年 1 号文件再次强调要把“决不放松粮食生产、积极发展多种经营的方针”落到实处，要求农、林、牧、副、渔各业，根据因地制宜、发挥优势、适当集中的原则，建立一批商品生产基地。并进一步指出：“我国农村生产力水平还比较低,商品生产不发达,允许资金、技术、劳力一定程度的流动和多种方式的结合,对发展社会主义经济是有利的,因此,对农村中新出现的某些经济现象,应当区别对待。比如,农户与农户之间的换工,合作经济之间请季节工或专业工、技术工等,均属群众之间的劳动互助或技术协作,都应当允许。农村个体工商户和种养业的能手,请帮手、带徒弟,可参照《国务院关于城镇非农业个体经济若干政策性规定》(按:规定可请二三个帮手,带三五个徒弟)执行。农民个人或联户购置农副产品加工机具、小型拖拉机和小型机动船,从事生产和运输,对发展农村商品生产,活跃农村经济是有利的,应当允许;大中型拖拉机和汽车,在现阶段原则上也不必禁止私人购置。"

1981 年,从事多种经营、勤劳致富的专业户,在实行家庭联产承包制较早的少数农村开始出现;随着政策的放宽,1982 年普遍增多;1983 年迅猛发展,到年底统计,全国农村专业户已达农户总数的 13.6%。在他们的带动下,出现了以某项专业生产为主的专业村;有些地区又在专业村的基础上形成了多种形式和规模的专业乡、专业镇、专业市场。在这些地方,不种田的农民比种田的农民还要多,因为专业户已不再是传统的自给自足的农民,他们创造了远远高于一般农户的劳动生产率、土地出产率和商品率,显示出巨大的优越性和强大的生命力,成为农村商品生产的生力军。有些地方,一个专业户提供的商品量往往超过以前一个队甚至几个队。比如,福建省福州市郊 2400 多个养鸭专业户,饲养蛋鸭 32 万多只,占全市蛋鸭总数的 87%,一年提供鸭蛋 470 多万公斤,比 1978 年全市蛋品收购量还多 6.2 倍,按市区人口每人供蛋 6.75 公斤。南平市有养猪专业户 489 家,只占养猪户总数的 1.56%,1983 年交售商品猪达 4.2 万多头,占全市交售总数的 56.8%,超过了其余 1.7 万多一般养猪户交售生猪的总数。

但是,不少人受"左"的思想影响,犯"红眼病",对农村的历史性转折认识不清，对商品生产的必要性和进步性认识不清，习惯于用老眼光看新事物，因而把一部分农民响应党的号召、按改革的政策办事、先富裕起来说成是“两极分化”；把极少数人违法乱纪、牟取暴利看成是专业户的主流。说什么专业户是“不三不四”“不清不白”“不伦不类”之徒，说他们“生财之方不正，聚财之道不纯，于国于民不利”。

在1983年11月全国农村工作会议上，万里专门指出：“当前，思想不够解放，突出地表现在怎样对待先富裕起来的那部分农民的态度上。有人担心农村会发生‘两极分化’，是没有根据的。目前农村出现的富裕程度的差别，仅仅是先富后富的问题，并不是一部分人剥夺另一部分人的结果。党的三中全会以来先富起来的农民，主流是勤劳致富。这突出表现在近年涌现出来的各种专业户、重点户身上。专业户、重点户主要是由哪些农民组成的呢？山西省应县对全县20989个专业户作了调查分析，有五部分人：一是大小队干部或当过干部的社员。他们具有一定的经营管理经验，接受党的政策快，行动早，成了农村中较早的富裕户，占43%。二是回乡知识青年和复员转业军人。他们一般具有初中以上文化程度，有知识，有见识，接受政策和学技术快，占42%。三是有一技之长的能工巧匠。他们承包后放开了手脚，找到致富门路，在各个生产及加工领域大显身手，约占9%。四是会盘算、善经营，在‘左’倾错误时期挨批受压但压而不服的能人，他们经过风雨，见过世面，交游广，视野宽，搞多种经营看得准，富得快，占5%。至于有过这样那样的严重问题，或者经营中有违法行为的，为数不足1%。应县的这个材料及其他一些县的调查材料充分证明，先富裕起来的农民，绝大多数是农民中善于把各种生产要素组合起来的、最积极、最活跃的分子，是一批有文化、有技艺、有经济头脑的发展生产力的带头人物，是今后发展商品生产的骨干力量。尽管他们的经济条件、政治条件、社会经历、经营项目各不相同，致富的水平和步伐也有差异，但是把他们的共同经验概括起来，可以看出就是四个字，叫做‘勤劳致富’。勤，包括积极研究和学习科学技术，包括善于掌握各种信息，包括改善经营管理，再加上敢于开辟新的经营项目而不怕承担风险，舍得出力流汗，这些就是农民致富的主要源泉。至于少数人钻当前价格和体制不合理的空子，搞歪门邪道，捞不义之财，以及少数基层干部以权谋私，故意压低包金，甚至以种种非法手段，取得大量贷款和计划内物资，这类事例各地都有发生，应当及时注意防止和纠正。但无论如何，这些只是支流，不能同勤劳致富的主流混为一谈，更不能把支流说成是主流。”他还强调，“对一部分先富裕起来的农民，要善于引导，因为我们的目标，是要通过先富裕起来的农民的示范，推动整个农村经济向前发展，达到共同富裕的目的。今年有些省概括了专业户、重点户的普遍经验，指出他们的本质特点，主要表彰三种类型：一是勤劳致富的模范，二是科学技术的追求者、示范者和传播者，三是农村中建设社会主义事业的先进分子。这样的表彰立场对头，方法得当。我不赞成定比例、凑数字，要搞多少多少专业户、重点户，但对率先迈出勤劳致富步伐的农民，对三中全会以来农村致富过程中生长出来的专业户、重点户，一定要肯定，要保护。因为这是前进的方向。正是他们继承和发扬了中国农民的优良传统，又开始具备了社会主义制度下商品生产者的一些新的素质，值得我们好好研究和总结，帮助他们进一步提高，为建设中国式的社会主义现代化农业作出贡献。首先要肯定他们是当前农村先进生产力的代表，是广大农民群众共同富裕起来的先行者，是跟随我们党深入进行农村经济改革的积极分子。我们说要进一步解放思想，要正确对待农民，要十分珍惜、坚决保护、充分发挥农民的积极性，首先要正确对待先富裕起来的这一部分农民；这部分的农民积极性保护住了，全体农民包括现在还比较困难的农民也就有了奔头，共同富裕的目标不再是可望而不可即的了。”

农村改革以后，随着家庭联产承包责任制的推行，专业户的兴起，生产要素流动和优化组合，促进了横向联系和非农产业的发展，社队企业也突破了“三就地”(指“就地取材、就地加工、就地销售”)的限制,突破了“城市办工业、农村办农业”的旧传统;逐步改变了农村的经济结构;巩固、壮大了社队集体经济;为农业的发展提供了资金;扩大了就业面,增加了农民的收入;为社会提供了大批产品,活跃了市场,有些还打入了国际市场;为国家开辟财源,增加了财政和外汇收入,办了大量文化福利事业,为小城镇的改造和建设创造了条件。农村的社队企业和农民中生长起来的专业户及个体、私营经济汇合在一起,在1984年以后称为乡镇企业,具有投资少、周转快、成本低、效率高的特点,对农村商品经济的大发展,对自给半自给的农村向农业现代化、城乡一体化转化,提供了继包产到户之后又一个出人意料的巨大推动力。

四、五个1号文件的产生和终结

20世纪80年代前期是一个重大历史转折时期的开端，历史在这里拐了一个大弯。人们在各方面干的，几乎都是二三十年来反复批判过的。关于真理标准的讨论，实质是一场全民性的思想启蒙运动，拨开了“左”的教条和个人崇拜的层层浓雾，人们犹如从梦中惊醒，由困惑转为兴奋。党的十一届三中全会毅然废止“阶级斗争为纲”的口号，展开全面的拨乱反正，重新确立马克思主义实事求是的思想路线，实行改革开放的新方针。党的理论联系实际、密切联系群众、批评与自我批评三大优良传统得到恢复并有所发扬；一个又一个惊心动魄的冤假错案相继得到平反；历史问题决议正确评价了毛泽东的功过；50多万被错划为“右派”的知识分子恢复了名誉；数以百万千万计的地主、富农分子被摘去帽子。与此同时，一批久经锻炼、锐意改革、年富力强、深孚众望的优秀干部进入中央领导集体，与老一辈无产阶级革命家并肩投身于社会主义现代化的伟大事业。他们痛感毕生为之奋斗的理想在胜利后受到挫折，要总结经验教训，奋发图强，夺回损失了的时间。打开国门，深圳、珠海、汕头、厦门相继成立特区，邓小平说：“中央没有钱，可以给些政策，你们自己去搞，杀出一条血路来。”政治环境比较宽松导致思想的活跃，两三年中新出版的报纸、刊物比过去的总数增加一倍还多，信息多了，批评、建议多了，免不了有点叽叽喳喳、吵吵嚷嚷，但毕竟比鸦雀无声要好得多，沉闷、压抑的气氛为之一扫，蕴藏在几千年文化历史中的自强不息、坚忍不拔的民族精神再一次昂扬起来，成为历史前进的巨大动力。

为什么要连续五年发 1 号文件

1982 年 9 月召开了党的十二大，胡耀邦作了题为《全国开创社会主义现代化建设的新局面》的报告，提出了向现代化进军的总任务和纲领。邓小平在开幕词中说，“从中国的实际出发”，“走自己的路，建设有中国特色的社会主义”。

从 1979 年到 1984 年，是中国粮食产量连续增长幅度最大的六年，是农村经济繁荣发展最蓬勃的六年，是农民收入增长最快的六年。农村改革特别引人瞩目，它使实践是检验真理标准的观点，化为亿万农民的行动，由理论变成现实。党的改革开放的新方针在广大农村开始突破，迅速取得重大成果。这个时期最脍炙人口的是中央连续五年每年年初发出的 1 号文件。尽管事隔多年，谁也不大可能随口说出它们的内容，甚至连题目也难记清了。但是，亿万农民喜欢五个 1 号文件，对之一直念念不忘，至今仍然怀着亲切而自豪的深情，把五个 1 号文件同那个辉煌的时期紧密地联系在一起。

包产到户，在新中国的历史上先后出现过三次，都被当作资本主义复辟打下去了。这次幸而得到十一届三中全会的阳光、雨露，得到一些有勇气、有胆识、有魄力的领导者的支持，成了改革的突破口，从局部地区发端，扩展到全国所有省份。它最初的成果是迅速改变了粮食和农产品长期短缺的局面，使农民的货币收入急剧增加，农村商品经济迅猛发展，从而极大地扩展了国内的工业品市场。长期陷于困境的工业，在此推动下也逐渐转向高速增长的新阶段。中国从此越过以满足温饱为中心的必需品消费阶段而进入超必需品消费阶段；突破了旧的发展战略造成的恶性循环，启动了农业劳动力和农村人口向非农转移、向城市转移；城乡分割的经济、社会二元结构开始被打破，城乡交换、交往的内容和方式发生了历史性的变革;对外开放结束了多年来的封闭,为中国的新发展创造了极好的机会,也带来了巨大的压力和挑战。完全可以说,农村改革这一步棋不仅使农村经济活了,整个中国的局面也因此而全盘皆活,开创了一个新的生机勃勃的辉煌时期。

按世界各国的常规,在现代化的进程中,乡下人总是被动地跟着城里人转的。但是,中国却把事情倒过来了。农村改革激起了亿万农民空前的主动性和进取精神,成为开创新局面的动力。

为什么要连续五年发1号文件?

1981年7月31日,时任党中央总书记的胡耀邦批转了一期《国内动态清样》给国务院副总理兼国家农委主任万里:"我考虑今年9、10月要产生个农业问题指示,题目可叫关于搞好明年农业生产的几个问题。请考虑是否叫农口同志先酝酿一下,如杜(指杜润生——作者注)再下去考察前,也可找他先谈一次。"此前的7月18日,杜润生向万里汇报农村工作时,万里也提出:"1980年中央75号文件(即《中共中央关于进一步加强和完善农业生产责任制的几个问题的通知》)已被群众实践突破,要考虑制订新的文件。"

经过充分调查研究,起草了文件的初稿,当年12月,中央召开全国农村工作会议,会议文件最后审定已到年终,便作为1982年的1号文件发出了。这本来是巧合,但因为1982年1号文件深受农民拥护,反响特别强烈,胡耀邦提出"今后一年搞一个农村工作的座谈会纪要"。中央书记处决定此后每年年末开农村工作会议,年初发1号文件,以显示其连续性、重要性和权威性,逐渐形成惯例。农民每到年初,就等着传达1号文件。普遍反映,连续几个1号文件,一个比一个"宽",一个比一个"活",一个比一个顺民心,使广大农民思想"开了窍",致富"上了道",吃了"定心丸"。五个1号文件是反映亿万农民意愿、引导亿万农民去开创新局面的强大武器,也是三中全会以后新的党中央集体智慧的结晶。中央书记处分管农村工作的万里，主持制定五个1号文件。中央农村政策研究室（国务院农村发展研究中心）主任杜润生是组织调查研究、起草这些文件的负责人。

改革开放离不开解放思想、实事求是，五个1号文件同党的三中全会以后其他农业文件一样，都是解放思想、实事求是的产物，是从群众中来到群众中去的突出表现。尊重群众的创造，总结群众的实践经验，概括上升为党的政策，又通过亿万农民的改革实践，大力推动思想解放不断向纵深发展。

农村改革贯穿着一条主线，这就是《中国共产党第十一届中央委员会第三次全体会议公报》所指出的："必须首先调动我国几亿农民的社会主义积极性，必须在经济上充分关心他们的物质利益，在政治上切实保障他们的民主权利。"整个农村改革始终是沿着这条主线前进的，各项方针、政策、措施，无不紧紧围绕着保护和调动农民积极性、发展农业生产力这个中心。

五个1号文件的最大特色不是制定政策、作出规定来规范农民行动，而是一步一步按照农民的意愿和实践中的创造，完善自己政策，引导农民向前开拓改革的领域。每年起草、制定1号文件的过程，就是大范围对农村进行调查研究的过程，也是了解新情况、解决新问题、总结新经验的过程，小型的分别的酝酿交谈不说，最后中央书记处还要认真集体审议。胡耀邦是个自己讲话极其坦率又善于引导别人充分发表不同意见的领导人，因此会议往往开得生动活泼，讨论热烈，互相都能得到启发，从而提高了决策的思想水平。有的人反对农民搞长途贩运，称之为"二道贩子"，胡耀邦颇有点激动地站了起来，笑着说："什么二道贩子，是二郎神！"对雇工问题争议最多，不少人对"剥削"顾虑很大，经过反复讨论，比较利弊，引经据典，最后还是确定了"看三年再说"的方针。从人民公社到家庭经营这么大的体制变化，思想不通的人很多，却没有谁因此受到批判处分，最后是实践的结果说服了大家,统一了思想。这也反映这个时期党内民主空气、群众路线的作风比较好。五个1号文件是从群众中来的,反映了农民的意愿和利益,所以受到农民衷心的拥护。农民念念不忘五个1号文件,也念念不忘产生五个1号文件的时代气氛和领导作风。

党的十一届三中全会原则通过的农业文件,四中全会修改后于1979年9月正式公布,名为《中共中央关于加快农业发展若干问题的决定》,它纠正了"学大寨"中过"左"的错误,恢复了"六十条"中有利于调动农民积极性、发展农业生产力的好政策。但是当时思想还不够解放,留下了"左"的痕迹,"不许""不要"包产到户。

1980年75号文件进一步解放思想,强调了包产到户对改变贫困地区面貌的必要性和重要性,支持广大农民在已攻占的突破口上站稳了脚跟,但仍然没有完全摆脱"左"的影响,没有肯定包产到户的社会主义性质。

1982年第一个1号文件名为《全国农村工作会议纪要》,它明确指出包产到户、包干到户或大包干,"都是社会主义生产责任制","不同于合作化以前的小私有的个体经济,而是社会主义农业经济的组成部分"。

1983年第二个1号文件名为《当前农村经济政策若干问题》,它对家庭联产承包责任制,作出了前所未有的高度评价,赞扬它是"在党的领导下中国农民的伟大创造,是马克思主义关于合作化理论在我国实践中的新发展"。

1984年第三个1号文件名为《中共中央关于1984年农村工作的通知》,它强调要稳定和完善生产责任制,决定承包农民的土地15年不变。

1985年第四个1号文件名为《中共中央、国务院关于进一步活跃农村经济的十项政策》,为发展农村商品经济,为在农村建立市场机制"迈出了相当勇敢的一步"。

1986年第五个1号文件名为《关于1986年农村工作部署》,它强调要在改革取得成功的基础上，抓好发展和提高农业的生产力水平，为80年代后期增强农业后劲准备了前提条件。

五个1号文件对包产到户的提法，从“不许”“不要”变为有条件“允许”，再变为“完全放开”，给予高度评价，一个一个变化很大，甚至似乎互相矛盾，但总的精神是前后一致的，不断向前发展，日益完善、提高的。

五个1号文件没有公开否定人民公社。但实际上，每次开会制定文件，都在消除“左”的影响，也可以说是一步一步否定人民公社，解除公社体制束缚农民的枷锁。最后终于水到渠成，使家庭联产承包制取代了人民公社，成为适合全国农村生产力水平的经营管理体制。可以说，家庭联产承包责任制普及之日，就是人民公社自行瓦解之时。1984年四川广汉县向阳乡最先摘下人民公社的牌子，改回乡的建制，各地陆续仿效，最后宪法上也改了。从人民公社体制到恢复农民家庭经营，历史绕了一个大圈，似乎又回到了原来的起点，其实这是螺旋形地上升了一个层次，对原来僵化的农业经济体制通过渐进式的改革实行了自我完善，使之变为新型的有中国特色的社会主义的农业体制，亿万农民从改革中得到了实惠，得到了自由，成为建设中国特色社会主义的改革事业的热忱拥护者和积极探索者。

改革的市场取向日趋明晰

五个1号文件确立并巩固了家庭联产承包责任制，也就缔造了一大批市场主体，使千百万农民开始以市场为中心组织和调整自己的经济活动，成为市场经济体制在农村的微观组织基础。长期以来被误解、被扭曲、被颠倒的一些根本性关系，也就随之颠倒过来，朝着正确的方向发展。五个1号文件提出一系列具体政策，主要是：抓粮食生产的同时积极发展多种经营；进一步放宽山区、林区政策；积极兴办交通事业；实行税收、信贷优惠；支持大办乡镇企业；推进流通体制改革，实行多渠道销售；允许和鼓励一部分地区、一部分人先富起来；坚持公有制为主、允许和鼓励其他经济成分适当发展；鼓励技术转移和人才流动；放活农村金融；提高资金的流通效益；进一步扩大城乡交流，加强小城镇建设；发展对外经济、技术交流等。尽管出台有先有后，涉及范围不尽相同，但无不紧紧围绕保护和调动农民积极性、发展农业生产力这个中心，从各个方面支持、促进掌握了自主权的农户走向市场，从而促进了农村商品经济的发展，使改革的市场取向越来越明晰。

农村改革使亿万农民解放了思想、放开了手脚，成为发展商品经济的巨大力量，使中国现代化的伟大事业获得了最深厚的社会基础。中国过去发展战略的核心问题是，忽视农业，忽视农民积极性的提高，忽视人才资源的开发，忽视通过发展商品经济调整农村产业结构，忽视转移农业劳动力、增加农民的收入，忽视农民整体素质的提高，这一系列的忽视，在农村改革中得到初步的不完全自觉的改变。其实，以血缘关系和传统伦理道德维系的农村家庭，正悄悄地产生着微妙的变化。过去全家都在生产队劳动，家庭成员之间的经济关系，基本上是在消费领域。现在家庭成了一个独立的生产单位，农民不光用生产者眼光考虑问题了，还要从经营者的角度考虑技术、信息、市场，他们需要提高效率，提高竞争能力。时间观念强了，不再像过去那样，只分个春夏秋冬，只讲什么“吃顿饭的工夫”“抽袋烟的工夫”。他们正在同传统的狭隘的心理决裂，同惰性心理决裂，同自卑心理决裂。理所当然是一家之长的老人，有的开始主动地把掌握全家经济的大权交给能写会算的儿子，从土地上走出来的忍让、温顺的农村姑娘，经过商品生产的洗礼正在铸造新的性格。

在此期间，农村中新人新事层出不穷，令人眼花缭乱，目不暇接。旧的三大件——自行车、缝纫机、收音机逐渐普及，高级消费品开始进入农村的千家万户，新的三大件——洗衣机、电冰箱、电视机已成为农民们追求的新目标。农民戴手表已经不稀罕了。

请看，1984年短短几个月中出现的一些事例：

2月中旬，河南省灵宝县一千户农民骑着自己购买的摩托车，在元宵佳节举行了全县农民摩托车比赛；

3月25日，北京市昌平县养鸡专业户孙桂英，用9300元购买了一辆灰色丰田车，作为联系业务之用；

3—4月，四川省十多名专业养鸡养鸭的农民，从成都坐飞机空运了4万多只雏鸡雏鸭到拉萨出售；

4月中旬，河南郑州市郊郭庄农民郭元英，自费在北京航空学院订购了一架“蜜蜂三号”超轻型农业用飞机；

4月16日，江苏无锡县埝桥乡农民兴办的旅游服务公司成立，有大、小客车13辆，辟有四条游览专线，全乡农民登记旅游的有近千人；

5月5日，重庆市郊区花园村农民陈远华、刘玉芳夫妇，用1880元为他们有音乐才能的独生女儿购买了一架钢琴；

到5月上旬止，山西省临汾县已出现电影专业户50家，用摩托车带电影机到乡村山庄为农民放映电影；

5月19日，山西省介休县农村妇女孟玉香，投资2万元在西关兴建的一座1000平方米的水磨石旱冰场剪彩开放；

5月下旬，介休县城关村农民集资5万元建起两个游泳池，一为1200平方米的成人池，一为300平方米的儿童池；

6月下旬至7月上旬，河北省农民自费旅游团一行50人访问了日本；

8月，河南省新乡县购置了一套“紫金二号”微型电脑，用于全县农业、工业、商业的成本核算、收益分配和农业科研中的数字处理；

8月下旬，湖南辰溪县万寿村农民张仁满自筹资金11万元，兴办私人小型电灌站动工，建成后可使1000亩“望天田”自流灌溉，并解决邻近四个村的人畜用水。

古老的神州在20世纪80年代重新焕发出青春的光彩。几千年来，祖祖辈辈面朝黄土背朝天的农民，站立在这块曾经浸透血泪和痛苦的大地上，开始用全新的目光，打量当今的时代，当今的世界。历史将证明，他们是一支不可轻视的蕴藏着无限活力的振兴中华的生力军。

“1号文件很好，2号文件好狠”

1978年到1984年，只是中国改革的突破阶段。因为突破口在农村，农村人口占全国压倒多数，尽管起步艰难，一经突破，就气势磅礴，不可阻挡，击中了僵化的公社体制的痼疾，从根本上改造了农村微观经济组织结构，推动着农村商品经济的大发展。但是，经济体制改革，不可能仅仅局限于某个环节或某个方面，而必定是触及经济社会各个方面的系统工程。当时改革的总目标若明若暗，家庭联产承包责任制一方面极大地提高了广大农民的积极性，另一方面又使农业变为小块分散的小农经营，不利于效率和商品率的提高，有待进一步完善。更重要的是，这一改革通过所有权与使用权分离，使承包的农民掌握经营权，拖久了难免产生掠夺式经营，第一步改革有变成“夹生饭”的危险。商品经济的发展造成深刻的利益分化，农民利益、地方利益、部门利益三者摩擦日益增多，地方和部门总是利用自己的权力和垄断地位去侵犯分散而无权的农民的利益。过去公社体制压制农民、剥夺农民，而且政策多变，失信于民，被称为“党的政策像月亮，初一、十五不一样”。改革以后情况有了根本性好转，五个1号文件陆续出台的政策，体现着保护农民利益，朝着发展商品市场经济方向不断完善。总的说是稳定的、一致的。但多项政策都要经过省、地、县各级才能下达到农村基层，而且要由商业、外贸、工商、财政、银行、税务各个部门去实施，由于地方各级和各个部门各有不同利益，长期在计划经济体制下形成的思想观念又有强有力的惯性,因此农民欢呼1号文件,而1号文件的许多政策,贯彻执行中却遇到层层阻力,一再被打折扣,有的甚至被中央行政部门的“条例”规定变得面目全非。农民把各行政部门出台的“条例”“规定”统称为“2号文件”,发出了“1号文件很好,2号文件好狠”的感叹。农村改革先行,城市改革滞后,越往前走矛盾越突出。靠每年一个1号文件来推进农村改革的做法也就逐渐失灵了,第四个1号文件中曾郑重提出,各有关部门原有的政策、办法,要进行认真的清理,凡与1号文件的规定相抵触的,应立即停止执行。

1985年第四个1号文件即《中共中央、国务院关于进一步活跃农村经济的十项政策》,第一项就提出要改革农产品统派购制度。文件规定:“从今年起,除个别品种外,国家不再向农民下达农产品统派购任务,按照不同情况,分别实行合同定购和市场收购。”“粮食、棉花取消统购,改为合同定购。由商业部门在播种季节前与农民协商,签订定购合同。”这是农村改革过程中一项重大的举措。

随着农产品连年大幅度增长,流通体制改革的紧迫性日益突出。尽管近几年政策已逐步放宽,国家直接控制的农产品已大为减少,由200多种减为40多种;1983年又根据当年1号文件的精神,允许开展多渠道流通,鼓励包括私商在内的各种商业组织,经营完成统购、派购后的产品和非计划产品,实行议购议销,价格随行就市。但农产品的“卖难”问题仍然有增无减。四川的柑橘、贵州的黄红麻以及其他一些省份的生猪、鸡蛋等相继出现“卖难”。1984年“卖粮难”已扩大到各粮食主产区,形成一场全国性的“仓容危机”。商业粮食部门纷纷告急:“收不起,存不下,调不走,销不掉。”巨额资金被积压的农产品所占,成为推动通货膨胀的重要因素。有些社会紧缺物资,因为流通环节阻塞,仓储运输能力不足,也积压在那里,造成虚假的“过剩”。“好的变烂,鲜的变臭,活的变死”。看来,枝枝节节、修修补补的改革已不能适应形势的发展,对历时已久的统购统销制度彻底进行改革势在必行。

但是,彻底改革统购统销制度谈何容易!

1953年开始实行的粮食统购统销制度,是新中国粮食供求矛盾发展的产物,是为了解决中国特定的工业化方式与农业基础薄弱的矛盾所作的一种战略选择。也可以说,是两种"炸药"中的选择。

三年恢复时期的粮食市场是自由市场,农民除缴纳农业税(即公粮)外,粮食可以自由上市。经营粮食的,除国营粮食公司和供销合作社外,还有私营粮商。1953年上半年,粮食供销矛盾进一步加剧,毛泽东要求当时的中财委提出对策。经过几个月紧张的调查研究,共提出了八种方案,即:(1)只征不配,只在农村搞征购,城市不配售,还是自由市场;(2)只配不征,只在城市搞配售,农村不征购;(3)原封不动,继续自由买进,自由卖出;(4)"临渴掘井",先自由购买,实在买不到再去重点产粮区征购;(5)动员现购,层层动员,控制数不露底,现购量达不到不散会,是一种强迫而不命令的办法;(6)合同预购,办法较好,完成任务没有把握;(7)不搞统一办法,由地方自行其是;(8)又统又配,农村征购,城市配售。

经过反复权衡利弊,陈云最后否定了前七种方案,选定了第八种方案,向中央政治局写了报告。10月2日,为此召开了政治局扩大会议。陈云说:"我现在是挑着一担'炸药',前面是'黑色炸药',后面是'黄色炸药'。如果搞不到粮食,整个市场就要波动;如果采取征购的办法,农民又可能反对。两个中间要选择一个,都是危险家伙。"[①]当时考虑到,统购统销的弊端,妨碍生产积极性,逼死人,打扁担,个别地方暴动,都可能发生。但不采取这种办法后果更坏,建设搞不成,结果帝国主义打来,扁担也要打来。最后一致选定了统购统销,作为服务于国家工业化目标的流通体制。这套办法,不是从苏联学来的,而是中国人自己创造的,在国家工业化初期起过明显的积极作用,稳定了农产品的供给,保证了城镇的供应,

① 见《陈云文选》(1949—1956年),人民出版社1984年版,第207页。

保持了物价总水平的稳定，满足了工业化对农产品的需要，为工业化积累了资金，并日益发展为一套相当完备的制度体系。但同时也打击了广大农民的积极性，压抑了农业和整个农村经济的发展。越到后来问题越严重，长期掠夺式的经营，使农业实际上处于超负荷运转的状态，终于走到自己的反面，造成亿万农民的贫困和农产品供应的匮乏，变为整个农村经济发展的大障碍。

无可奈何的“双轨制”

流通体制的改革，与实行家庭联产承包责任制不同，已不限于农村内部的范围，而同城市改革交织在一起，牵涉到生产者、经营者、消费者、国家、地方各方面的既得利益，遭到多年来形成的各种旧观念和习惯势力的抵制，关系错综复杂，任务也更艰巨得多。

实行统购统销是关系国计民生的大事，曾经过反复权衡利弊，中央最终才做出决定。改革统购统销，同样是改革进程中的大事，同样经过反复权衡利弊，结果却难以一步到位，成为无可奈何的“双轨制”。

1984 年流通体制改革，不少人主张趁当时粮食供应比较充裕，取消统购统销，遭到商业、财政、工商等部门及宏观决策机构的强烈反对。多年来低价粮供应已是城镇得以稳定的主要因素，一旦失去保证可能引起混乱，产生无法预测的后果。几经斟酌，最后只好采取折衷的办法：统购取消，统销保留。

这样做的用意是很明显的。因为温饱问题解决之前，农产品长期紧缺，对农产品的需求也比较简单，一般不会出现严重的供大于求；温饱问题解决之后，人们的需求处于不断的变化之中，越来越显现出多样化的趋势，紧缺与过剩往往交替出现。由于取消统购派购，能对农产品的生产、流通和消费发挥调节作用的，不再是政府的行政控制，而主要是农产品的价格。因此市场的作用突出了，而我国的特点恰好是市场发育程度极低。多年的统购统销，不仅彻底消灭了原有的私人商业系统，而且彻底改变了商业的行为方式和行为规则。从经营主体、组织形式、基础设施、思想观念到政策配套都不能适应。广大农民刚刚从虽然匮乏但却安稳并习以为常的统购统销中解脱出来，一下子面对有风险的市场，信息不灵，反应迟缓，手足无措；分灶吃饭的地方财政体制往往导致地区封闭，条块分割，乱设卡、乱收费，阻碍了农产品地区间正常交换，使得地区优势难以发挥；国营商业和供销社只是政府采购和分配农产品的机构，习惯于在各自的领域内实行垄断性经营，无竞争可言。往往紧俏农产品互相抬价收购，多了则压级压价，难以承担国家调控农产品的宏观经济职能。因此，1985 年取消统购派购后，流通难的问题并未真正解决，农产品价格改革也出现了僵持局面：该“放”的已经“放”了，有的还走了“回头路”(粮、棉、油)；已经放开的一些产品有的也存在价格上涨快、市场波动大的问题，仍然走不出“一放就活，一活就乱，一乱就收，一收就死，死了再放，放了又乱”的怪圈。

为了稳定农产品的供求，不使各方面的利益分配关系出现过于剧烈的变化，从 1986 年起采取“双轨制”办法，即按照“有调有放，调放结合”的原则，一方面对粮、棉、油等具有特殊重要意义的农产品，部分或全部地保留政府的直接控制；另一方面对其他农产品则实行政府间接调节或市场调节。“双轨制”的思路是，通过保留一部分旧的利益关系，缓和价格体系变动中的矛盾，从而换取全局的稳定；对于新产生的国民收入，则采取新的分配原则，建立新的经济关系和利益关系。并使后一部分国民收入的份额不断扩大，逐步以新的关系代替旧的关系，最终实现改革的目标。对粮食收购价和销售价的“双轨制”，农民形象地称之为“死一块，活一块”。从实际执行情况来看，效果很不理想，往往是“稳的”稳不住，“活的”也活不过来，问题仍然很多。主要表现在以下几个方面：

(一) 收购体制与销售体制脱节。一方面，统购改为定购，并大幅度减少了粮食合同定购数量，逐步调整了合同定购价格；另一方面，对粮食销售体制，却基本上没有改动。由此，粮食购销出现“两个倒挂”：一是统销数量大于定购数量，两者常有约250亿公斤的缺口；二是统销价格低于市场价格，使国家财政用于城市粮、油的补贴每年达400亿元之巨，占整个财政支出的1/6，成为沉重的负担。而城市消费者长期以来在统销制度下养成了依赖性，习惯于享受低价农产品供应的特殊待遇，对此视为当然，对价格变动的心理承受能力仍然很差。事实上，城市中统销供应的低价口粮浪费很大，据统计每年达25亿至30亿公斤。用粮票换副食品或日用品的现象一度相当普遍。

（二）大宗农产品的收购和调拨制度明显不利于产区。国家掌握一定数量的储备粮是完全必要的。问题在于，1985年以后中央对各省调减合同定购任务时，没有从原有基础和各有关条件按差别比例进行，而是按同一比例下达，因而具体到每一个省区，负担水平必然畸轻畸重。比如，全国合同定购任务占粮食产量的比重平均为12%左右，而少数地区如辽宁省却达35%左右；至于南方一些粮食主产区，如湖北荆州、湖南常德、江西宜春、安徽滁县等地区，历来定购任务较重，调减任务后比例显得更不合理。调拨制度问题更大。按现行规定，产区向销区调粮，价格不能“平转议”，而销区向居民供应粮食却可以“议转平”。这样，销区当议价粮转给居民，既方便又合算，从而不急于按计划及时向产区调粮，而产区由此占压的资金和耗费的利息、费用等，都只是由产区而不是销区来承担。同时，按现行粮食财政包干制度，产区丰年即使按计划全部调出粮食，但超计划收购和储存的粮食所需资金、利息、费用等，也只能由地方各级财政承担，中央财政不予补贴。如吉林省库存粮食占压资金100亿元，各级财政为此支出的利息即达10亿元，造成了谁往出调粮谁倒霉的局面。

（三）农业产品价格体系极不合理。主要表现为：（1）合同定购价格大大低于市场价格，实际上是农民除农业税以外向国家缴纳的一种“超额税”。(2)工农产品比价复归。1978 年，粮肥比价为 1∶1.4，1979 年—1983 年平均上升为 1∶1.5，1989 年又下降为 1∶1.05，已低于改革前的水平。农产品的提价远赶不上农用生产资料价格的上涨。(3)农产品内部比价失调，大宗农产品的价格和比较效益，明显低于水果、水产品等放开的农副产品。在大宗农产品中，粮食的价格和比较效益又明显低于油料、糖料、烤烟、麻类、羊毛等。所有这些，充分说明了农民种粮吃亏的问题并没有因为实行“双轨制”而解决，也说明了通过实行“双轨制”转向市场经济体制，是深化农村改革、促进农业和农村经济稳定发展的一个极为重要的突出课题。

流通体制的改革，必然经历一个“放开 — 价格上涨 — 生产发展 — 价格稳定并有所回落”的过程。水果也好，水产品也好，其他一些农产品也好，因为完全放开了，已经通过这个过程进入市场经济的轨道，走上持续、稳定发展的阶段。粮食是一种关系国计民生的特殊商品，由于种种原因还不能完全放开。原想采取“稳一块、活一块”的过渡办法双轨并进，结果为了稳住“稳”的一块，“活”的也活不起来，回旋余地越来越小。所以，很难摆脱价格的扭曲，摆脱起落不定、频繁震荡的痛苦。

“双轨制”作为改革的过渡形式，既有一定的合理性和必要性，又有不彻底性和危害性。能否实现对“双轨制”的期望，取决于能否有效地抑制双轨间的互相侵犯。而这种互相侵犯是十分容易发生的，双轨中政府直接控制的那一轨，往往是低价的同义语。低价物资的控制权，在很大程度上是培养各种特权和腐败的温床。由于同样的粮食存在着两种不同的价格，由于两种价格之间价差的诱惑，助长了粮食流转中违法乱纪的现象，出现了粮食管理工作的混乱，而政府的粮食补贴及农民应得的好处，从各种非法渠道流失掉了，特别是一部分拥有特权的既得利益集团，必然会抵制市场调节部分的扩大，而且往往会以“保障供给”“稳定市场”的名义来抵制。时间越久，弊端越突出，甚至有吞没它本来具有的积极意义的危险。

农产品流通体制改革的难点，在于城市经济体制改革的滞后。如果没有城市企业制度、工资制度、财政制度、外贸制度等各方面的改革来配套，流通体制的改革势必成为孤军奋战，很难深入下去，这就不是处理农村改革与发展的1号文件所能完全解决的了。对1号文件的欢呼也就逐步为新旧体制摩擦引起的埋怨和失望所代替。

统购统销体制的建立，深刻地影响了此后近30年中国社会经济发展的进程。彻底变革这个体制，离不开整个计划体制的全面改革，恐怕同样需要相当长的时间。

第六个“1号文件”

1987年1月22日，中共中央政治局通过了当年的5号文件，即《把农村改革引向深入》，它回顾了农村改革的进程，指出改革业已取得了重要成果，农村经济新体制的框架已经初步显示出来：(1) 自主权；(2) 市场体系；(3) 产业结构；(4) 经济形式；(5) 宏观调节。指出，现在正处在新旧体制交替时期，改革必须坚持下去，并通过艰苦努力，做好充实、巩固、配套、提高工作，促进新的体制成长。接着又指出，今后任务是：(1) 继续改革统派购制度，扩大农产品市场；(2) 搞活农村金融，开拓生产要素市场；(3) 完善双层经营，稳定家庭联产承包制；(4) 发展多种形式的经济联合；(5) 对个体经济私营企业应当采取允许存在、加强管理、兴利抑弊、逐步引导的方针；(6) 调整产业结构，促进农业劳动力转移；(7) 加强基层组织建设和思想建设。这个文件实际是第六个1号文件，因为反复较多，修改较大，推迟了一段时间，变成了5号文件，也可以说是前五个1号文件的最后总结。

万里在10年后的1997年10月接受《百年潮》记者采访，回忆这一段历史时说:“1988 年我离开国务院到人大,农村工作就交给田纪云同志去管了。他在困难的条件下做了大量的工作,取得了明显的成效,农村改革深化了。但限于种种条件,随着改革全局的发展的变化,步履也更为艰难与曲折。”

第四章

在艰难曲折中探索、开拓(1985—1991)

从1985年到1991年可称为中国改革全面探索的阶段。这个阶段的特点与前一阶段不同。如果说突破禁区，迈出第一步是非常困难的，那么，在中国这个人口如此众多，如此贫穷落后，发展又特别不平衡的东方大国，把改革深入下去，扩展到各个领域，实行现代化的转型、转轨，当然困难就更大了。改革的总目标若明若暗，尚在争论之中。旧体制受到冲击，不少方面已被摧毁，但保持其惯性的威力仍在顽强地发挥作用，新体制尚未配套，尚未形成完整的体系。新旧体制、新旧观念的矛盾、摩擦、碰撞随处可见，某些环节决策的失误很难避免。在此期间，国有企业的改革始终没有取得突破性的进展。1985年粮食减产，紧接着三年徘徊，使农村改革带来的喜悦为之减色，而腐败的滋生又使人产生了新的忧虑。但是乡镇企业异军突起，给改革注入了强劲的活力。20世纪80年代初期那种巨涛澎湃、不可阻挡的改革势头减弱了，但"发展是硬道理"，实践证明，只要坚持改革开放的方针，保持经济增长并使其成果为人民群众所享受，改革就能得到人民群众的支持和拥护，就能在困难中坚持下去，一个领域一个领域地去探索，去开拓。1985年到1991年就是这样在艰难曲折中走过来的，以致这里不便于按时间只有按问题去分别论述。

一、有计划的商品经济，还是有商品的计划经济

家庭联产承包责任制使广大农民取得了生产的自主权、分配的自主权、支配劳动力的自主权、处置剩余产品的自主权、家庭积累财产的自主权，由一个公社社员变成具有一定独立性的产权主体。农民受本身利益的驱动，只要条件允许，总是自觉不自觉地按商品经济的规律办事，在实

践中不断拓宽改革的领域,变革农村的产业结构。在种植业内部,更积极地发展比粮食效益高的经济作物;在农业内部,更积极地发展比种植业效益高的林、牧、渔等多种经营;在农村内部,更积极地发展比农业效益高的第二、三产业。挣脱了公社体制束缚的农民,以家庭经营为基础,在分工分业领域创造出多种多样的经济主体和经济形式,发育商品市场,使农村呈现一片繁荣兴旺的景象。农村改革从一开始就是市场取向的。这一点,没有也不可能写在当初改革的文件上,在许多干部思想中也若明若暗,却是一种不以任何人意志为转移的发展趋势。这种趋势要求改革改进"摸着石头过河"的状况,提出更明确的改革目标和更系统的改革方案,同时也就遇到了始料未及的复杂情况:放开农产品价格面临剧烈的市场波动,引起生产者、消费者普遍的不安;农民进入非农业领域的摩擦不断加剧;城市工业原料的供给压力增大;农业生产条件脆弱、资金紧缺的矛盾日益突出;流通领域改革、价格体制改革、金融体制改革、国有企业改革都遇到了比农村改革更大更多的矛盾,陷入举步维艰的困境。

改革深化要求观念更新、理论创新

农村改革的成功,得益于真理标准的讨论。这场大讨论用历史唯物主义的根本观点解放了人们的思想,冲破了个人崇拜的迷雾,人民公社体制的框框也就突破了。现在改革要深入到整个计划经济体制本身,没有进一步的思想解放不行,不突破计划经济时期形成的对商品市场的传统观念不行。改革深化要求观念更新,实践的发展推动着理论向前发展;只有理论创新才能指导改革深化。

长期以来,我们简单地把社会主义等同于公有制,强调"一大二公三纯",误以为越大越公越纯越是社会主义;与此同时,又把社会主义与商品、市场相对立,从而使我国的社会主义建设偏离了发展商品市场经济、发展社会化大生产的正确方向,迟滞了社会生产力的发展。农村改革毕竟只是改革的突破阶段,所解决的问题只是农村微观经营管理体制问题。现在改革深化了,要全面向计划经济体制挑战,要彻底改变对商品、市场的传统观念了。

实践要求有一场新的思想解放运动,解决在社会主义条件下如何看待商品、市场进而发展社会主义市场经济的问题。围绕这个问题展开的争论,比关于真理标准问题的讨论持续的时间更长,经历的曲折也更多。

马克思主义理论家过去一般都认为社会主义社会是不存在商品经济的社会。这从马克思和恩格斯的经典著作中可以找到许多根据,列宁后期恢复了商品交换,使农民变成商品生产者。斯大林长时间推行"左"的经济政策,直到晚年(1952年)才在《苏联社会主义经济问题》一书中承认价值规律在一定范围内还起作用,但仍然认为国营经济内部不存在商品生产和商品交换的关系,而且生产资料也不是商品。这种理论对包括中国在内的各个社会主义国家有广泛而深远的影响。我国1958年"大跃进",只强调主观能动性而完全不顾客观经济规律,它是思想根源之一。毛泽东次年在郑州会议上曾强调价值规律的重要性,但他并没有真正接受违反价值规律的痛苦教训,最后变得更"左",要彻底消灭商品经济了。

早在20世纪50年代后期,计划经济体制中的弊端已有所显露,陈云曾针对性地提出了"三个主体、三个补充"(或称"三为主、三为辅")的主张。所谓"三个主体、三个补充"就是:以国家经营和集体经营为主体,个体经营为补充;以计划生产为主体,在国家计划许可范围内的自由生产为补充;以国家市场为主体,国家领导的自由市场为补充。这些意见,在1962年北戴河会议上被当做鼓吹"三自一包"的右倾思想遭到批判。直到1978年夏秋国务院务虚会,许多经济学家才又对要求消灭商品经济关系的"左"倾观点提出批评:孙冶方提出价值规律是各种规律中的第一条;薛暮桥强调应当为长途贩运平反,利用市场活跃流通。这些意见受到邓小平、李先念的重视，对改革开放起了积极的促进作用。

80年代初期，农村改革取得了突破，农村商品经济蓬勃发展，全国商品市场作用日趋活跃，同时也出现了一些消极现象，引起人们的担心。历来对发挥市场作用持不同意见的政治家、理论家，抓住这些消极现象的危害性，把它归因于商品、货币和对价值作用的强调，曾提出“捍卫马克思主义纯洁性”的口号，以限制市场力量的发展。1981年4月，中央一政策研究部门在内部印发了一份材料，按照对计划和市场的态度，有倾向性地将经济学家划分为四类。在第一类中，摘引了一些人关于坚持以计划为主的言论；而薛暮桥、廖季立、林子力等主张宏观经济由计划调节，微观经济由市场调节，或国家计划也要通过市场调节来实现的言论，则被划为第四类。这种“四类式”的分类排队法，在“文化大革命”时期经常出现，其含义不言自明。问题是材料的炮制者摘引观点不实事求是，颇有断章取义或张冠李戴之嫌，林子力曾在一次内部会议上当面指出，他的观点是在三处不同的文句中被抽出来拼凑成的，并不符合他的原意。当时的指导性意见是，尽管在我国还存在着商品生产和商品交换，但绝不能把我们的经济概括为商品经济，否则就会模糊社会主义经济与资本主义经济的本质区别。一场旷日持久的“姓社姓资”的争论从此开始，随着经济形势和政治形势的变化、发展而时高时低，时起时落，不时造成人们思想上的困惑。在这种指导思想影响下，1982年至1983年各主要报刊发表了大量文章，批判在计划经济与市场调节问题上强调价值规律和市场作用的“错误观点”。有的文章明白地说“国民经济的有计划发展是社会主义经济的一个基本经济特征”，“放弃计划经济，必然导致社会生产的无政府状态，导致对社会主义公有制的破坏”；“实行指令性计划是社会主义计划经济的根本标志，是我国社会主义全民所有制在生产的组织和管理上的重要体现”；“取消指令性计划，取消国家对关系国计民生的生产资料和消费资料的生产和分配的直接管理，取消国家对骨干企业的直接指挥，国家就难以掌握必要的经济力量来保障国民经济按照全社会的要求健康发展，就无法避免社会经济生活的混乱，就不能保证我们的整个经济沿着社会主义方向前进”。[①] 翻开当时的报刊，商品生产、商品交换的字样随处可见，因为这已经是现实生活中的大量存在。但是，“商品经济”仍然是不许说的，连“企业有权自主地进行生产、交换等经济活动”这类“否定、怀疑或者至少会导致削弱社会主义计划经济的观点”，也认为必须严加批判，不能“漠然置之”。

薛暮桥因为说过“计划调节大部分要通过市场调节来实现”，而不得不在他自己主持的经济体制改革理论座谈会上违心地作检讨。刘国光也因为在《人民日报》发表文章，说“要逐步缩小指令性计划的范围，扩大指导性计划的范围”，而受到批判。

关于承包鱼塘的争论

相比之下，广大农村地区的情况却相当不同。包产到户之后，商品经济迅猛发展，专业户蓬勃兴起，雇工经营也出现了。广东省高要县沙浦公社一大队六队社员陈志雄，1979 年承包了本队 8 亩鱼塘，放养鱼苗出售。经过两年努力，到 1981 年，承包面积扩大到 487 亩，跨越三个大队，投入资金 2800 元，夫妇两人都参加劳动，雇请固定工 5 个，临时工 1000 个工日。全年总产值 114600 元，除去生产成本 17000 元，总收入为 97600 元，其中：雇员工资 8000 元，占 8.2%；承包金总额 65060 元，占 66.7%；陈家收入 24540 元，占 25.1%。1982 年继续有新的发展。

对于陈志雄这个承包大户，敢于解放思想、实事求是的高要县委领导向来采取热情鼓励和积极支持的态度。省农委领导以及省委领导，也是采取肯定的态度。

① 见《计划经济与市场调节文集(第一辑)》前言，红旗出版社 1983 年版。

1981年5月29日《人民日报》发表《一场关于承包鱼塘的争论》一文，介绍陈志雄承包集体鱼塘的情况后说，“此事有人赞赏，也有人提出疑问。争论的焦点是雇工经营算不算剥削?”“能不能跨队承包?”为此，《人民日报》开辟《怎样看待陈志雄承包鱼塘问题?》专栏开展讨论。至同年8月30日，历时三个月，共发表21篇讨论文章，最后发表北京读者佘大奴、黄克义题为《进一步解放思想、搞活经济》的文章作为讨论总结。该文对“能不能跨队承包”问题，作了肯定回答。对于“陈志雄雇工算不算剥削”，认为:“陈志雄的收入比其他人高，主要是多劳多得的表现，是无可非议的。”

但是，事情并非到此了结。1982年1月，广东社科院有人写了一份调查报告，认为陈志雄式的大户承包已经不是以个人劳动为基础的经营，而是以雇佣劳动为基础的大规模经营，其资本主义性质是明显的，造成了值得注意的问题:(1)大户承包一发展，有些农民会被迫失去土地，只能外出谋生，或去当雇工，承包大户则借此发财。(2)承包收入在生产队总收入中的比重越来越大，按劳分配就失去了基础。(3)冲击了粮食生产。这份调查报告由新华社记者以《广东沙浦公社出现一批以雇佣劳动为基础的承包大户》为题，刊登在1982年1月17日《国内动态清样》上，引起了中央高层领导的重视。胡耀邦、万里、杜润生等中央领导分别作了批示。胡耀邦在“内参”刊出当天，即1月17日作了如下批示:“请润生同志注意并提醒广东省委。”杜润生于1月19日批示:“瑞芝并仲夷同志此事请酌处。”一位中央领导给任仲夷写了封信并抄送胡耀邦、万里和国家农委各一份，信中写道:“附上材料一份，不知确实性如何? 如果属实，不知省委怎样看法? 我个人认为，按这个材料所说，就离开了社会主义制度，需要作出明确规定予以制止和纠正并在全省通报。事关农村社会制度的大局，故提请省委考虑。”万里见到此信后批转给中央研究机构一位分管农村问题的同志，并加了一句话:“此事请调查研究，对农民发展商品经济的积极性要珍惜和保护,不可轻易用老框框来套。”

一份材料,四个批示,有的温和,有的严厉,有的态度坚决,有的旗帜鲜明,各自的倾向性相当明显。这件小事充分说明,改革的深化,实践的发展,要求理论上必须有所突破、有所创新,否则很容易造成混乱。

理论上的重大突破

1984 年 10 月,党的十二届三中全会通过了《中共中央关于经济体制改革的决定》(简称《决定》),明确指出“社会主义经济是有计划的商品经济”。这个《决定》,不仅是指导我国经济体制改革的一个纲领性文件,而且是指导我国建设有中国特色的社会主义的一个纲领性文件,它既不拘泥于马克思主义的个别论断,又不受已经过时的旧经验、旧框框的束缚,在理论上作出了重大的突破,提出一系列新的正确判断,打破了许多不正确的传统观念,把人们对科学社会主义的理解提高到一个新的水平、新的阶段。其中具有特殊重要意义的是,打破了把社会主义计划经济同商品经济对立起来的旧观念,确立了社会主义这个历史阶段必须充分发展社会主义商品市场经济的正确观念。

《决定》明确地肯定了我国社会主义经济是在公有制基础上的有计划的商品经济。这对于正确认识我国原有经济体制中的问题,对于明确改革的方向和途径,对于社会主义政治经济学的发展,都起着理论支柱的作用。它澄清了以下几个重要问题:

> 第一,商品经济是社会主义经济本身固有的实质性经济关系的组成部分。它不仅仅是计量核算的手段,不仅仅是“服务”于计划的工具,更不是什么资本主义经济关系残余或痕迹。作为实质性经济关系,它根源于社会主义社会中劳动的根本特点,由于这种特点,劳动者之间的生产和经济利益联系还必须通过商品经济关系去实现。

第二，商品经济是全面存在于社会主义生产各个活动领域的经济关系。不仅国营经济与集体经济之间是商品交换关系，国营经济内部各企业之间也是；不仅消费资料是商品，生产资料也是商品。

第三，商品经济与计划经济不是相对立的，不存在此长彼消、为主为辅的关系。商品经济可以是有计划的，也可以是无计划的，不能用计划经济还是商品经济作为区别社会主义经济或资本主义经济的根本特征。

第四，我们是在商品经济的条件下进行计划，计划的对象是商品，而不是没有价值属性的单纯的产品，计划的作用也不能代替商品经济本身的运动规律的作用，无论是实行指令性计划还是指导性计划，都要力求符合客观实际，自觉利用价值规律。

这个对马克思主义理论有突破和发展的《决定》之所以能够出台，首先要归功于实践的发展，同时也由于一些理论家、政治家的远见卓识。1984 年夏，当时任中国社会科学院院长的马洪受命组织院内的周叔莲、张卓元和吴敬琏等人写了一篇为商品经济翻案的文章，送请几位老一辈革命家征求意见，得到了他们的称赞。在此前后，国家体改委曾召开研讨会研究这些观点。接着，当时的国务院总理在 9 月 9 日给中央政治局常委写了题为《关于经济体制改革中三个问题的意见》的信，论述了“计划体制”“价格改革”和“国家领导经济的职能”等问题。他在信中提出：“计划第一，价值规律第二，这一表述并不确切，今后不宜沿用。”“社会主义经济是以公有制为基础的有计划的商品经济。计划要通过价值规律来实现，要运用价值规律为计划服务。”邓小平、陈云分别在 9 月 11 日和 12 日批示同意。这才使这个《决定》得以冲破反对意见顺利出台。但是，由于当时许多同志还不能完全摆脱传统的意识形态束缚，《决定》不仅继续保留了“社会主义计划经济”这一概念，还在“商品经济”四个字前面加上了“有计划的”这一限制词。即便如此也还是不行，在会上有的领导同志对这样提问题仍旧顾虑重重，所以在论述社会主义商品经济的那段话后面又加上了这样一段话："在我国社会主义条件下，劳动力不是商品，土地、矿山、银行、铁路等等一切国有的企业和资源也都不是商品。"这样，《决定》才算最后通过了。

邓小平称这个《决定》是马克思主义基本原理和中国社会主义实践相结合的政治经济学。他还说："这次经济体制改革的文件好，就是解释了什么是社会主义，有些是我们老祖宗没有说过的话，有些新话。"

十二届三中全会的《决定》，明确了社会主义经济是有计划的商品经济，却把市场大体限制在商品市场的范围内，而把要素市场排除在外。1985 年 9 月召开中共全国代表会议，不少代表根据需要，提出了"逐步完善市场体系"的问题，强调发展商品、资金、劳务(即劳动力)、技术四大市场，这就使人们对"商品经济"的理解更加接近于由市场配置资源的科学概念。

无论实际工作还是理论研究，继续沿着《决定》的思路向前拓宽，人们对社会主义的认识和对国情的认识都在深化。1987 年党的十三大对 1981 年历史问题决议中曾使用过的"社会主义初级阶段"的概念作了充分的阐述，并明确提出社会主义初级阶段"一个中心、两个基本点"的基本路线。十三大报告没有再提计划经济，也完全突破了改革初期计划与市场各分一块的老框架，而强调"计划和市场的作用范围都是覆盖全社会的"。"新的经济运行机制总体上来说应当是'国家调节市场，市场引导企业'的机制"。按吴敬琏与龚育之的说法，这离确认有国家调控的市场经济，只隔一层纸了。

十二届三中全会和十三大以后，改革的市场取向日益明确，促进了各级领导人思想更加解放，行动上更加开拓进取，经济理论研究相当活跃。一些经济学家因强调的重点不同得到了不同的戏谑性的绰号，吴敬琏被称为"吴市场"、厉以宁被称为"厉股份"、有林被称为"有计划"、杨培新被称为“杨承包”等。1987年8月，一些中青年学者在浙江莫干山聚会，对全面经济体制改革提出不少好的建议，显示这方面的研究正在深入展开。有些同志建议干脆采用社会主义市场经济的提法，使改革的目标更加明确，但也有一些人持相反的意见。对重大理论问题持有不同意见本来是很正常的，而且应当允许人们保留自己的看法，不能也不必强求一律。问题是有些人总喜欢“上纲上线”，动辄把事情往政治路线上联系，一次再次挑起争论，企图通过“为主”“为辅”“如何结合”的争论，把“有计划的商品经济”改变为“有商品的计划经济”，回到计划经济的老体制中去。

正当改革逐步深化，多方面问题争论不休之际，1986年8月15日，《人民日报》全文发表了万里在全国科学工作座谈会上的讲话，提出“决策民主化和科学化是政治体制改革的一个重要课题”，这对当时那些喜欢上纲上线的“左”倾教条主义，不啻是个来自高层的冲击波。文章明确提出，“在社会主义社会里，各级领导是群众的公仆，人民是国家的主人。它更需要而且可能实现真正民主和科学的决策，以体现国家的利益和人民的利益”。“但是由于几千年封建社会和小生产经济的影响，由于科学、文化、教育的落后，由于法制不健全，以及干部素质、民主作风方面存在的问题”，“直到今天，领导人凭经验拍脑袋决策的做法仍然司空见惯，畅通无阻。决策出了问题难以及时纠正，只有等到出现了大问题，才来事后堵漏洞，或者拨乱反正，而这时已悔之晚矣”。

文章指出：“在一个现代化的社会里，科学与民主是不可分的。……所谓决策科学化，首先就要民主化。没有民主化，不能广开思路，广开言路，就没有科学化的决策。”文章进而强调，“领导者要尊重人们充分发表意见的民主权利，不要害怕别人讲不同意见的话，甚至讲反对自己的话。过去讲‘言者无罪、闻者足戒’。这是正确的，但还有点消极。积极的说法应该是‘言者有功’，‘闻者受益’”。“有的领导人往往喜欢把他们主管的研究部门，当作为他们的任何决策拼凑各种‘理论根据’的工具。这种所谓‘科学’的决策论证，具有更大的欺骗性和危险性，比没有论证更坏”。

文章说：“为了创造民主、平等、协商的政治环境，必须坚定不移地执行‘百花齐放、百家争鸣’的方针。”这个方针应该是我国政治生活、思想理论、文化建设中坚定不移的战略方针。这是社会主义高度民主的重要标志。“这个方针不能得到贯彻的一个重要原因，是过去往往把政治问题理解为‘反党’‘反社会主义’‘反革命’，这样的概念带来了很大的副作用。”文章指出：“所有的政治问题、政策问题都是应当进行研究的，在没有作出决定之前，都是可以讨论，可以争鸣的。”“领导部门就政策问题作出决定之后，大家都应当执行。如果研究工作者仍有不同意见，应当在一定范围内，采取正常的方法和途径提出和进行讨论，并通过实践重新加以检验。”“如果在人民内部政治问题不能争鸣，只能领导人独鸣，又谈得上什么‘高度民主’呢？我认为，我们应当广开言路，破除言禁，把宪法规定的言论自由切实付诸实施。堂堂十亿人口的社会主义大国，只要领导路线正确，政通人和，百业兴旺，是不会被几句逆耳之言或别有用心的人借某些问题的煽动搞垮的。毛主席曾经讲过霸王别姬的故事。他说，让人讲话，天塌不下来。不让人讲话，总有一天要别姬。但说起来容易，做起来就难了。他老人家也恰恰在这一点上出了问题。”

这几段话，具有强烈的现实针对性，曾在思想界、文艺界及广大知识分子中引起积极的反响。但是，由于种种原因，从讲话到文章发表，就颇费周折；文章发表之后，也未得到有关领导部门的重视和支持，连政治体制改革这个词，也在报刊上越来越不多见了。

争论仍然在继续中

改革目标的模糊，必然造成政策上的摇摆、行动上的迟疑。国营企业改革长期没有突破性进展，农村改革的深化陷于停顿，各种矛盾的积累、比例关系的失调，触发了严重的通货膨胀，迫使国民经济不得不进行治理整顿。有些人又利用这种形势加剧争论，变相地恢复“计划经济为主、市场经济为辅”的口号。

特别是在1989年政治风波以后，一些人把计划和市场的问题同社会主义基本制度的存在直接联系起来，提出这是一个姓“社”还是姓“资”的问题。他们运用类似20世纪80年代初期批判“商品经济论”时的论据和语言，断定“社会主义经济只能是计划经济”，而“把改革的目标定位在‘市场取向’上，就把资本主义生产方式的经济范畴同社会主义生产方式的经济范畴混淆了”。进而断言“市场取向等于资本主义取向”，“市场经济等于资本主义”；“市场经济，就是取消公有制，这就是说，要否定共产党的领导，否定社会主义制度，搞资本主义”。于是，“市场化”被说成是“资产阶级自由化”的论点，是“资本主义和平演变”的一项主要内容。当时宣传部门的负责人甚至在内部提出，要进行“第二次拨乱反正”。这种针对市场经济的理论进行有组织、有领导的大规模批判，不能不在干部和群众中引起极大的思想混乱，使他们无所适从。

与此相呼应，农村中对家庭联产承包责任制和乡镇企业的攻击，时高时低，一直没有间断。有人发表文章说，家庭联产承包制问题是一种“抗拒大生产”的经济关系，具有“排斥现代物质技术的类似本能的选择倾向”“在客观上起着维护传统小生产和牵制、蚕食农村社会化大生产的作用”，会“导致国民经济在通货膨胀的困扰下发生震荡和摇摆”，甚至说家庭联产责任制“在创造了短暂的奇迹之后便失去了其原有的科学性与优越性”。1989年某省有一位原负责人提出一个最尖锐的说法：“这几年粮食的徘徊实质上是道路上的徘徊。”一度在领导层中颇有影响，成为在农村中推行社会主义教育运动，反对和平演变的理论根据之一。

邓小平曾经讲过，农村有两个飞跃：废除人民公社实行家庭联产承包制是一次飞跃，要长期坚持不变。将来还有一个飞跃，是实行适度规模经营，发展集体经济。这无疑是正确的。但第二个飞跃是在第一个飞跃基础上建立起来的，绝不是简单恢复过去已经废除的形式。所以他强调家庭联产承包制“要长期坚持不变”，第二个飞跃“是很长的过程”，其意义就是需要一段很长的时间，让农民在市场经济环境中自主决策，独立经营，发展商品生产。这是社会主义制度赖以确立和巩固的必要条件。主张家庭经营拥有独立自主权利，决非倡导固守小农自然经济。不论在社会主义初级阶段或者更远的将来，农业经营方式，一定是既有分散又有联合，其具体组合形式一定要从实际出发。由农民群众去探索、去创造、去选择。有些人一再鼓吹发展规模经营，说什么“用规模经营来否定包产到户是发展的辩证法，是否定之否定，农村发展必然呈现‘合—分—合’的趋势”。这就是说，家庭经营仍不过是权宜之计，农村经济发展以“合”开始，以“合”告终，其中的“分”即家庭经营仅仅是短暂的过渡。这种观点并非出于对两个飞跃的深刻理解，而是受姓“社”姓“资”争论的影响，老想把已取得成果的改革拉向后退。

姓“社”姓“资”的争论在 1991 年达到一个高潮。这年 3 月，上海《解放日报》发表署名皇甫平的《改革开放要有新思路》一文。文章指出：“有些人总是习惯于把计划经济等同于社会主义，把市场经济等同于资本主义，认为在市场调节的背后必然隐藏着资本主义的幽灵。随着改革的进一步深化，越来越多的同志开始懂得：计划与市场只是资源配置的两种手段和形式，而不是划分社会制度的标志。资本主义有计划，社会主义有市场。……在改革深化、开放扩大的新形势下，我们要防止陷入某种‘新的思想僵滞’。”由于这篇文章触到了某些市场经济批判者的痛处，很快就受到了围攻和批判。即使他们了解到这篇文章的论点，正是邓小平对上海负责人谈话的精神，也还是要批判，理由呢？当然是为了所谓捍卫马克思主义的纯洁性。计划经济姓“社”，商品经济姓“资”，即使中国处于社会主义初级阶段，不能不有所通融，仍然要把“有计划的商品经济”拉回到“有商品的计划经济”，虽有商品生产、商品交换，主体仍然是计划经济。这种理论障碍不除，改革只有停顿甚至倒退，矛盾积累，弊端丛生。20 世纪 80 年代后期到 90 年代初，中国改革体制上和思想上的阻力一直很大，只能在新旧体制、新旧观念的摩擦、碰撞中探索、开拓，在风雨泥泞中迈着艰难的步伐。但是，青山遮不住，毕竟东流去。改革的历史潮流终究是阻挡不住的。

二、粮食问题的症结和出路

对于世界上人口最多的中国来说，粮食是一种具有战略意义的特殊产品，直接关系着人民和国家的安危，其重要性是不言而喻的。1949 年美国国务卿艾奇逊曾经断言：人民的吃饭问题是每届中国政府必然碰到的第一个问题。言下之意，中国将无法解决它 5 亿多人口的吃饭问题。历史事实早已宣告艾奇逊预言的破产。但是不能否认，中国长期以来始终面临着人口和粮食问题的巨大压力，一直没有建立起一个保证粮食供给与需求平衡的机制，也没有使农业与粮食成为现代化的产业和产品，与农村经济以至整个国民经济互相协调、同步发展，与生态、环境互相协调，实现可持续的发展。

症结所在

在新中国近 50 年的历史中，粮食问题之所以使人忧虑，并不完全是因为粮食供给不足，同时也因为有效需求不足。整个基本状况是供给不足与起落不定，或者更确切地说，是在粮食短缺、供给不足的总背景下，供给不足与由于需求不足造成的供给相对过剩的相互交替。

改革前近 30 年的特点为严重短缺，供给不足，而又忽上忽下，大起大落。三年困难时期达到高峰，中国成为世界上唯一要用粮票才能购到粮食的国家，贫困地区的 2.5 亿人口处于半饥饿状态。

1979 年到 1984 年，粮食产量逐年迅速大幅度上升，由 3000 多亿公斤达到4000多亿公斤，经济作物、畜产品、水产品及其他农产品都大幅度增长，创历史最高水平，初步解决了全国的温饱问题。但继之而来的却是区域性与结构性叠加的低水平相对过剩，“卖粮难”之声不绝于耳。

1985年粮食产量出人意料地下降284.5亿公斤之多，接着1986、1987、1988三年在波动中连续徘徊，一直没有突破1984年的水平。1989年才又继续上升，但紧接着又出现新的“卖难”和比“卖难”更糟的“打白条”。

20世纪90年代以来的增长与80年代前期的连续增长不同，是波动性增长，总的趋势在增长，但增长的幅度不那么大，仍有波动，但波动也不那么大。

粮食生产如此起落不定，真叫人“少也忧来多也忧”。每一次起落都引起经济的、社会的震荡，反响强烈，议论纷纷。种种议论各有其正确与片面之处，对历史转折时期这个牵涉全国城乡所有人口的大事，确实很难在当时就看得那么清楚、那么全面，但几次起落循环，却蕴含着极为宝贵的经验和重复出现的教训，对此进行综合观察和深入分析，可能有助于认识粮食问题的症结，从而找到从根本上妥善解决问题的途径。

粮食是任何人缺少不了的最重要的必需品。但在社会主义中国，到此时尚未成为真正的商品，而是“贡品”、福利品、救济品。对作为生产者的农民来说，交公粮乃是一种天经地义的义务和社会责任，是对国家的贡献，粮食可以说是“贡品”；对城市消费者来说，粮食是一份人人可取而用之的福利品；而对于缺乏基本购买力的消费者来说，粮食又是必不可少的救济品。① 这些不同方面的功能，随着形势的变化而变化，应当有所调节，有的削弱，有的加强，有的可能长期存在。这些因素使粮食的生产和消费出现比其他产品更为复杂的情况，使人们的认识发生错觉，见物不见人，只见粮食而忽略生产粮食的农民，忽略各个时期生产者与消费者、经

① 见陈健：《农业：现实与历史》，人民出版社1991年版，第34—53页。

营者与管理者之间错综复杂的变化。

实质上在于如何对待农民

粮食问题从实质上说是如何正确对待农民的问题。新中国刚刚从战火中诞生之时,满目疮痍,百废待举,头等大事就是增产粮食。仅仅三年时间,粮食产量超过了历史最高水平(1936 年),原因何在?全国范围进行土地改革,广大农民成为土地的主人,积极性空前高涨。可惜好景不长,没有紧紧抓住这个"基础的基础",继续进一步发展。随着人口政策失误,人口增长失控,工业建设大规模展开,粮食问题的压力越来越大。而中国的农业资源不足,人均耕地只相当于世界平均水平的 1/3,水资源只相当于世界平均水平的 1/4,自然灾害频繁,客观上的制约因素日趋尖锐。更重要的是指导思想和政策上的偏差,突出表现在牺牲农民的利益来实现工业化。口头上经常强调农业是国民经济的基础,甚至明确讲要按农、轻、重的次序来安排经济建设,实际上一直认为工业部门效益高,必须集中资源发展工业。各方面政策都体现着这一特点。长期地不断伤害农民的利益。统购统销以强制性的不等价交换使农民提供工业的原始积累;公社化后从高级合作社到人民公社把土改中分给农民的土地、财产收归集体公有;通过户籍等一系列制度把农民紧紧束缚在狭窄的耕地上,剥夺了他们迁徙和择业的自由。名义上已成为国家主人的农民,在工业化、现代化的过程中,只能被动地低价地向城市、向工业提供粮食和其他农产品,任何增加自己收入、改善自己生活、发挥自己才能、改变自己身份的想法和做法,都会被当做资本主义自发势力和阶级斗争的新动向,受到批判,受到打击。

打击了农民的积极性,也就打击了人口的绝大多数,使工业化失去了最广泛最重要的动力。压抑农业、牺牲农民利益的政策,不可避免地导致农业的衰退，造成农民的贫困；而农民的贫困、购买力的低下又造成工业品的积压，工业部门的低效率和整个经济的不景气，形成一种不以任何人意志为转移的恶性循环。农村改革是计划经济体制的弊端逼出来的，是旧体制中最受压抑的农民首先自发采取行动的。改革后的农村政策，是总结了痛苦的教训的产物，强调保护农民的利益、千方百计提高农民的积极性，结果不仅粮食得到奇迹般的增长，经济作物、畜产品、水产品及其他农产品都大幅度增长，农村一片繁荣，而且由于广大农民购买力的提高，迅速拓宽了国内市场的容量，长期积压的一些工业品被销售一空，促进了城市工业的发展，促成了国民经济第一个翻番的提前实现。中国不能不使人刮目相看了。

从粮食生产来说，农村改革前总产量由1亿吨增加到2亿吨用了9年时间(1949年至1957年)；由2亿吨增加到3亿吨，用了整整21年时间；改革后由3亿吨增加到4亿吨，只用了短短6年时间。总产4亿多吨、人均近400公斤，是一个阶段性、水平性的数字，意味着长期困扰全国上上下下的温饱问题从此基本上得到了初步的解决，走出了“短缺经济”，政府满意，农民满意，城市居民满意，大家都满意。所以，屡受攻击和责难的家庭承包责任制也因此而站稳了脚跟，得到普遍的承认和赞扬。现在回头来看，这6年粮食奇迹般的大增长，是前一时期久受压抑的潜力得到释放的表现，带有一定的恢复性与补偿性，是多种综合因素互相促进的结果。其中最突出的，一是中央领导下决心减低了征购任务，进口了一部分粮食，使农民得到休养生息；二是大幅度提高粮食的售价，超购部分在此基础上再提高50%，并对农用生产资料给予补贴，使工农业产品价格“剪刀差”明显缩小，从而使农民特别是征购任务低的贫困地区农民得到极大的实惠；三是合作化、公社化时期兴修起来有效的农田水利建设，过去由于农民没有积极性，发挥的作用不大，有些地方被弃置甚至破坏，这一时期大部分农田水利建设却较好地得到了利用；四是在“文化大革命”中引进的13套大化肥厂投产使化肥投入增加一倍以上；此外杂交水稻和杂交玉米大面积推广等科技因素，也发挥了重要作用。因此，把1979年到1984年的大增产只归功于家庭承包制当然是片面的。但改革起了关键性的作用也是不可否认的。

农村改革前后粮食生产的鲜明对比，提示了毛泽东在《论联合政府》中曾提出过、在《论十大关系》中又论述过而未充分展开的一个重要问题，即实现工业化与发展农业、保护农民利益、提高农民积极性相互关系的问题。也就是说，实现工业化不仅仅要向农民索取粮食、农产品、资金，同时更要帮助农民提高农业生产率、农产品的商品率，增加农民的收入，转移农业劳动力，提高农民的购买力。“农民是工人的前身”，“农民是中国工业市场的主体”，不仅能提供丰富的粮食和工业原料，而且能吸收最大量的工业品。因此既要重视前半段，提供粮食和工业原料，又要重视后半段，转移农业劳动力，提高农民购买力，扩大农村市场的容量，这样才能突破二元结构，形成良性循环，路子越走越宽。

可惜的是党的十一届三中全会以后，我们在实践中开始这样做了，认识上却没有完全自觉，甚至直到十二届三中全会提出社会主义经济是有计划的商品经济以后，不少政府部门领导仍然不能摆脱重城市轻农村、重工业轻农业、忽视农民利益的旧观念。农村第一步改革仅仅使农民喘了一口气，稍稍得到了一点实惠，距离小康还很遥远，一位掌管财经的副总理就说：“农民是改革的最大受益者，现在该他们多作贡献了。”20世纪80年代前期的农村政策，总的说接受了过去的教训，重视了农业发展，但也并非完全如此。比如，过去在计划经济时期，政府一方面搞低价的统购，另一方面也给农民供应低价的农用生产资料，每年用于农业的投资，可占整个支出的11%。改革后粮食产量不断增长，有些人出于天真，有些人则出于偏见，都鼓吹包产到户已经解决了中国的粮食问题，农户今后应成为农业投资的主体。政府对农业的投资由过去每年平均11%降到80年代前期的5%、后期的3%。1985年粮食产量下降，回过头来又责难包干到户破坏了集体地产，土地细碎化成为农业增长的最大障碍，这种舆论在粮食产量下降和三年徘徊中一直没有间断。

其实，1985年粮食产量的突然下降和徘徊，早在两三年前已有征兆。因为农民总是按自己的利益特别是当前的利益行事的，所以有了自主权以后，必然扩大收益较高的经济作物，减少收益较低的粮食作物，凡是包产到户的地方，粮田面积或多或少都有缩减，但是因为那几年农村改革正在大步推进，每年都有一大块地区特别是贫困地区因为实行包产到户，粮食大幅度增长，弥补并掩盖了粮田减少的那一部分，没有影响全国粮食的增长幅度。1983年包干到户普及全国，1984年粮食增长达到这六年的高峰，但是粮田缩减的趋势并未减缓，反而因为其他因素更为增强，一年之中减少耕地6058万亩，于是问题开始暴露。更重要的是，粮食收购“双轨制”的出台，售粮价格变为“倒三七”的混合价，而生产资料价格却不断上涨，这一减一增，对农民的利益损害过大，特别是对那些新商品粮产区打击更大，种粮不仅利益比较低，而且成为吃亏的事情了。这是1985年粮食产量下降又连续三年徘徊的主要原因所在。当时的对策，虽也多少考虑到农民的利益，在“压销减购、提价放开”方面采取了一些措施，而重点还是为了增加粮食供给，保证城市供应，所以强调用自上而下的行政手段控制粮田面积、保证完成定购任务，以及实行行政长官负责制等，这些仍然是计划经济时期的老办法，到80年代后期再用，虽然也还有效却已有限，所以粮食生产恢复缓慢，而且增产不能增收，农民更不满意。90年代以后，因为农民负担过重的呼声不断增高，对此有所重视，情况也有所好转，国家拨出多项资金，建立粮食专项储备制度，并建立了区域性的粮食批发市场，等等，因而此后波动较小，但仍未完全解决问题。

出路何在

温饱问题解决前后，粮食的生产者、消费者和政府三者之间的关系有一个变化。温饱解决以前是粮食严重短缺，三方面都首先要求增产粮食，增加供给总量。温饱问题基本解决之后，矛盾出来了，突出表现为“国家要粮，农民要钱”。农民认为吃粮不成问题，更关心的是家庭总收入的增长，由于种粮获利比较低，总想把劳力和资金转向效益较好的生产项目，这是自然的，无可非议的。消费者多年来享受低价优惠，已形成习惯，当然不愿意取消低价统销，失去这一份福利；更重要的是，在企业改革、城市其他方面改革没有配套进行，政府许多部门担心粮价上涨影响社会稳定，因而坚决反对取消统销。其实，80 年代初连续几年丰收，我国第一次出现“粮食相对过剩”，供求总量已达到基本平衡，正是放开粮价，逐步把粮食推向市场、培育粮食市场机制的有利时机。当时如果有勇气迈出这一步，可能会出一些问题，适当加以调节，是可能闯出一条新路的。结果在偏重城市和工业的传统观念的支配下，改革只改了统购这一半，而继续坚持统销，失去了这次大好时机，至今回顾令人扼腕。由于坚持统销，已改革的定购也不得不后退、变形，农民按定购合同交售粮食，既是合同任务，又是应尽的义务，定购合同被农民讥为“计划任务书”“不平等条约”，回到“比统购还统购”的强制性低价收购。政府为了减少对城市消费者巨额的不断增加的国家补贴，实行“双轨制”，把两种收购价改为单一的混合收购价，实质上是把政府对城市消费者补贴的负担，从国家转嫁到农民身上。直到 1991 年、1992 年两次调高销售价格，达到购销同价。混合收购价与市场粮价差额不断扩大，粮食生产成本不断增加，农民种粮越来越吃亏。“卖粮难”固然给农民带来了麻烦和痛苦，而“双轨制”则使农民特别是情况刚刚好转但尚未脱贫的农民，蒙受更为惨重的损失。贸易、粮食部门又受传统观念的影响和部门利益的驱动，没有适时做好配合工作，往往出现该加大收购时反而增加进口、抛售库存，该平抑粮价时反而减少进口、扩大库存，从而使情况更趋严重，致使粮价上涨成为促进通货膨胀的因素。

从几次反复中可以看出，在粮食问题上，对各方面利益平衡重视不够，对粮食生产者农民的利益重视不够，宏观调控中的短期行为和实际工作中的形式主义，来源于计划经济体制的传统观念和利益结构，历史上形成的城乡分割、条块分割、农村服从城市的旧体制，仍在顽强地发挥作用，甚至起支配性的作用。有些改革措施，没有着眼于城乡利益的平衡，没有着眼于国民经济协调发展的全局，能应付一时，却为下一步的改革设置了障碍。

随着商品市场经济的发展，国民经济中二、三产业迅速发展壮大，处处与粮食生产争夺资源，从而提高了种粮的土地、劳力、资金的价值，使种粮的收入与种植经济作物，与林、牧、渔业及从事二、三产业的收入差距越来越大，粮食增产不增收的矛盾越来越突出。同时，众多而分散的小农家庭经营，往往会使粮食紧缺或过剩成倍放大，加剧整个经济波动。无论政府手中有粮无粮，无论粮多粮少，都难以对付“买难”“卖难”的交替出现，调控粮食市场的巨额开支使政府财政不堪重负。

在国家要求主要农产品增加而农民要求增加收入的双重压力面前，既不能重复过去的教训，让农民再次做出牺牲，也不能企盼国家财力的支援从根本上解决粮食问题。发展生产、增加总量固然重要，但决不能继续就农业抓农业、就粮食抓粮食，必须逐步减少以至摒弃计划经济、行政干预的老办法，采取符合经济规律的新措施。提倡粮食生产商品化、经营市场化，提倡因地制宜地贯彻高产、优质、高效的方针。同时，更重要的，要从全局着眼，从中国的国情出发，明确农民收入增长、农业劳动力的转移是农村发展的关键所在。确立以农业总产出为目标的新战略，以不断增长的农业经济支持整个国民经济的持续、快速发展；把占人口绝大多数的农民从耕地上解放出来、转移出去，就可以使留下来的农民有了规模经营的需要和可能；实行规模经营又会使农业有了技术进步动力；农民追求现代化的技术装备，又为二、三产业发展提供广阔空间，使优势产业的优质产品得到重点发展。长期以来，我国的五年建设计划，只有粮食增长的指标，没有农民收入增长的指标，这也是指导思想上偏差的表露。经过实践的教训和各方面反复的建议，从“八五”时期起，已改变了这一状况，应该说是一个进步。90 年代末，我国只有大约 15%的农户的商品率高于 30%，对 85%的农户而言，土地还主要体现为生存保障的功能。因此 20 世纪末 21 世纪初，我们的政策，我们的工作，都应当主要针对这 85%的农户。大力调整农村的产业结构和劳力结构，使 85%的农户提高商品率，增加货币收入，才能找到解决农业、农民问题的根本出路，也才能找到粮食增产的根本出路。

出路之一，加速粮食购销体制改革的步伐，使粮食由“贡品”、福利品、救济品有步骤地先转化为半商品，再完全商品化，从而使农业和粮食生产由弱质产业变成有效益的现代化产业。

当前国内统一市场尚未形成，市场体系正在逐步建立完善；缺乏基本购买力的消费者数目可观；贫困地区需要更多的扶助与支持；放开粮食销售价，扩大对粮食的商品化刺激，逐渐使粮食在流通领域中实现其作为商品所应该具有的价值。同时，对城市低收入的消费者，由实物福利补贴的形式改为货币补贴，使粮食需求受到购买力的制约，成为有效需求，控制需求的不合理扩大。这就使粮食供给根据市场需求发出的信号逐步增长，从而保证供给与需求在不断提高的各个层次上保持平衡。

放开粮食销售，则使国家放下一个沉重的包袱，能够摆脱困境，但并不意味着国家可以不再支付已经支付的用于粮食购销的财政支出，而是意味着国家必须承担起更重要的责任，采取相应的新的政策措施。比如，将粮食倒挂补贴转化为粮食储备基金，由国家掌握。建议国家粮食储备系统，根据供需情况，实行吞吐，以平抑粮食价格；根据中国人口的食物消费构成，最后制定出符合中国国情的食物与粮食安全系数；积极参与世界贸易，以稳定发展本国农业为中心，自给为主，有进有出。这就需要进一步深化国有粮食企业的改革，实现真正的政企分开。

出路之二，扩大视野，面向整个国土，建立大农业生产体系。把目光由18亿亩耕地转向960万平方公里的大陆和海洋，树立大资源、大农业、大食物的观点。

大力发展山地农业。山地占国土面积的69%，应当是我国农业的新增长点，是农业的“第二战场”，也是改变贫困面貌的重点。潜力在山区，希望在山区。过去由于在坡度25度以上的山地开垦种粮造成严重的水土流失。近些年来，以小流域为单元，走发展生态农业的路子，实行立体的综合开发，山顶营造生态林，25度以上的山地退耕还林还牧，25度以下的坡地开发为梯田，营造经济林或种经济作物，山下的耕地建成稳产高产粮田，获得很好的经济效益、社会效益和生态效益。山西、陕西、内蒙古等黄土高原地区和南方的长江流域丘陵地区实行“四荒”(荒山、荒坡、荒沟、荒滩)拍卖，加速了山区的开发。林业部门实施的山区综合开发示范县，为开发山区创造了经验。湖北省京山县立体开发，不仅容纳了本地剩余劳动力，而且还吸收了大量外地劳动力。按照生态农业的原则开发和建设山区，实行农林牧渔综合经营，走种植业养殖业加工业一体化的路子，不仅能够改变山区的贫困面貌，而且可以从根本上治理水土流失，改善生态环境，最终实现山川秀美，山变绿、水变清。特别是在黄土高原和长江中上游，解决水土流失问题，对控制和减少两大流域的泥沙淤积，其意义极为重大。

发展庭院农业。我国有2.4亿农户，每户约有3分宅基地，全国就有6000多万亩，相当于一个中等省份的面积。在房前屋后发展种植业和养殖业，既满足自身的需要，又能向市场提供商品，也是利用剩余劳动力和劳动时间创造财富,增加家庭收入的途径。有些地方庭院经济的收入占家庭收入的 1/3 以上,是很可观的。

此外,发展草地农业,发展水体农业,对改善人民的食物结构,提高健康水平,缓解粮食压力,改善生态环境,都有十分重要的意义,应继续大力倡导。

出路之三,推进农业的产业化经营,开发有特色的产品,实现适度规模经营,使每一种产品都有较长的产业链和稳定的市场。农业通常被视为一种效益低的弱质产业。但从产业整体效益的角度看,农业的综合经济效益并不低,只是过去在计划经济体制下,农业被分割为若干环节,综合效益不能返还广大农民直接从事的种养环节,这导致基础性环节效益低的状况愈来愈严重。因此,农业产业化经营的关键,在于把现代化大型工商企业引入农业开发领域,作为某个项目产业化的龙头、核心和推动力。简单地说,就是要用工业化的办法办农业,根据国内外市场的需要,从生产初级产品转化为最终产品,大力推广农产品的贮藏和加工以及包装技术,包括食品和纤维制品,提高产品质量,创造名牌,利用我国劳动力资源的优势,提高这种产品的国内市场竞争能力和市场占有率。

对项目和龙头企业的选择应当严格:要求有较大的市场容量,产品在国内外有广阔的市场前景;要求同时具备经济、社会、生态三个效益,凡经济效益好而不能带动农民脱贫致富或破坏生态环境的不能列入;要求在一定时间内达到一定的产业规模;要求产业链比较长,开发一个项目能带动一片产业,从基地建设开始,实行种养、加工、销售一条龙;要求产品有一定的科技含量,通过项目的实施把科技转化为直接的生产力;要求企业有一个强有力的领导班子,有一支精明的财务队伍。防止轻率上马,一哄而起。

产业化经营的目的在于把资本技术密集型生产活动(企业)与劳动密集型生产活动(基地)有机结合起来,通过基地将分散的农户形成规模生产，实现规模效益。在这个过程中，最重要的是如何处理好企业与农户的关系，协调好双方的利益，使企业与农民形成利益共同体，把在加工、流通环节上的增值效益返还一部分给农民。从原则上讲，农民需要公司所拥有的市场网络、技术和资本，公司需要农村的土地和廉价劳动力。合作对双方有利，许多“公司＋农户”的项目曾取得了明显的成功。但是，我国市场发育程度低，贫困地区农民素质低，一些现代化企业担心农村缺少保护契约的法制及行政环境，怕农民不信守合同，所以不敢进入农村开发。这个问题尚需在实践中探索更妥善的解决办法。

农业产业化经营涉及原料基地、加工和深加工、市场营销、资本营运诸多环节，而资本营运则是最高环节。我国人均资源存量极其有限，其控制权早已被分割在各个行业与部门。如果以存量盘活为主，则意味着要剥夺一部分行业和部门的权力和利益，马上会引起许多矛盾和纠纷，使工作难以推进。相反，如果采取引进增量的办法，对原有财务和利益格局不会有什么大的触动，而且随着增量的引入和加大，还可以自然而然地带动存量的调整，使之逐渐适应市场经济的要求。

在生产要素中，资本要素、土地要素、科技管理要素都是被动的，唯有人是主动的。所以盘活存量的本质是盘活人，调动人的积极性、创造性，处理好人与人的关系，使人这个生产要素与其他生产要素的结合接近效率最高点。随着中国市场经济的深化，自由竞争的强化，权力和利益格局也必然会有所变动。如果以盘活存量入手，有人得有人失，容易激化人与人之间利益矛盾，处理不妥甚至会出现社会动荡。如果新的经济力量以增量资源引入作为基础，则人与人的利益矛盾就会相对缓和，甚至消失。“公司＋农户”的模式之所以受到欢迎，原因就是对农村来说，公司带入信息、资本、技术及市场组织力量这些增量；对公司来说，农村提供了土地、劳务，公司的增量与农村的存量结合起来，双方都在基本资源没有被剥夺的情况下进行合作。进入农村的城市资本寻求到新的资本市场，获得了自己的利益,而农村原有的土地、劳力存量也被盘活,农民从中获得了新增的收入,合作中双方主要的矛盾表现在新增产出的分配上,而不在原有存量支配权的争夺上。从口里夺食的矛盾是尖锐、激烈的,你死我活的;共分一个饼虽然也有多少好坏的矛盾,但毕竟性质不同,也缓和多了。

出路之四,落实科技兴农的战略,使农业真正走到依靠科学技术进步和提高劳动者素质的轨道上来。当务之急是把现有的适用技术转化为生产力,提高适用技术的覆盖面和农业的科技含量,围绕目前农业生产上的突出的问题,把现有的单项技术组合成配套的综合技术,提高科研成果的转化率。比如在种植业中,推广包括产量高品质好抗逆性强的优良品种、病虫害综合防治、平衡施肥和提高肥料的利用率、节水灌溉和提高水的利用率、增加田间套作面积、提高复种指数等技术在内的综合措施,大面积提高单位面积产量和总产量。在养殖业中,推广包括改良品种、提高饲料报酬率和出栏率、降低死亡率的技术。力争农业的科技贡献率尽快接近和达到国际先进水平。

大力推广生物技术,生产生态食品和生态纤维制品,实现农产品的无公害化。包括生物肥料、生物饲料、生物农药、生物防治、生物能源、生物净化环境等系列的生物技术,从根本上克服"石油农业"的弊端,为提高人类的健康水平和在21世纪以生物技术为主的新科技革命中,作出新的贡献。

集中多学科的优势力量,形成合力,夺取农业高新技术的制高点。在大力引进、消化、吸收国外一切先进技术的基础上,创国际先进水平。包括动植物育种方面的细胞和胚胎工程技术、转基因技术、克隆技术、分子标记技术、航天辐射技术等;在动物饲养和作物栽培技术方面的人工气候技术、无土栽培技术、电脑自动控制技术、机器人技术等。

利用各种生物资源,开发新的农业产业,包括草业、沙业、菌业、虫业等,不仅要建立各种自然保护区,保护现有生物的多样性,保护濒危的动植物资源；而且还要利用现代科学技术，创造新的物种，增加生物的多样性。通过开发新的生物资源，增加能够满足人类物质和文化需求的生物产品，包括食品、保健、衣着、工业原料和美化环境等，使农业在更为广阔的领域中发挥其功能。

大力加强科研成果的推广工作，使推广部门成为科技成果转化为生产力的桥梁。为此，应当健全农业科技推广体系，包括县级推广中心—乡级推广站—村农民技术协会—科技示范户—农民技术员（持“绿色证书”）。县级农业科技推广中心实行“试验、示范、推广、培训”四结合，在推广农业技术中提高农民的技术素质。科技成果的推广部门可以实行“有偿服务”，但应以服务为宗旨，不以营利为目的，基本上属公益性事业，国家应给予必要的支持。

我国人口已达12亿多，每年新增的人口也多，而耕地又不断减少，需求迅速增长，粮食问题是任何时候都不能忽视的头等大事。但同时也要看到，我国粮食生产的潜力也是很大的，比如，现有耕地中，中低产田占2/3，有待大力改造；单位面积产量同世界水平还有相当差距；复种指数平均为156%，每提高一个百分点等同增加1500多万亩播种面积；粮食生产中的科技含量只有40%，亟待提高；全国农田灌溉面积只占50%，农业基础设施薄弱，抗自然灾害能力下降。这些薄弱环节也就是潜力所在，只要明确指导思想，端正政策，增加投入，改善农业生产条件和生态环境，大幅度增加粮食的供给，基本上依靠自己满足不断增长的需求是完全可以做到的。在粮食问题上，盲目乐观是不对的，持悲观论点也是没有根据的。

三、乡镇企业：市场经济发展的巨大推动力

中国的乡镇企业，既不同于国有企业，又不同于国外一般的中小企业，是具有中国特色的社会主义的新生事物，体现了亿万农民主动挤进国家工业化历史进程的积极的、创造的行动，因此又被称为中国农民继家庭承包制后又一个伟大的创造。

中国的经济体制改革之所以能披荆斩棘不断深化，在很大程度上得益于乡镇企业的迅猛发展。如果说家庭联产承包制从"一统天下"的计划经济体制中打开了一个缺口，那么，乡镇企业则在被打开缺口的计划经济体制内，依靠农民自己的力量，迅猛发展农村工业和其他非农产业，使改革不可逆转地朝着市场经济的方向发展。

乡镇企业产生和发展的独特道路

中国乡镇企业的出现、形成和发展，有自己独特的道路，是对原计划经济体制进行市场取向改革的必然产物，又开辟了另一条有中国特色的工业化道路，成为市场经济发展的巨大推动力。

乡镇企业的前身是社队企业。历史上，直至新中国成立前后，在中国广大农村存在着大量的家庭副业和手工业作坊，乡村集镇上还有为数众多的个体商贩和小店铺。经过 20 世纪 50 年代生产资料所有制的社会主义改造，农村工商业急剧地衰落。此后一个时期，农村中几乎没有什么非农产业。

1958年“大跃进”中，为了大炼钢铁和发展农业机械化的需要，农村人民公社纷纷办起了农业机械加工、修理企业，人们称之为社队企业。于是，中国农村出现了一批不同于过去传统手工业的机器工业。

但是，在高度集中统一的计划经济和人民公社的体制之下，社队企业实行的是就地取材、就地加工、就地销售的“三就地”原则。由于可用作加工的农产品原料大多已被政府以统购派购的形式收走，“三就地”实际上是不允许农村发展商品性的加工业，并以此保证政府搞工业化资金的积累。这种抑制农村非农产业发展、限制农业剩余劳动力向非农产业转移的政策，致使不断增加的农村劳动力只能继续被束缚在日渐减少的耕地上，结果造成农村大量资源的闲置，阻碍了农村经济的增长和农民收入的提高。曾被毛泽东称为“我国农村伟大希望之所在”的社队企业，一直处于半死不活的状态。虽经20年的时间，到改革前的1978年，全国共有社队企业152.4万家，在其中就业的劳动者达2826.6万人，占当时农村劳动力总数的9.3%；共创产值493.1亿元，占农村社会总产值的24.2%；其中工业产值385.3亿元，约占全国工业总产值的9.1%。[①] 在整个国民经济中，显示不出引人注目的重要性。

从1978年起，情况发生了变化。家庭联产承包责任制即“包产到户”“包干到户”或“大包干”取代了“三级所有，队为基础”的人民公社，最初创造“大包干”的凤阳农民有一句流行全国的名言：“交够国家的，留足集体的，剩下都是自己的。”这句话的深刻含义后来才慢慢被人理解，它巧妙地把严密的一统天下的计划经济体制戳开了一个小小的窟窿，终于成为中国此后翻天覆地变化的起点。

在计划经济体制下，资源的配置完全按国家统一的计划进行，农村的生产要素是不允许自行流动的。对于要素流动有两重制约：一是政府用统购计划限制农村集体经济组织的经营自主权，防止资金投入效益比较

① 见农业部计划司编：《中国农村经济统计大全》，农业出版社1989年版，第186页。

高的非农产业，以确保粮、棉、油等基本农产品的生产和统购、派购任务的完成；二是为了确保统购、派购任务的完成，用阶级斗争的方法限制农民脱离耕地去搞收入较高的家庭副业或外出耍手艺，从而剥夺了农民对自己劳动时间的支配权。对生产要素流动的限制，造成了农村资源配置的劣化，压抑、打击了农村集体经济组织和广大农民的生产积极性。农产品越统越少，越少越统，恶性循环，长期短缺。

实行家庭联产承包制，国家对集体经济的限制放宽了；农民又从集体经济组织的手里取得了生产劳动的自主权和部分产品的自由处置权。过去在公社体制下，农产品由集体统一分配，社员得到的只是消费性的生活资料，任何个人不允许占有生产资源。现在家庭承包，两者混在一起，“交够国家的，留足集体的，剩下都是自己的”。自己可以自由支配，由于交给国家和集体的是定数，所以劳动生产率越高，农产品收获得越多，剩余归农民自己支配的也就越多，实惠越大。一个自主、一个自由、一个实惠，使农民的积极性大为高涨。“越统越少、越少越统”的恶性循环从此变为良性循环，促进了农村商品经济的大发展。家庭联产承包制直接改革的是农业微观的经济体制，但实质上已触及农村财产制度的变革。经营方式的改革引起了资产积累方式的改变，使农民变为自负盈亏的商品生产者和经营者，逐步成长为市场经济的主体。观察一下这一段农村生产要素的流动和变化，便可以看到乡镇企业崛起的历史背景和条件。具体地说：

一是农村剩余资金迅速增加。改革前农民几乎“一贫如洗”。1978年统计：每家农户平均只拥有 3.64 间住房，估价不超过 500 元；年末有 32.09 元储蓄；实物储备如余粮和存栏家畜很少；还有数量微不足道的一点小农具。当年全国农民对国家银行、信用社和社队集体还负有数额可观的债务。人民公社集体财产总额共约有 14000 亿元，其中地产占 85.7%。这一年全国农民人均年度纯收入为 133.57 元，比 1957 年仅增长60.62元，有2亿多人口达不到温饱。[①]

改革使家庭经济有了积累的功能，也就有了内在的激励机制。仅过五年时间，到1984年，根据国家统计局全国6.7万农户的抽样调查，平均每户拥有的生产性固定资产已达579.93元，按此推算，全国农户自有的生产性固定资产，应当在1090亿元左右。这个数字，相当于三级集体经济组织在23年内积累起来的生产性固定资产的128%。[②] 集体财产数额不仅没有因改革而减少反而大大增加，1985年末农村集体拥有的固定资产现金及存款共274.4亿元，扣除债务为1135.83亿元。集体和农民的资产总量都有了很大的增长，形成了向非农业投资的能力。

二是剩余劳动力开始自由流动。改革后在农业劳动生产率迅速提高的同时，出现了日益增多的剩余劳动力，正好满足了非农产业蓬勃发展的需求，使整个农村经济全面活跃起来。

80年代初期，随着改革的深化，“左”的农村政策逐步得到纠正，城乡隔绝的户籍制度也有所松动，使劳动力能按照生产的需要相对地自由流动。“以粮为纲”的方针变为“决不放松粮食生产，大力发展多种经营”，有力地促进了农村中的分工分业。大批专业户应运而生，创造了远远高于一般农户的劳动生产率和商品率，通过“小而专”“专而联”的道路不断扩大规模，根据农民自己的意愿，选择投资方向，发展为个人集资办的个体企业和联合办的合作企业或合伙企业。一些集体经济基础较强的地区，乡(镇)和村两级，凭借城市辐射圈的区位优势，引进城市中的设备和技术，或为城市工业协作配套，在原来社队企业的基础上扩充和新办了一大批不同规模的工业企业，吸纳了更多的农业剩余劳动力。

三是市场不断扩展和成长。农业劳动生产率和农产品商品率的提高，促进了农村分工分业的发展和各个地区、各种农产品之间的交换。农

---

① 见《改革面临制度创新》，上海三联书店1988年版，第65页。

② 见《中国统计年鉴1985》，中国统计出版社1986年版，第147、159页。

业愈是被卷入商品流通，农民对供个人消费的加工工业品的需求就增长得愈快，对农用生产资料和劳动力的需求也增长得愈快。这就必然使农产品交换市场、工业消费品市场、农用生产资料市场和劳动力市场不断扩展。

由于我国过去实行优先发展重工业的方针，轻工业发展不足，尤其是日用消费品工业留下很大的空白。这些工业多属劳动密集型，技术档次较低，而广大农村人口众多，购买力提高快，需求旺盛，使多种小型企业得以蓬勃兴起。改革前相当冷落的农村集镇迅速繁荣起来，出现了大批新型的城镇，成为农村经济全面、持续发展的新增长点。过去限制社队企业发展的就地取材、就地加工、就地销售的"三就地"已被突破，外引内联的活动日趋频繁，逐步形成以公有制为主，多种经济成分、经济形式并存、发展的格局，也就形成了互相竞争的市场主体，使市场在配置资源中能发挥越来越大的作用。

从1982年起，中央五个1号文件引导农村改革逐步深化。1984年3月，中共中央、国务院转发了农牧渔业部《关于开创社队企业新局面的报告》，作为当年4号文件下发。这个文件正式决定把原社队企业改名为乡镇企业，其范围也由过去的乡(含镇、区)、村两级办的企业扩大到部分社员联营的合作企业，其他形式的合作工业和个体企业。文件对乡镇企业作了充分肯定，强调发展乡镇企业是振兴农村经济的必由之路，强调对它采取"积极扶持、合理规划、正确引导、加强管理"的方针。多成分、多形式、多层次的乡镇企业，从此进一步迅猛发展。1983社队企业的总产值达1910亿元，比1979年增长一倍多，年递增率达20%以上。但这同1984年以后相比，只不过初露锋芒而已。

由此不难得出结论，中国乡镇企业的出现和形成，一方面不同于城市中全民所有制的国有企业，它没有国家投资，产品也不由国家包销，是农村集体经济组织和农民依靠自己的力量办起来的，是一种非国有的经济；

另一方面也不同于国外一般的中小企业，走的不是农民破产进城做工的道路，而是集体经济组织和农民在农村办工厂，以农业为母体并继续与农业保持着密切联系的工业企业。

中国乡镇企业从一开始就植根于农业，以农民为主体，同农业、农村有着“血缘”的关系。

我国农业从传统农业转向现代农业，农村从封闭型、单一型的经济转向全面发展，逐步与现代工业生产相配合、相结合、相融合，走的是一条独特的路子，即避开了资本竞争，农村破产，农民赤贫化，涌入城市加入产业后备军这样一条道路。我们从中国实际情况出发，坚持“以农业为基础”，立足农业和农村，向社会经济的各个方面延伸和发展；又通过全面发展，一方面对社会主义现代化作出贡献，同时又加强了农村经济发展的活力与实力，反过来不断地稳定和强化农业这个基础。这样一种农村经济良性循环的形成，这样一种妥善处理城乡关系、工农关系的桥梁和纽带，就是乡镇企业。这里有两个要点：一是坚持农业为基础，二是立足农村，引导农民向广阔的生产领域开拓、延伸。这两者的结合，是乡镇企业的本质结构趋同、产品趋同的特点，也是鲜明的中国特色。

为什么乡镇企业是异军突起

乡镇企业作为改革中出现的新生事物，在其发展中曾经遇到巨大的阻力与困难，走过一条曲折而艰辛的道路。正因为它是新生事物，存在一些先天性的弱点，比如资金、技术、人才储备不足，布局分散，重复建设，等等。在发展过程中，不少地方出现占用耕地过多，污染环境严重，务工务农差距过大等弊端，不断受到责难。每逢经济、社会生活上出现一点什么问题，总会有人不问青红皂白把乡镇企业攻击一通，什么“乱中取胜”“会钻空子”“以小挤大”“以落后挤先进”，等等，不一而足，甚至攻击它是“一切不正之风的风源”。特别是1985年后粮食产量下降和三年徘徊期间，城市中对乡镇企业议论纷纷，反映强烈，有些人认为这是农民只图个人赚钱，弃农务工造成的。应该强调“无农不稳”，加强对农民的教育，改变支持乡镇企业的政策，一度给乡镇企业造成很大的压力。但是乡镇企业的发展并未就此却步，反而大大加快。到1988年，全国乡镇企业总产值增加到6459亿元，比1983年的1010亿元增长5倍多，年递增率近40%。每年吸纳农业剩余劳动力近1000万人，到1988年，乡镇企业的从业人员总数达9545万人，几乎赶上全民所有制的国有企业职工队伍的总数。短短几年时间，乡镇企业产值赶上并超过农业产值，成为农民收入增长的主要部分，从而在粮棉生产波动的情况下，农民的收入仍能以5%的年递增率持续增加。尽管比前一阶段的年递增率减少，但因基数大了，农民基本上还是满意的。与此同时，城市中农产品的供应未见明显的短缺，蔬菜、水果、水产品、畜产品反而大量增加。乡镇企业生产的日用工业品更是花色品种繁多，琳琅满目，市场日趋繁荣。乡镇企业对改革与发展贡献如此之大，而受到的攻击、责难却如此之多，这从一个侧面反映了“左”倾思想和在计划体制下长期形成的各种传统观念的影响有多么顽强。邓小平对乡镇企业完全持肯定态度，称它为“异军突起”。

为什么说它是“异军突起”呢?

因为新中国历来把国家工业化的希望寄托于城市全民所有制的大中型企业上，谁也没有料到突然半路上杀出一个“程咬金”来，出现了一支无比勇猛、顽强的生力军。

为什么国有企业改革长期没有突破性进展，而从农村中冒出来的乡镇企业却能一次又一次地战胜困难，迅速发展起来呢?

苏南的农民说得好:“我们乡镇企业在歧视中诞生，在压抑中成长，在责难中壮大，靠的不是国家计划，而是市场机制。”

第一，乡镇企业尽管起步迟、规模小、设备差、技术低，但它有自主权，一开始就作为自负盈亏的经营主体参与市场竞争。国有企业各方面条件都远远超过乡镇企业，但有一个致命的弱点，就是人财物、产供销受上级行政部门干预太多，缺乏应有的生产经营的自主权。改革以来名义上有了种种自主权，实际仍难以落实。劳动、工资制度极不合理，"铁饭碗""大锅饭"无法打破，多余人员成为企业难以消除的包袱(估计要多出20%至30%，还有退休人员20%也要企业负担)。矛盾多、内耗大，职工积极性调动不起来，优秀人才的作用无法充分发挥。农村本来就没有"铁饭碗"，"大锅饭"也改革掉了，乡镇企业自然而然要按市场需求组织生产和从事经营活动，资金投向可以根据市场利润率的高低做出反应。它有优胜劣汰的竞争机制，有较强的自我约束、自我调节、自我积累、自我发展的能力。要多少人用多少人，工人可进可出，工资可高可低，干部可上可下。盈利后能把利润用于资产的增值，迅速扩大经营规模；亏损后能通过停产、转产提高自己的技术水平与管理水平，为进一步发展创造条件；即使彻底被淘汰，不得不倒闭时，农民工也不会埋怨政府。与国有企业不同，乡镇企业不被国家计划所承认，无法"等、靠、要"，只好自力更生，结果困难变成了在市场竞争环境中锻炼成长的动力。从这个意义上说，农民先于城里人接受了市场经济的洗礼。

第二，乡镇企业的产品结构、技术结构有利于发挥优势、避开弱项。我国人多地少，劳动力资源丰富是最大的优势，资金稀缺则是最大的弱项。过去依靠计划体制，最大限度地动员一切资源来优先发展资金密集的重工业体系。重工业有机构成高，能提供的就业岗位少，资金的周转率低。乡镇企业的产品是根据市场需求来生产的，多为日用消费品、轻工业产品、劳动密集型产品，不用多少资金，技术要求也不高，产得快销得快，有利于吸纳、消化大量的农村劳动力，积累资金，提高技术，正好避开了弱项，发挥了优势。浙江温州地区利用边、角、废料生产五花八门的日用小商品，家庭工业私营企业蓬勃兴起，形成了十四五个全国性的专业市场；

永嘉县桥头镇的纽扣市场，占全国纽扣销售额的80%左右，被誉为远东最大的纽扣市场。市场经济的规律要求把各种资源配置到效益最高的产业中去。乡镇企业利用我国如此丰富的劳动力，用有限的资金、原材料和其他资源发展劳动密集型的产品和企业，以此为基础逐步上技术、上规模、上台阶。因此，“雪球”就能以惊人的速度越滚越大，技术和管理也日益提高，其中不少已成长为具有相当规模、比较规范的现代企业或企业集团。

第三，乡镇企业是改革、开放的产物，是在计划体制内生长出来的非计划经济。改革愈深入，开放愈扩大，它就愈发展。乡镇企业自负盈亏，一开始就按市场需求组织生产，从市场购进原料，通过市场销售产品。中国的市场原来很狭小，自然就产生了非计划价格。乡镇企业的发展大大促进生产要素的流动和横向联系的增加，使市场的作用日趋显著。经济效率大大提高，资源的数量大大增加，计划外的东西越来越多，从而迫使资源配置的方式和宏观政策环境不得不改革。原来一统天下的计划调拨、计划分配终于不得不改为计划与市场的双轨制，并继续向市场经济的轨道转变。因为乡镇企业有自主权，可以根据自己的条件发展生产，产品增加了，必然扩大计划外的销售额；而增加生产又必然到计划外去寻找和购买原料。这样，不受计划体制约束的乡镇企业越发展，市场经济对计划体制冲击的力量就愈大，市场经济在国民经济中的比重也就愈大。这就是说，市场经济的一轨必然越来越宽，加之国有企业本身也在改革，日益成为名副其实的自负盈亏的经营主体，最终必将使计划经济体制让位于社会主义市场经济新体制。

总之，乡镇企业的发展，意味着改革的深化和开放的扩大；乡镇企业的发展，是市场经济产生、确立和发展的重要推动力量。

乡镇企业的模式和面临的挑战

在乡镇企业发展过程中，逐步形成了各种不同模式。其中最突出的有苏南、珠江三角洲、温州三种模式。它们的共同之处，是人多地少，乡镇企业已成了经济的主要支柱；本地劳动力大部已转向非农产业，并吸收了大量外来劳力；农民人均收入增长幅度较大，已接近或达到小康水平；产业结构不断得到改善，开始出现一、二、三产业高速、协调发展的局面。这里着重对苏南和温州这两种模式作些比较。

温州70%为山区，全地区680万人口，人均耕地只有0.4亩多，交通十分闭塞，整体看是个贫困地区。温州乡镇企业之所以迅猛发展，屡受挫折而势头不减，基本原因一是靠遍及全区的农村家庭工业生产各式各样的小商品；二是靠一支总数达数十万人的购销专业大军；三是靠一大批闻名遐迩的全国性专业市场，其中最突出的有十多个。以家庭工业为基础、以广大购销员为骨干，以市场为纽带，这是温州模式的概括，其核心可以说是能人经济。家家户户办企业，家家户户有能人，一批最活跃的购销员和后来成长起来的各个层次的企业家都是大能人。

苏南是锦绣江南的富饶之地，历来农村经济基础比较雄厚，教育比较发达，人的文化技术素质也较高。乡镇企业起步早，又受到上海及苏、锡、常等大中城市的双重辐射，基础雄厚的整体优势日益突出。其实，苏南模式的核心也是能人经济，不同的是苏南依靠的是个别“能人”。一个村子有一个“能人”，乡镇企业就能发展起来，村民都到里面工作，如果没有“能人”也往往发展不起来。

“能人”有两个特征，一个是比较能干，有开拓精神，在市场经济中可以先行一步，并且有管理才能；另一个是有奉献精神——为村民、为他人、为社会奉献的精神。苏南模式一方面以集体名义办企业，容易得到基层领导支持，贷款、占地等都比较容易；另一方面有“能人”带领，经营得法，发展迅速，规模成倍增长，优势特别突出。

但是，90年代以来，随着企业规模的扩大，小集体变为大集体，而“大集体”则接近“小全民”，乡镇企业创业时期的一些优势，比如干部能上能下，工资能高能低，工人能进能出等，便逐渐失灵，独揽人财物大权的干部也很难没有思想变化，党、政、企不分的弊端则比国有企业有过之而无不及。由于产权不明晰，有短期行为，往往后劲不足，甚至出现决策失误而陷入困境。反观温州模式，产权明晰，短期行为较少，近来开始联合起来搞股份制或股份合作制，吸收苏南规模大的优势，又保留产权明晰的特点，后劲十足。苏南各地面对这种变化已引起高度重视，正在认真总结经验教训，解决发展中的问题，实现制度创新，提高乡镇企业中外商和个人资本等非集体资本的比重，改造成混合所有制企业，而且放手发展个体私营经济，真正把农村个体经营企业作为乡镇企业的重要组成部分。

近些年来，过去那种政策比较宽松、法律法规不健全的环境已日益改变，面对开放的市场，优势明显弱化。即使是一些乡镇企业发展较早的地区，由于劳动力价格上升，环境保护治理需要加大投入，成本逐步上升，企业活力下降，在竞争中相对由强变弱，效益逐渐下降。而整个乡镇企业则已成为国民经济中一个重要的增长点。农民企业家鲁冠球说得好：“乡镇企业上去了，了不得，乡镇企业下来了，不得了。”

乡镇企业植根于农村，一头连着市场，一头连着千家万户。进一步发展还是应该在“农”字上下功夫，在身边的农村市场上做文章。乡镇企业最先在市场上摸爬滚打，积累了丰富的市场经验，建立了多种多样的市场网络。同时又与千家万户的农民有着千丝万缕的联系，如果放开眼界，到农业产业化经营方面去开拓，在体制上进行改造，把农民吸收为股东或社员，与农民形成贸工农一体化的经营机制和利益共同体，针对当地资源的特点，紧紧围绕特色产业谋划企业的发展，抓住那些带动能力强的大企业和名牌产品，通过建设主要专业市场、小商品市场，形成具有特色的区域经济，前景还是很广阔的。小城镇是企业发展的主要载体，而小城镇的发育和壮大又主要靠乡镇企业的发展和工业小区的崛起。现在国家正在加大基础设施建设，开发高新技术产业，农业基础设施建设，住宅建设，这也正是乡镇企业展示身手的大好机遇。比如住宅建设一项，就可以带动建筑、建材、轻工等50多项产品的发展。这些都可以为乡镇企业提供源源不断的技术、信息和人才，也有利于实施可持续发展战略。

四、县级综合改革：不幸中的幸事

是不是第三块石头？

改革是逼出来的，是在没有出路的困境中寻找新的出路，“摸着石头过河”是对的，也只能“摸着石头过河”。第一块石头摸着了，摸准了，这就是包产到户。因为摸到了这块石头，改革在广大农村取得了突破，调动了亿万农民的积极性，使粮食与农产品的供给状况发生了根本性的好转。接着很自然地摸到了第二块石头，这就是乡镇企业。生产要素开始流动，横向联系迅速发展，多年来已成为一潭死水的农村经济出现了前所未有的活跃与繁荣，从而扩大了社会分工，刺激了新产业的形成，促进了农村劳动力和人口的转移，对城乡分割的经济社会二元结构提出了挑战。但是，怎么继续往前走呢？第三块石头在哪里呢？

随着农村商品经济的发展，许多新的矛盾和问题日益暴露，亟待解决，如城乡关系、工农关系、政企关系、干群关系，以及农业生产中所出现的产前、产中、产后的服务问题，水利、交通、通讯等基础设施滞后问题，“买难”“卖难”与市场信息不灵问题，产业结构与生产布局不合理问题，科技推广与培训教育跟不上的问题，等等。这些农户、生产队、乡村自身往往都是无法解决的。改革实践客观上要求和呼唤着县级综合改革。否则，农村改革难以深入，经济发展受到制约，搞不好甚至前期的改革成果会被落后的传统体制所吞食。

作为一个相对独立的区划单位，县在行政上、经济上有其突出的特点：县是城乡接合部，具有区域经济的性质，它的一头是农村，一头是城市。它包括了农、工、商、财、文、党、政等各个方面，是一个社会经济功能比较齐全的基本单元。县不是“细胞”，而是一个具有超越“细胞”功能的“细胞集合体”。县既是执行机构，又是决策机构，在一定范围内县内具有独立的决策权。县级的机构、部门的设置，与中央、省的同类机构、部门具有层次对应的关系，而它的经济功能又是脆弱的、畸形的，残缺不全的。

无论从条条的关系还是块块的关系看，县都是宏观经济与微观经济的接合部，是发展商品经济的一个重要的中间环节。合作化、公社化以来，我国的城乡经济处于割裂的状态，整个经济管理体制基本上是适应产品供给制和分配制的形式。县级体制是这种经济管理体制派生出来的，弊端是上下共同的，如机构规模过大与实际需要脱节，机构交叉重叠与职能要求脱节，机构的领导管理职能与服务对象脱节，人员严重超编与地方财力脱节，以致人浮于事，效率低下，对城乡商品生产的发展，不能不说是一种障碍。

家庭经营所表现出来的微观经济效果非常显著，但是由于层次过低，规模太小，专业化、社会化水平难以出现新的飞跃。农民以家庭经营为基础，又要求跳出家庭经营狭小的圈子，到更广阔的天地里去筹集资金、交流技术、获取信息、开发市场，使多种生产要素在更大的范围内实现重新组合，形成新的社会生产力。但是农村中这种微观经济的活跃，广大农民发展商品生产的这种内在的冲动，却与长期形成的宏观经济结构、城乡经济关系、工农关系及其相应的管理体制在很多方面，在很大程度上不相适应甚至形成尖锐的矛盾。有鉴于此，在 1981 年全国农村工作会议上，万里曾经指出县级综合改革的重要性，强调县级领导干部要适应形势，更新观念，以商品经济的观点总揽农村经济工作的全局，不能只当“农业书记”“粮食县长”。但是当时普遍认为，改革已在农村中突破，城乡改革已融为一体，重点应转向城市。结果国有企业改革长期没有突破性进展，各项经济体制同样举步维艰，屡屡受挫，或久攻难克。现在回头来看，县是城乡接合部，是旧体制的薄弱环节，如果把县级改革作为第三块石头，放在战略位置予以高度重视，也许会出现不同的局面。

如果县级综合改革成功，家庭经营所激发的微观上的活力，就可以放大、上升为全县范围内城乡市场经济整体的活力，使县能够在区域经济的层次上全面地协调自身的经济运行，从而站稳脚跟，实现城乡经济的综合发展。这样，中央和省这两级也就可能腾出手脚，集中力量去解决更大范围的宏观问题，市场取向的改革就可以形成更大的声势，取得更大的进展。问题是提出了，也重视了，但重视得还不够，县级改革没有继包产到户、乡镇企业之后成为第三块石头，在改革进程中发挥更大的作用，这是不幸的。但全国约 2400 个县中有近百个县对县级改革高度重视，一抓到底，抓出了成就，抓出了经验，这些经验当前仍然很有用处。这又是不幸中的幸事。

探索性的局部试点

80 年代初有些省在家庭联产承包制普遍推广之时，就着手县级改革的探索。安徽在 1979 年末曾选择 6 个不同类型的县进行财政包干试点，可惜后来由于领导人变动没有再抓下去。四川省选择几个不同类型的县进行试点，有领导有步骤地坚持下来了，由单项的、局部的改革推进到比较协调配合的综合性改革。最初试点的是广汉、新都、邛崃三个县，地理条件和经济条件属于三种不同类型。广汉位于平坝之上，人多地少，自然资源较差，但交通发达，工业基础较好，便先从工业抓起，以大带小，以工促农，国家、集体、个人一起上，出现了城乡经济一派繁荣景象；新都距成都只有 18 公里，是个大城市郊区性质的县，抓住这个特点，瞄准成都市场的需求，大力发展吃、穿、用各方面的日用品，种植业、多种经营、小企业有了蓬勃的发展；邛崃位于四川盆地西南边缘，山丘多于平坝，基础差，面积大，是个有名的穷困县，但自然资源丰富，潜力较大。包干以前，三年国家给这个县补贴了700万元。包干以后，利用资源比较丰富的特点，从抓多种经营入手，对几种成批量、有基地的农副产品，按专业分工的原则，分别建立了产供销结合、农工商一条龙的联营专业公司，形成了几个特色显著的商品基地。同时围绕着农工商一体化，摸索出了一些好的经验。到1984年底，试点县由3个发展到33个。经过多种模式、多种途径、各有特点的探索，综合改革比较早的县，基本上在全县范围内做到了：粮食、经济作物、多种经营同步发展；农业、工业、商业同步发展；国家财税、集体积累、个人收入同步发展。其中最早试点的广汉、新都、邛崃三个县的工农业总产值和农民人均收入都已翻番或接近翻番。尽管从绝对数看，同沿海发达地区差距还比较大，但比全省的平均数、全国的平均数却高得多，这主要得益于县级综合改革。

四川省当时县级综合改革的共同点，主要是由省对县实行三包干，即财政包干、粮食包干、主要农副产品的收购基数包干，其中关键又是财政包干。具体做法是，把全县的经济计划任务，根据前三年实现的生产、利润、财政指标，协商出一个恰当的包干基数，分别按系统地包给工、农、财、文这几个大口，大口再根据各部门、各单位和经济工作人员的情况和特点，分别采取任务包干、经费包干、利润包干、财政上缴包干的办法，一层一层地包下去，对每一个工作人员都实行联产、联利、联资的岗位责任制。与此同时，既有按条条制定的经济责任制，又有按块块制定的经济责任制，两方面都落实到人，形成一个上下衔接配套，左右相辅相成，互相促进，互相制约的责任制网络。对每个干部、职工的奖惩，不仅决定于本人工作完成的好坏，而且首先决定于他所在单位向上级承包的各项任务完成得如何。围绕着全面完成各项承包任务这个共同的目标，把社员的生产责任制、工人的经济责任制、商业人员的经营责任制、科技人员的技术责任制紧密地结合起来，从而把各方面的积极性统统调动起来，各行各业吃“大锅饭”的状况开始改变。实行三大包干，特别是财政包干，县一级的自主权和活力明显增强，责、权、利的结合，上升到县的层次同时贯穿于其内部的各个组成部分，各个中间环节。相应的管理体制、经济结构、劳动力结构等也都发生了连锁性的、综合性的变化。其中突出而富有意义的变化是三个打破，即：打破了国营、集体、个人三者所有制的界限；打破了部门分割的管理体制；打破了城乡分离的行政壁垒。过去局限在微观层次上而又处处受到制约的承包制经济的活力，一下子就得到了舒张和放大；过去老解决不好的条条和块块的关系也得到了较好的解决。

“搭台唱戏”与“脱钩不下马”

继四川之后，又有不少省的县级综合改革取得新的进展，经济增长速度明显加快。比较引人注目的如山西的原平、隰县，辽宁的海城，河北的里县，浙江的富阳，等等。原平县通过“搭台唱戏”扩大承包制的经验，曾在全国引起广泛重视。所谓“搭台唱戏”就是打破城乡和所有制的界限，采取多种方式筹集生产发展基金，使分散的被隔绝的生产要素组合成现实的生产力；扩大承包制就是社、队把承包者上交给集体的提留，加上原来尚未承包使用的集体生产资金，组织开辟新的生产项目，创办各种经济实体，然后再承包下去，不断扩大生产实力。1984 年上半年，在国家信贷扶持下，由社队投资、个人集资共 921.2 万元，新创办(搭台)619 个经济实体，吸收农业劳动力 1.2 万人。原平县作为山西省综合改革试点县，其改革方案共有 30 项 79 条，主要的有：

（一）打破原有机构设置、区域界限，建立农业社会化服务体系；

（二）政企分开，实行企业经营决策自主；

（三）改革流通体制，建立开放式流通网络；

（四）改革经济管理监督部门的陈规陋习；

（五）允许入股分红，积聚社会资金；

（六）改革劳动、人事、干部、工资制度；

（七）改革中等教育结构，加强职业教育；

（八）精简机构；

（九）打破封闭状态，实行开放经营；

（十）加快县城建设步伐，带动全县经济起飞。

经过一年多的努力，原平县面貌大变：1984年农业总收入达2.6亿元，比上年翻了一番；农村人均收入406元，比上年增长61%；工业总产值比上年增长24%；实现利润比上年增长105%；财政收入比上年增长26.8%。1985、1986年又有进一步的发展。

原平县的变化来源于改革，其中尤为突出的是干部、人事制度的改革，使一批有真才实学的优秀人才走上了各级领导岗位，从而大大推动了各方面的改革，促进了商品经济的大发展。最值得重视的是：在选拔干部上，变“封闭式”为“开放式”，扩大开发人才的横向、纵向联系；采取多渠道、多层次、多视角的方法，“四向开门，八面来风”。县委分批邀请100多名老干部、123名大专文化程度的干部和320名中专文化程度的干部座谈，请他们推荐可进入各级领导班子的人才，还提倡“毛遂自荐”。人选初步确定后，把名单打印下发，普遍征求群众意见，经过多次“筛选”后确定各级主要领导人选，然后由他们提名“组阁”。群众称这种方法为“兵点将、将点兵”，改变了过去少数领导人在小圈子里挑选干部的局面，较好地做到选贤任能。变旧的用人标准为新的用人标准，也就是坚持干部革命化、年轻化、专业化的标准，不拘一格起用人才。重用率先改革、敢于开拓前进的干部，不用“唯书”“唯上”、因循守旧的人；重用有缺点的能人，不用没有争议的庸人；重用敢负责、干实事但争议较大的干部，不用八面玲珑、善于逢迎的“墙头草”式的人物，使干部中的风气为之一变。

原平县的综合改革进展快、成效大，关键在于有一个“与改革共命运”的领导班子。过去县委常委13人中只有1名是大专文化程度，新组成的县委常委和副县长共15人，有13名大学生，其中7人有工程师、农艺师、主治医师等技术职称，还有擅长经营管理的人才。平均年龄由52岁降为36岁，最小的只有27岁。班子成员生气勃勃，团结战斗，开创了一个新的局面。

但是，由于种种原因，这个县的改革却遇到了不少的困难，长期形成的积弊不能完全冲破，一些已着手解决的问题不得不半途搁置，而且多次受到不应有的非议和责难。工作组、检查组接连不断，一查再查，最后查不出什么，仍只是说“事出有因、查无实据”，不了了之。这就不能不使人感叹：干的不如看的，看的不如捣乱的。这不是某个地方某个单位孤立的现象，几乎是所有改革者共同的遭遇，而这恰恰说明了政治体制改革，特别是干部人事制度改革的重要性和紧迫性。

“大包干”的发源地安徽省滁县地区，下属7个县，共有360万人口。他们十分重视实行家庭联产承包制的后续工作，对“统分结合，双层经营”的体制不断加以完善、提高，改革也不断深化。全地区粮食连续8年大幅度增长，整个农村经济持续、协调发展。在全省各地、市中经济实力的位次，从倒数第二跃升到第二，仅次于省会合肥市。这主要也是得益于他们重视县级综合改革，并把外地的经验和当地实际情况相结合，以改革推动经济的发展。滁县地区原属贫困落后地区，乡镇企业基础薄弱，“大包干”后有所发展，到1983年总产值也只有1.72亿元。1984年中央1号和4号文件强调了发展乡镇企业的战略意义，使人们的认识有了飞跃；农业连年丰收，剩余劳力和资金不断增加；乡镇企业大发展的主客观条件成熟了。正在这时，传来了山西省原平县“搭台唱戏”的经验。他们闻讯，专门把原平县委领导人请来，请他们传经送宝，召开座谈会和动员大会，纷纷

"搭台唱戏",促进了乡镇企业的大发展。原平"搭台唱戏"初期,党政机关也参加"搭台",这容易产生"官办"和以权谋私、与民争利等弊端。中央发现后及时指示纠正。这是非常必要的。但是有些地方竟因此认为"搭台唱戏"完全错了,泼脏水连婴儿也一起倒掉,纷纷"拆台"。滁县地区没有一风吹,而是提出"脱钩不下马,更上一层楼"的口号,决定各机关凡与农村、农民合办企业的一律脱钩,但资金暂不抽回,并要扶持把企业办好,从而避免了大起大落。这一年乡镇企业总产值翻了一番多,达到4.19亿元,迈出了第一大步。来安县雷官乡的"雷官板鸭"自1862年(清同治元年)问世,曾畅销大江南北,相传南京板鸭起源于此。"搭台唱戏"使人们想起这一传统名产,县政府办公室等4个单位集资24万元,于1984年6月与雷官乡联营筹建"雷官板鸭厂"。事隔3个月,联营的"官方"宣布退出,厂子面临夭折危险。经过一番"急诊"和研究,联营改为本乡自主经营,聘请有传统技艺的谢家后裔谢康成担任业务厂长,加强了对建厂工作的领导,于10月鸭子加工旺季投产。到年底加工板鸭1.3万只,供不应求,获利1.1万元。1985年他们接受淮南市煤炭矿务局的补偿贸易,引进资金70万元,建起一座80吨的冷库和一座冷却塔,加工板鸭近5万只,获利6万多元。1986年又与30多家板鸭加工专业户联合起来,组成"板鸭加工联合公司",促进了全乡养殖业、加工业的大发展,也促进了粮食生产的发展。围绕这一拳头产品,一大批剩余劳力找到了出路。这个乡又积极筹备搞羽毛、罐头加工,争取更大的经济效益。

但从全国来看,改革的重点转向城市以后,并没有对县级改革给予应有的重视,把它作为全面经济体制改革的一个重要环节,运用和发展农村改革的经验,通过这个途径来深化改革,取得新的突破。尤其是政治体制改革,由于总的方案一直没有出台,县里即使继续搞综合改革,也把这个方面搁置一边,尽量避开。经济改革逐步深入以后,政治体制方面的许多弊端日益突出,已成为整个改革向前发展的障碍。有些地方县委包揽一切，县人大、县政府与县政协实际上成为县委的办事机构，群众反映："县委挥手，政府动手，人大举手，政协拍手"，看似讽刺，却抓住了问题的实质。为数不少的县，选拔干部往往由少数领导人说了算，领导愿意提谁就提谁，愿意贬谁就贬谁。领导有志于改革，就会起用、支持、保护锐意改革的人才；领导想当"太平官"，则宁愿使用不惹是生非的庸才。一个县的综合改革能否成功，最后并不取决于县的领导干部本身是否具有改革的决心、才能、毅力和气魄，而取决于上级领导对他是否充分信任、坚决支持和全力保护。改革是探索，是冲刺，不得罪一些人是不可能的。颇有一些群众公认的有实绩的改革者，莫名其妙地被赶下了台。这一点是令人惋惜的，也是值得深思的。

后来居上的山东县级改革

山东省从80年代后期起经济增长速度加快，农村经济发展比较突出，在全国开始崭露头角。这当然有多方面的原因，但同省领导高度重视县一级的战略地位，充分发挥县在发展农村商品经济中的关键作用，是分不开的。

1987年4月，省委书记梁步庭在青州、诸城等地进行调查时提出，山东当前农村改革要重点解决好三个问题：一是如何扩大县级自主权，强化县级管理问题；二是县委如何在中央宏观管理指导下，克服条条块块分割的弊端，组织各部门搞好农村商品大合唱问题；三是如何建立和完善农村贸(商)工农型经济结构问题。他认为在省、市、县三级管理中，要特别强化县这个环节，把县这个层次搞活，给县一些因地制宜、实事求是办事和统筹经济全局的自主权。为强化县级的领导功能，解决县级权责失衡、工作被动的局面，山东省于同年7月下发了《关于强化县级管理的试行意见》，从八个主要方面扩大了县级人、财、物的管理权限。

从1987年起，省里不仅开始重视县级改革工作，而且开始运用县级改革与发展的典型来推动全省的农村工作。省委、省政府先后组织了一系列的现场会或研讨会，帮助县里认真总结综合改革的经验，使人们对县级改革的认识逐步深化。这里有必要提到山东县级经济管理研究会，它是全国首家专门从事这方面研究的群众性学术团体，为这项改革做了大量出色的工作。往往是他们选准典型，做前期总结、论证，然后省领导采取不同形式进入决策，进行推广。

1987年夏，诸城现场会。这个县拥有106万人口，120多万亩耕地。县委一班人认真学习了1984年中央1号文件，根据总揽农村经济全局，不能只当“农业书记”“粮食县长”的精神，决定从发展养殖业入手，由外贸牵头建立系列化的服务体系，使农工商各业协调发展，从而提高了农业的综合效益，增强了农村经济的活力和发展后劲。它的经验被概括为“组织商品生产大合唱”。在这次现场会后又继续发展，逐步演变为贸工农一体化，一条龙（养鸡）发展为十几条龙，带动了全县粮棉生产、乡镇企业、创汇农业的大发展，70％的农户都有产品出口，连续几年出口的农副产品及其加工制品的收购额都超过2亿元。全县经济收入每年平均递增16.7％。

1988年夏，莱芜研讨会。莱芜的人口、耕地与诸城相近，但是改革的重点、思路却不相同。它的特色是通过简政放权强化乡镇一级的服务功能，从而解决了条块分割体制在基层的矛盾，促进了农村商品经济的发展。过去工商、税务、交通等部门派驻乡镇的工商所、粮管所、税务所、兽医站等，往往片面强调部门利益，心目中没有农民，有的甚至对农民“管、卡、压、刮”，“不给好处不办事，有了好处乱办事”。对此，上级机关“应该管”但“看不见”，乡镇领导“看得见”却“管不着”，只好听之任之。1986年莱芜把县里各个条条的权力下放给乡镇，由乡镇政府统筹产、供、销。“权”放“政”简，效率提高，有力推动了全县商品经济的发展。以畜牧业为例，产值一年提高一大步，由1986年的不足1亿元增加到1989年的2.3

亿元,占农业总产值的35.4%。

1989年冬,寿光研讨会。这个县拥有96万人口,近100万亩耕地。在农村改革初期的大发展之后,又以蔬菜为突破口促进了全县商品经济的发展。它的特色是重视培育市场,把市场特别是批发市场的建设,作为搞好服务、完善商品经济运行机制的重点;把重生产轻流通变为抓流通促生产,重视发挥市场调节的作用,形成了全县经济平衡、协调发展的新局面。到1989年止连续10年粮食生产每年递增5.4%,工农业总产值接近翻两番;近3年财政收入都超亿元,1989年达1.4亿元。

1990年春,招远研讨会。这是个有50多万人口的中等规模县。它的特色是以供销商业部门为依托,以科技为先导,建立农商合作的服务体系。它从改革流通体制入手,从市场信息、生产、加工、储运、销售等方面提供系列化服务,发展多层次的专业化的服务体系,使农户发展商品生产遇到的种种困难,都能及时、有效地得到解决。1989年全县社会总产值达31亿元,国民收入达9.2亿元,农村总收入达15.5亿元,分别比1986年增长136.0%、76.9%和112.8%。这个县山区面积大,过去比较贫困,1989年城乡居民储蓄余额达6.1亿元,财政收入达6099万元,比1986年增长161.8%和61.5%。

1991年6月,牟平研讨会。牟平有57.7万人,71.4万亩耕地,是胶东也是全国乡镇企业比较发达的县份之一,但是发展不很平衡,而且粮食生产一度“滑坡”。1986年总结了经验教训,建立了农业科技管理、农机管理、水利管理、农用生产资料供应、果业技术、畜牧防疫六大服务体系。各个体系由县各有关部门牵头,充分发挥其“龙头”作用。乡镇级和村级有关机构和人员参加,实现了层次化、网络化,各成体系,一竿子插到底。对乡、村两级提出“围绕服务办实体,办好实体促服务”的方针,普遍实行合理收费,有偿服务。同时,采取包队、挂职等办法,扶植、开发贫困地区。粮食生产1987年开始回升,转向稳定增长,全县经济发展逐渐平衡协调、外向型经济更加蓬勃向上。近4年来，全县出口商品收购额从1.04亿元增加到2.07亿元，累计创汇1.34亿美元。

1992年5月，枣庄市山亭区的全省山区建设及扶贫开发现场会。这个区人口42万，位于沂蒙山西南麓，88.6%为山区丘陵，有5000多个山头，直到1984年，全区工农业总产值只有1.78亿元，人均收入只有153元，3/4的人口处于贫困线以下，是国家重点扶持的贫困县、区之一。1987年组成新的领导班子，提出“高标准起步、跳跃式发展”的思路。区领导带领干部到困难重重的山窝里安营扎寨，把59个位于深山或崮上的山顶村共7200多人搬迁下山，以身作则动员全区人民开山、筑路、治水，大搞农业基本建设，针对山多、面积大，资源和劳动力丰富而资金缺、基础差的特点，选择农户的庭院经济为开发和建设山区的突破口。全面规划，连片种植，重点组织加工，发展专业化、社会化、商品化生产，经过3年持续不断的艰苦奋斗，跃上了一个大的台阶。到1991年底，工农业生产总值达9.95亿元，为3年前的5.6倍；平均年递增20.8%；财政收入达1426万元，为3年前的3.3倍，平均年递增18.7%；农村人均纯收入562元，为3年前的3.67倍，平均年递增20.42%。在这一无高级宾馆、二无程控电话的穷山区，外向型经济也在从无到有、从小到大蓬勃发展。建成出口创汇企业和合资企业18家，累计利用外资2100万美元。

此外，山东省还陆续召开过莱西现场会、昌邑研讨会、平度现场会、阳信研讨会、泗水研讨会、昌乐研讨会，还有周村、莱阳、全乡、高唐、胶南、桓台、兖州、峰城、章丘的经验等，也受到了重视。从以上简述中可以看出，这些县深化改革的重点不同，发展商品生产的突破口不同，服务体系的组织形式不同，具有各自不同的特色，表现为突出的多样性。这种多样性是必然的，因为中国农村幅员辽阔，发展很不平衡，情况千差万别，甚至可以说一个县一个样。如果不是照搬上级指示，照抄外地经验，而是从本县实际出发，首先分析当地条件，那么，做工作也好，搞改革也好，必然有不同的具体做法，不同的具体选择，形成各自不同的特色，从而表现出多样性。这种多样性充分说明，这些县的领导干部总结了经验教训，比较成熟了，比较实事求是了，重视从实际出发了，马克思主义水平提高了。

与多样性同样突出的是这些县的经验共同性也很突出，可以说是改革与发展交相辉映，主要有三点：

第一，本县的县域经济已经出现或开始出现持续、稳定、协调发展的趋势。尽管各县有各自的特色，具体做法各不相同，但不约而同的一点是，都抓住了建立社会化服务体系这个关键环节，在这个关键环节上大做文章。因此，不同的做法达到了一个共同的结果：逐步完善了家庭联产承包制的双层经营，使农民家庭经营积极性和集体经济的优越性同时得到发挥，既保持了高速度，又取得了高效益。粮食生产、多种经营、乡镇企业、创汇农业、开发农业，农村经济的这几个主要方面，由于各县突破口不同，开头某个方面比较突出，某些方面比较欠缺，经过几年的发展，就比较平衡了，比较全面了。特别是粮食生产，全国 1985 年曾大幅度下降，接着三年徘徊，而这些县却一直是稳定增长、逐年上升的。有的县虽然一度滑坡，但总结后很快扭转并依托其他方面优势迎头赶上。从工农业生产总值、国民生产总值、农业劳动生产率、农副产品的商品率、财政收入、农村储蓄总额等方面比较，都远远超过一般的县，初步形成比较合理的产业结构和劳力结构。

第二，安定团结的政治局面得到加强。由于经济发展比较顺利，人民安居乐业，产前、产中、产后的困难有人解决，剩余劳力有人安排，致富门路较多，干群关系就改善了、密切了，党的政策就比较容易贯彻落实了。近几年来农村负担普遍较重，农民意见很大，不少地方干部平素服务工作做得不够，催粮要款时任务急迫，方法生硬，常常引起摩擦和纠纷。而这些县由于经济发展较快，农民收入的提高也较快，矛盾有所缓解，相对来说农民的意见就不那么大。目前农村中基层组织软弱涣散的问题也相当普遍，不少地方出现了瘫痪半瘫痪状况，有些地方比重甚至达30%以上。但从这些县看，基层组织比较健全，基层干部都能坚守岗位，积极工作，瘫痪的问题可以说不存在或者基本上不存在。社会治安秩序也比较好。

第三，精神文明建设进展较快。由于经济发展比较顺利，县、乡、村三级经济实力较强，精神文明建设就有了物质基础；由于经济发展比较平衡，先富带后富的面不断扩大，农民对共同富裕有了奔头，思想政治工作的说服力就比较强；由于经济工作上了轨道，领导干部不必每天为全县的吃饭问题、收支问题发愁，有时间有精力认真抓各方面的工作，精神文明建设真正提上了议事日程，得到切实加强。在这些县，实用科技的推广工作普遍受到重视，网络比较健全，寿光县还成立了蔬菜研究所；教育经费充裕，教师队伍质量较高，学龄儿童入学率高，职业教育比较出色，莱芜市1/3的中学已改为职业学校；新建的文化馆、体育场、影院戏院等文化设施较多，医疗卫生、社会保障工作正在逐步制度化；基层干部最头疼的计划生育工作，也比其他县进展顺利，成绩突出。特别令人振奋的是社会风气的改变，各个部门互相扯皮的现象日益减少，“农业发展我发展，我与农村共兴衰”的口号深入人心，潜移默化的影响力越来越大。

80年代后期，全国粮棉生产处于徘徊状态，这些县却没有徘徊或一度徘徊很快转向稳定增长；全国农村基层组织瘫痪半瘫痪的问题相当严重，这些县却不存在或者基本上不存在瘫痪问题；全国省、地、县各部门之间互相扯皮的现象十分突出，这些县却已经消除或者正在消除扯皮现象。对比如此鲜明、强烈，不能不令人感叹：风景这边独好。

为什么风景这边独好呢？

一方面由于当地县级领导决策正确，另一方面则由于省里为县级的改革和发展提供了一个良好的外部环境。其特点是，从实际出发，“唱地方戏”，“造小气候”，用积极的、渐进的办法去减少摩擦，消化矛盾，先转变指导思想，再转变各部门的职能，改善各个环节，强化服务功能，促进经济发展,使新体制逐渐在量变的基础上发生质变,最后脱颖而出。诸城现已改县为市,它是县级改革的排头兵,也是县域经济发展的佼佼者。诸城首倡“商品经济大合唱”“贸工农一体化”“农业产业化经营”,大胆对国有企业搞股份合作制,有力地促进了县域经济的市场化,20 年一直保持高速、持续发展的势头。1991 年国内生产总值实现了翻两番。1992 年起,进一步加快步伐,三年时间实现了第三个翻番。1997 年,全市完成国民生产总值 82 亿元,按可比价格计算,比上年增长 9.7%;实现财政总收入 4.3 亿元,其中地方收入 2.7 亿元,分别增长 32.9%和 35.4%;县属企业改制后并为 37 家,总资金由 1992 年的 2.39 亿元升为 1997 年的 8.15 亿元,增值率为 241%;税利由 7160 万元升为 2.55 亿元,为 3.56 倍。充分证明了县级改革与发展的互相促进,县域经济的巨大活力和增长潜力。

从全国看,改革逐步深化、经济持续发展的县,除沿海发达地区外其他各省也先后出现过一些,但数量较少,起落不定,形不成气候,而山东则一个又一个连续出现,逐步巩固、壮大,有如群星闪耀,各有千秋,有力地推动着全省县属小企业的改革、小城镇的建设和农业产业化经营的发展。

五、外向型经济与民工潮

中国改革的重大特点之一，是同开放紧紧连在一起。改革不仅要改革那些不适应生产力发展的上层建筑和意识形态，还要改革那些妨碍开放、妨碍中国走向世界的习惯势力和规章制度。因此，开放也可以说是改革，两者不可分割，是一个问题的两个方面。

历史发展到今天，整个世界是开放的世界，是一个统一的国际大市场。随着世界新技术革命的深入发展，国际分工日益深化，国际市场不断扩大，国家之间的经济联系越来越密切，彼此互相依赖的程度也越来越紧密。任何国家对外经济开放，受到国内外多种因素的制约，不是想快就快，也不是越快越好，而必须随着各种主客观条件的逐步成熟，有计划有步骤地实行开放。

外向型经济中的乡镇企业

1979 年中央决定广东和福建两省实行“特殊政策，灵活措施”，到 1980 年，先后建立了深圳、珠海、汕头和厦门四个经济特区；1984 年开放了上海等 14 个沿海城市；1985 年开放了长江三角洲、珠江三角洲和闽南三角地区；1988 年还决定成立全国最大的经济特区海南省，实行更加特殊的政策；1990 年中央批准上海浦东开发开放；同时，沿海开放推进到北部、西北部和西南部的沿边开放。最后一个时期，作为我国对外开放“第二梯度”的内陆省份也纷纷采取措施，加快对外开放的步伐，逐步形成了分层次、全方位开放的格局，大大推动了我国经济的发展。与此同时，我们深刻体会到对外经济开放程度必须与国内经济发展状况相适应，如果不顾国力，急于求成，盲目引进，就会造成技术闲置甚至还不起债务等恶果。但是，决不能因噎废食，再关起门来搞建设。对外经济开放同其他改革一样都是为了完善社会主义制度，而不是否定社会主义制度。社会主义和资本主义既有本质的区别，又有历史的联系。十月革命后，列宁就曾提出利用资本主义来建设社会主义的观点，这是创造性的历史唯物主义的观点。改革的实践告诉我们，完善社会主义制度的一个重要方面，就是通过发展和扩大对外经济关系，把资本主义发展过程中一切对我们有利的东西拿来，用于社会主义建设。必须学习资本主义一切先进的东西，只有敢于和善于向资本主义学习，才能战胜资本主义，建成有中国特色的社会主义。

计划经济基本上是闭关自守的经济，外贸由国家垄断。农产品服从国内需求，如果货源充足，可以出口；如果货源紧缺，就优先满足国内的需要。20 世纪 50 年代后期和 60 年代，在紧邻香港的广东珠江三角洲，建立过一批为香港提供农产品的农场和工厂，在“十年动乱”中已荡然无存。70 年代佛山地区被外贸部定为第一个统一出口的生产基地，并从出口商品的销售额中获得了一定的外汇留成，从而提高了当地农民发展外向型经济的积极性。到 1978 年，广东共有专门生产出口主要农产品的“生产基地”17 处，承担了全省农业出口生产的 1/4。但是在整个经济中出口的比重仍然是微不足道的。

党的十一届三中全会后，全国实行对外开放、对内搞活的方针，广东又实行比内地更优惠的特殊政策，更是一片繁荣景象。全省出口商品收购总额，从 1978 年的 28 亿元上升到 1980 年的 48 亿元；海外销售额上升了约 50%。与此同时，外资重新进入广东，1980 年外国投资额超过 2 亿美元，主要投资于小型的乡镇企业。后来，由于代理制、外汇双重兑换率等一些具体政策处理不够妥善，发展的势头一度受阻。1984 年底，当时的国务院总理指出："为了打入国际市场，农产品和加工产品的出口基地必须按照出口市场的需求，改变其生产结构。对于这些地区来说，政策的优先次序应当是贸工农，而不是农工贸。不是根据自己的意愿来种植加工，然后为多余的产品寻找出口市场。相反，应该根据国际市场需要，来安排种植和加工计划。"从此，在广东的发展战略中，外贸才从支援工农业的从属地位，转向经济发展的中心和主流。全省各地加工出口区有如雨后春笋，迅速增长。广东的出口额在全国各省市中 1984 年居第 5 位，为 25 亿美元，1987 年上升到 70 亿美元，跃居第一位，增长率达 180%。

在广东持续多年的经济迅猛发展中，外向型的"三来一补"企业起了重要的台阶作用。所谓"三来一补"是指来料加工、来样订货、来件组装和补偿贸易，可以说是农村经济发展中的"短、平、快"项目。农村经济在由内向转为外向的过程中，无论是农业还是乡镇企业，都面临一个产品如何适应国际市场需求的问题。如果不从国外引进原材料、技术设备、销售渠道，单纯依靠本身的努力，很难形成新的生产力，提高创汇能力。"三来一补"正好把这三大要素送上门来，与我们具有优势的土地、劳力等要素相结合，迅速投产出口，非常适合农村乡镇企业发挥机制灵活的优势。以广东的东莞和宝安为例，这两个过去经济比较落后的县，依靠"三来一补"突飞猛进，到 1987 年，总收入分别达到 16.3 亿元和 8.8 亿元，增加了 11.5 倍和 4.3 倍。乡、村两级企业中，40%以上是"三来一补"企业，从 1979 年到 1987 年 9 月累计收入工缴费分别为 3.41 亿和 2.61 亿美元。农民人均年收入，1978 年分别为 193.3 元与 129 元，1987 年已达 1039 元与 850 元。在珠江三角洲各地，到处可以看到创汇农业增长超过一般农业增长，外向型乡镇企业增长超过一般乡镇企业增长。"三来一补"企业增长超过其他外向型企业增长。这已成为普遍的带规律性的现象。可以肯定，"三来一补"是广东外向型发展的第一个台阶，不从"三来一补"起步，就没有珠江三角洲经济的持续增长和惊人巨变。

“三来一补”在毗邻港澳的珠江三角洲一带首先出现，并不是偶然的。初期的“三来一补”企业，大都是家居港澳的乡亲，随着对外开放通过亲友关系引入的；优越的地理位置和侨乡特有的血缘关系作用非常突出。与此相联系的是，初期的“三来一补”企业，订单绝大部分来自港澳的中小企业，而对方本身又几乎都是接受国外加工订单后再将其部分或大部分工序扩散到珠江三角洲，往往最后工序还要拿回香港加工。这种中小企业的再扩散，在规模上、技术上都有颇大的局限性，基本上是劳动密集型，生产设备比较简陋，技术构成低，投资回收期短。而且产、供、销都受制于外方，企业实际上只是外商的一个生产车间，“两头受控，两头看不见”。可以说是“三有三无”，即有厂房无设备，有劳力无技术，有产品无原料和销售渠道。难怪当时有些人认为，“三来一补”是珠江三角洲特殊的产物，不可能在别的地方重演，也不可能成什么气候。事实上，尽管“三来一补”在珠江三角洲首先大批出现有其特殊性，但背后却隐藏着必然的本质原因：一是三角洲廉价的劳动力与港澳地区劳动力价格日益昂贵之间的“落差”；二是改革开放后中央批准广东实行特殊政策，投资环境日益改善。从实践的发展来看，初期由地理、血缘关系导致的客户已渐趋多元化，工业发达国家来者日益增多，“亚洲四小龙”逐步介入，海峡两岸开始沟通，合资引进稳步增长。有些地方，从单纯依靠“三来一补”发展为“三来一补”与自营工业并举；由零星的低技术向系统的适度技术转变；由引进产品结构的随意性向着经过筛选，逐步实现产业结构合理化发展，老产品不断升级换代，并不断开发新产品。

珠江三角洲的实践证明，“千里之行，始于足下”。可以利用地理优势和传统的对外联系渠道，吸引外资；从接受加工起步，但起步不停步；从劳动密集型的项目入手，继续向着发展自营工业、建设本地区的工业体系和合理产业结构的目标推进。技术上也应当由低到高，以适度技术为主，然后向高精尖技术的目标过渡。重视“三来一补”而不满足于“三来一补”，通过“三来一补”上新的台阶，是珠江三角洲发展外向型经济的重要经验。从1989年到1991年，全国农业增产不增收，乡镇企业受挫，农民收入基本上处于停滞状态，陷入了困境。而沿海一些地区却是另一番景象：经济持续发展，市场持续繁荣，农民收入持续增长，而且幅度比以前更大。广东尤其是珠江三角洲，外向型经济起步早，形式多，发展快，几年来“三来一补”已遍布全省各地，在此基础上经过治理、整顿、筛选、提高，规模更为扩大，基本上已形成外向型经济的格局。具体表现在：第一，对外开放不断扩大，由经济特区、保税区、沿海开放城市、珠江三角洲开发区依次扩大开放，后来又加上扶贫开发区，可以说是全方位开放。第二，外贸出口额历年居于全国各省、市、自治区的首位。1991年达136.88亿美元，占全国近1/5。第三，工业品出口占工业总产值的比重，1989年至1991年连续3年均为30%。技术密集型产业增多，高新技术区不断涌现。第四，以“三资”企业为主的其他类型工业产值占乡和乡以上工业总产值1/4以上，1991年达28.79%，为全国平均数6.73%的4倍多。第五，实际利用外资，从1979年到1991年13年累计达144.34亿美元，占当年全国实际利用外资总额的1/5强。当然，广东的外向型经济在层次上还是不高的，产品大部分仍然是劳动密集型的，属于国际市场上的中、低档货；直接与国外的经济交往还较少，多数要经过香港去联系和转口；有些国际交往的手段我们还不会或不能用。尽管如此，在外向型经济发展的推动下，整个国民经济向市场经济体制转化的步伐大大加快，对外开放的进一步扩大促进了改革的深化，促进了政府职能的转换，也促进了乡镇企业的机制更能与市场经济的规律相适应。珠江三角洲外向型的乡镇企业，为了适应国际市场的变化，各种机制也在日趋完备：一、自主经营、灵活决策的经营机制，能抓住市场机遇，做到抢先上马或提前转产，适应市场变化，取得较好效益；二、自负盈亏的风险机制，企业利益与风险对称，并与职工利益捆在一起,能增强职工与企业风雨同舟的责任感;三、优胜劣汰的竞争机制,企业和职工都没有靠山和退路,不能不努力提高产品质量和自己的技术、业务水平;四、合理分配的激励机制,在坚持以按劳分配为主的同时,采取资金入股、技术折股、按股分红等分配形式,对有特殊贡献的科技人员给予重奖;五、自我积累、自我发展、自我约束的机制,促使企业不能不把经济效益放在首位,认真选准投资项目,加快企业基建,加强经营管理,努力节约成本;六、精简灵活的管理机制,工作效率较高,不少外向型企业还引进了微机辅助管理等现代化的管理手段,进一步提高了管理工作的科学性和效率,提高了企业在市场竞争中的综合能力。所有这些机制,都因为发展外向型经济而得到完善和加强,外向型经济已成为乡镇企业再上新台阶的推动力。沿海与内地的差距,主要是乡镇企业的差距,尤其是外向型乡镇企业的差距,而外向型经济的发展的快慢,又主要取决于利用外资和出口创汇两个方面的规模及效果。从这两方面看,80 年代,外向型经济是珠江三角洲领先,进入 90 年代,上海浦东成为全国开放重点之后,苏南地区因为经济技术基础好,人员素质较高,有迎头猛赶、后来居上之势。福建沿海、山东半岛、辽东半岛、沿渤海湾地区也发展得很快,纷纷抓紧基础设施建设,改善投资环境,提高办事效率,以吸引外资。

内陆、边疆的开放与开发

发展外向型经济,重点应放在沿海,但也不应忽视内陆边疆地区的开放与开发。我国内陆边疆分别与朝鲜、俄罗斯、蒙古、哈萨克、阿富汗、巴基斯坦、印度、尼泊尔、不丹、锡金、缅甸、老挝、越南等国接壤。这些国家大部分经济比较落后,有些比我国边疆地区发展还慢。边疆地区有 30 多个民族与境外同一民族跨界而居,双方语言相通,习俗相似,自古以来就有贸易往来。近几年大力开展和扩大边境贸易,并使之与沿海开放作为一个总体战略结合起来，农村外向型经济的发展已呈现了前所未有的新局面。

从市场特点来看，沿海地区主要是引进式的开放，即引进发达国家的资金、先进技术和经营管理方法，以改变产业结构，提高技术水平，再把我们的产品打出去。西方市场容量虽大但竞争性强，很不容易挤进去，对初级产品的需求不旺，价格偏低，风险很大。而沿边地区面对的主要是经济不发达的国家或发展不全面的国家，它们对我国的工业制成品和中低档的日用消费品需求旺盛，市场广阔，潜力极大。如中缅边境贸易，它面对的实际不止缅甸，还可以通过缅甸进入东南亚和南亚各国市场。云南省德宏自治州的瑞丽，从80年代中期放宽边境后，对外贸易额连年大幅度增长，带动了全县农村经济的发展、产业结构的改善和人民生活的提高，日益呈现出欣欣向荣的景象。不少地方边贸采取以货易货的方式，经济效益很高。中缅边境进口的是柚木、宝石等贵重的原材料，出口的是中低档日用消费品，按人民币结算。这对缺少外汇的双方都很有利，对我们更加有利。沿海地区采取“三来一补”，沿边地区可以搞“三去一补”，劳务、技术、设备输出大有可为。如果沿海开放与沿边地区开放相结合，广泛开展横向联合，实行优势互补，“东进西出”，那么边疆地区32个重点陆边口岸和约200个地方口岸为窗口和枢纽，就可以注入新的活力，得到迅猛的发展，从而改变南北与东西的经济态势，使偏远的内陆边境省份，在我国全方位开放的大格局中占有重要的战略地位。

90年代初，根据邓小平建议，我国陆续建立了一批国家高新技术产业开发区，把外向型与高科技相结合，在国内引进国外先进技术，加快国民经济产业结构调整，培育新经济增长点等方面，已显示出日益重要的作用。53个国家级高新区从1991年起，在不到7年的时间里，技工贸总收入已达到3300亿元，实现利税320亿元，出口创汇逾55亿美元。产值过亿元的大企业已从1992年的39家发展到目前的390家，超10亿元的大企业已有38家。高新区130万就业人口人均年产值17万元，远高于我国工业企业的人均劳动生产率。

国家高新区在区域经济中的位置越来越显著。其中，苏州高新区工业总产值已占苏州市工业总产值的33.2%，青岛高新区占16.6%，西安高新区占14.3%，哈尔滨高新区占14.0%，北京工业基数很大，高新区工业总产值也占到10.0%。

“八五”期间国家提供给国家级高新区的基建贷款总共12.5亿元；一些高新区的启动经费不过几十万元。53个高新区共计占地676.16平方公里，平均每个区不到13平方公里。这些指标表明，国家和地方以较小的投入，换来了巨大的经济和社会效益。

农村问题的核心是剩余劳动力的转移

90年代前后，农村出现了大批剩余劳动力向沿海地区的乡镇企业、“三来一补”企业及其他非农产业转移的现象，人数逐年猛增，引起了多方面的关注。从根本上说，民工潮是农民要求进一步增加收入、改善生活的历史潮流。乡镇企业起步早、发展快的地方，当地的剩余劳动力全部安排以后仍然感到不足，工资又较高，这对内地许多农村的剩余劳动力吸引力很大。他们在当地找不到适当工作，便往城市、沿海寻找出路。因此，民工潮实际反映了我国农村工业发展的不平衡性，也反映了农民对劳务市场信息的一种反馈。

农村的改革与发展，要依靠发挥农民的积极性和创造性。包产到户是农民自己先搞起来的，党中央加以支持、指导、完善和提高，结果成功了，农村发生了历史性的大变化；乡镇企业也是农民自己搞起来的，党中央又加以肯定、支持、引导和鼓励，结果又成功了，不少地区农村繁荣起来了。现在农民不满足于初步解决温饱，要求增加收入，进一步改善生活，要求离土离乡，去搞非农产业，要求异地转移，这同样是历史的大趋势，只能肯定，不能否定；只能疏导，不能压制。这是关系到如何对待农民的根本态度问题。

有人把从内地到沿海打工的农民称为“盲流”，这种说法是不对的。农民外出流动的目标从来都很明确，就是追求较高的收入。由于流动人口增加迅猛，有的说有6000万人，甚至更多，这的确也造成了很多严重的问题，特别是交通运输紧张和社会治安问题，更不容忽视。有些人对此忧心忡忡，并非完全没有道理。但无论如何.我们应该首先明确认识，民工潮是客观存在的一股不可阻挡的历史潮流。只有承认它、肯定它，才能正确对待随之而产生的一些不可避免的问题。只有开动脑筋去设法解决这些问题，这样才能变压力为动力，推动改革的深化和市场经济的发展。新疆南部的库车县的领导同志说，60年代初，新疆来了许多“盲流”，后来慢慢认识到，“盲流”的叫法是不对的，他们实际上是一支建设新疆的重要的生力军。县城里那些补牙的、修眼镜的、钉鞋的……都是千里迢迢从关内来的，而且许多都是温州人。没有他们，市场就不会繁荣，各种服务行业就会缺这少那，很不方便，感谢这些“盲流”，为我们偏远的边疆之地繁荣了市场，带来了生活上的方便。

农村问题的核心就是剩余劳动力的转移，而这与为农民扩大就业门路、改变种粮食增产不增收的状况是紧密相连的。在温饱问题基本解决之后，农民由追求增加农产品变为追求货币收入，而乡镇企业则是农民增收的主要来源。一些乡镇企业比较发达的地方，包括内地的一些县区，乡镇企业的产值已超过农业的产值，成为农村经济的支柱。特别是新增长部分，绝大多数是来自乡镇企业。因此，农民也把自己的希望寄托于乡镇企业的发展。

简单回顾一下改革以来农业生产的波动和农民收入的变化，对弄清引发90年代初民工潮的原因，也许会有一些帮助。

1979年到1984年,农村经过第一步改革,农产品连年大幅度增长,再加提价,农民收入空前增加,年递增率达到15.1%,农民高兴,国家满意,皆大欢喜。

1985年粮食生产下降,接着是三年徘徊。但是,由于乡镇企业迅猛发展,农民的收入非但没有减少,反而以5%的年递增率持续增长,所以基本上仍然是满意的。

1989年到1991年,经过一系列措施,粮食搞上去了,1990年还出现了特大丰收。但乡镇企业却由于种种原因,发展受到了限制。结果农业增产而农民收入却陷入停顿,年递增率只有0.7%。这个数字意味着不少地方实际上是负增长。与全国情况相反,沿海地区,特别是珠江三角洲地区依靠"三来一补"等外向型经济的崛起,乡镇企业又跃上了一个新台阶,提高了档次,提高了技术,扩大了规模,从而带动全国乡镇企业得以继续向前发展。

从上面这些分析可以看出,农民收入和农业生产增长的关系越来越不如其与乡镇企业发展的关系密切。同时,由于乡镇企业发展的基础不同,变化不同,沿海地区同中西部地区的差距也越来越大了。就全国来说,一方面内地农民收入增长滞缓,要求外出另找就业门路;另一方面,沿海地区的乡镇企业尽管技术档次提高,一些劳动密集型的产品已被淘汰,吸收劳动力的能力有所下降,但发展的势头仍很旺盛,仍然感到劳动力不足,而且工人工资也得到增长。这一推一拉,便引发了90年代初大规模的民工潮,这可以说是体制改革、城乡经济格局变化和地区差距拉大的必然结果,也可以说是市场经济进一步发展,要求生产要素进一步流动和优化组合的必然结果。既有利于促进全国统一劳动力市场和市场配置资源机制的形成,更有利于缓解当前农民收入增长迟滞的困难。据统计,四川省每个外出劳力年创收2000元以上,1997年外出务工经商的人增至450万人,当年通过邮局汇回近140亿元,过春节时自己带回200多亿元。而四川全省当年地方财政收入只有173.1亿元，这是多么宝贵的一大笔财富。90年代中期，四川省号召“川军回归建设家乡”，陆续又有43万人回乡办厂，推动了四川民营经济的发展，还为国有企业下岗职工再就业提供了一个重要的渠道。四川省外出劳力连年增长，收入也连年增长，当地的说法是：“一人做工，全家脱贫。”预计，为中国农村庞大的剩余劳动力寻找出路，将是我们必然长期面对的一个复杂而艰巨的历史任务。解决得好，可以成为改革和发展新的推动力，解决得不好，不仅会使农业、农村经济乃至整个国家经济发展受到干扰，而且会直接影响社会的安定。因此，农村剩余劳动力的转移和开发利用，是一个全局性、战略性的重大问题，必须列入各级政府的经济和社会发展规划，摆到各级领导的议事日程上来，采取多种渠道、多种方法去解决。

六、 地区差距与扶贫开发

社会主义的理想是实现共同富裕，中国的现实是贫穷落后，经济发展极不平衡。改革前受“左”的思想影响，无视现实，脱离实际，企图在短时间内跨越贫穷落后、发展极不平衡的社会主义初级阶段，跳跃到共同富裕的明天，结果事与愿违，共同富裕变成了普遍贫穷。传统的想法是：手挽手、齐步走；不准冒尖，不许先富；谁先富，谁就破坏了共同富裕，是不走社会主义道路。但历史无情地宣告：差距是客观存在的，采取不承认主义是不行的。只有承认差距，不怕一定时期内差距的扩大，进而逐步缩小差距，才能最后消灭差距；只有允许一部分人、一部分地区先富起来，在走向共同富裕的道路上，拉开穷富之间的差距，进而变贫穷程度的差距为富裕程度的差距，才能最后实现共同富裕的理想。

如何看待地区差距

中国农村经济发展的不平衡，是历史造成的。在平均主义“大锅饭”导致的普遍贫穷的条件下，城乡差别明显，中西部与东部沿海地区的差别并不突出。大量贫困人口和严重的贫困问题，人们已经习以为常。改革开放后全国农村发生了前所未有的根本性变化，各类地区都有进步。但是，东部沿海地区经济持续高速发展，中西部地区步伐相对来说要缓慢得多，出现了区域之间经济发展水平的大差距，而且日益扩大，成为一个影响全局、引人注目的大问题。

1987年,《中国青年报》以醒目的标题和大量篇幅连续刊登《西部贫困探源》,是国内较早对贫困问题的系列报道,其中有一篇指出:“贫困,是社会主义生产力落后和阶级压迫的结果,它曾作为动因之一,促使马克思和恩格斯在100多年前写下了著名的《共产党宣言》。中国共产党人正是在《宣言》精神的指导下,历尽艰苦卓绝的斗争,实现了人民大众在这片土地上当家作主的愿望。当时,几乎人人相信贫穷将会同资产阶级一起被埋在脚下。时光荏苒,又过了30多年,贫困,以及与贫困相依相伴的某些消极现象,在我们这个没有阶级压迫的社会主义国家里却依旧存在。”80年代中期前后,中国的贫困问题包括两方面:一是仍有一小部分贫困农户的经济收入不能维持其生存的基本需要,尚未解决温饱,食不果腹,衣不蔽体,房不遮风雨,被称为“三不户”。这是地道的“绝对贫困”。二是一部分低收入农户以及贫困地区仍处于相对落后状态,与发达地区经济、社会等方面的差距正在逐步拉大。这种差距形成了“相对贫困”。

1987年下半年,中国科学院地理研究所的姜耀华、孙德光等7位同志经过9个月辛劳的调查访问,提交了研究报告《中国贫困地区及其开放》,这份有关扶贫开发的第一个研究报告,以大量翔实、科学的材料,综合分析了全国贫困地区的自然、社会、经济和民族的特点,把全国664个贫困县划为6大类、21个亚类,指出了各类的状况、优势、存在的问题、贫困原因、发展方向和采取的对策。这个报告可以说是中国科学院科技扶贫最初的重要成果。

在中国地图上,从兴安岭南部经坝上高原、太行山、巫山、武陵山直到苗岭,画一条线,便可以发现这几乎就是一条贫富分水岭。全国86%以上的贫困县集中在这条线以西的地区,与东部丘陵、山区孤岛状分布的贫困片呈鲜明的对比。

从地理、地貌和自然资源特征分析,全国18个整片贫困地区可以分为几种不同类型:东西部接壤地带,西南喀斯特山区,内蒙古旱地,东部丘陵山区，黄土高原沟壑区，西藏山区等。

按照世界银行人均275元和370元的消费水平作为上限划分赤贫和贫困的标准，1985年中国有2.1亿人属贫困人口，占发展中国家12亿贫困人口的18.8%；中国的赤贫人口则有8000万，占发展中国家6.4亿赤贫人口的12.6%。

粗略地说，也可以把京广线以西的绝大部分地区称之为中西部。中西部地区人口占全国的64%，国土面积占89%，全国8000多万贫困线以下的人口，中西部就占7000多万。中西部不发展，中国就难以稳定，东南沿海地区也难持续快速发展。

我国西部有10个省区。除新疆外，人均收入都在全国平均数以下。其中贵州最低——人均GDP为1232元，占全国平均数2663元的46.2%，与最高的上海人均GDP11700元相差8.5倍。东西部间经济差距是不断扩大的。以GNP衡量，1990年东部地区占53.8%，1991年上升为58.3%，平均每年增加1.5个百分点。西部地区GNP占全国份额，在1991—1993年间平均每年下降0.5个百分点。据国务院发展研究中心的调查材料，1993年我国有587个贫困县，其中500余个集中在中西部地区。这些贫困县集中分布在西南和西北的高海拔地区，尤其是在高原向平原急剧倾斜的过渡地带。这些地区的地形破碎，山高坡陡，水土流失严重。农业自然灾害频繁，生态平衡脆弱，交通不便，开发成本高昂，投资效益差，经济非常落后。

东西部地区经济发展差距扩大是诸多因素相互作用的结果，从宏观上讲，一般认为原因有三：一是我国的生产力布局历史上就集中在东南沿海地区。二是按照国家产业垂直区域分工布局，加工主导型产业主要集中在沿海地区，资源开发型产业大都分布在西部地区。长期以来，基础产品的价格与价值严重背离，致使西部地区发展滞后。三是东部沿海发达省区改革以来乡镇企业迅速发展，产业结构不断得到调整，善于利用国家给予的优惠政策，较为灵活地运用市场机制，领先发展投资回报率较高的产业，形成我国内外投资热点。内地的资金、人才、企业“孔雀东南飞”，使中西部地区本来就稀缺的资金、人才更为缺乏，经济更加落后。后一点特别重要。

从一定意义上说，中西部和东部之间经济发展水平差距的扩大主要是地区之间非农产业特别是工业增长的差距造成的。也就是说，东部和中西部的经济差距，主要表现为乡镇企业发展程度上的差异，本质上反映的仍是工业与农业之间的矛盾和差距。这种因乡镇企业发展程度差异引起的经济差距，在东、中、西部各个地区及各省甚至各县内部也同样存在。山东也有明显不同的三类地区：一是东部胶东半岛地区包括青岛、烟台、威海、淄博、潍坊等沿海发达地区；二是西部包括滨州、德州、聊城、菏泽 4 个地区及临沂地区的部分山区县；三是位于上述两类之间的中部地区。历史上东部农村经济比西部发达，农村改革后一度差距有所缩小，1984 年东部农村人均收入 400 元，西部为 300 元，相差 100 元左右。到 1991 年，东部达到 1000 元以上，而西部仍在 500 元左右徘徊，相差五六百元。这主要由于东部地区抓住了机遇，大力发展了乡镇企业，走上了以乡镇企业为主的发展轨道，第二、三产业已占到农村经济总收入的 80%—90%，彻底改变了以第一产业为主的状况，实现了经济结构的历史性转变；而西部地区的特征，恰恰是第一产业在经济结构中仍占 70%—80%的比重，第二、三产业很不发达，农民负担重，收入低；中部地区正在过渡时期，第二、三产业比重逐步扩大，经济开始走出低谷，正向农村工业化迈进。江苏省苏南地区与苏北地区之间经济发展的差距也相当大，长江两侧则处于中间状态。广东珠江三角洲被称为“金三角”，与它相距不足 200 公里的粤北山区的某些地区，贫困程度同中西部的某些贫困地区相比，甚至有过之而无不及。由此可见，区域差距是一个带有普遍性的问题。

应当如何看待地区之间差距的扩大呢？

一种意见认为，中西部和东部之间的经济差距由来已久，而发展不平衡是经济快速增长不可避免的结果。国民经济增长愈快，地区间经济增长的差异愈大，这是符合经济增长与地区经济不平衡之间相关的规律的。这个规律表明，在工业化的初期和中期，国家一般都要集中资金于有利的地区，只有这样，才能从总体上实现较快的增长。但在同时，地区间经济实力和人均产值的差距都必然地要扩大，这已被许多国家工业化过程中区域经济发展的普遍特征所证实。而地区之间发展不平衡的扩大是经济高速发展难以避免的副作用。应当看到，导致经济差距扩大的主要因素将长期存在，只要国家经济日益发展强大，对此采取适当的对策，地区间发展的不平衡不会导致国家不稳定。

另一种意见认为，地区差距过分悬殊，而且近年不断扩大，已成为影响全局的问题。不少人担心，发展下去会导致两极分化。这种担心不能说没有根据。但是，对区域经济的差距不能作简单的判断，而必须全面分析。它与长期存在的“三大差别”(工农、城乡、体力脑力)是交织在一起的，其根本原因是生产力水平不高，根本出路也在于发展经济。当前的改革目标是以社会主义市场经济取代计划经济体制，分配上应当向效率倾斜，实行“效率优先，兼顾公平”的原则，反对吃“大锅饭”。一个地区内部也好，各个地区之间也好，都不能再搞一平二调，而必须按商品经济的规律办事。改革的方针政策是允许一部分人、一部分地区先富起来，目的是为了促进经济发展，最后实现共同富裕。这个差距是在发展过程中的差距，而“两极分化”，是指社会分成“两极”即富者愈富，贫者愈贫。两者有本质的区别。在改革进程中，私营企业主和“三资”企业员工的收入水平比一般工薪人员要高得多，这同区域经济差距不是一回事，但对扩大差距有一定关系，容易造成认识上的混淆。同时，由于政策不配套、法制不健全、税收有漏洞等因素，使巨额税转化为个人收入，出现了少数人暴富的现象，对此要采取必要的对策，认真加以纠正。逐步加强社会保障工作，防止贫富差别过大。但是，从总体上来说，允许一部分人、一部分地区先富起来的方针是正确的方针，是一条走向共同富裕的道路。它既不同于过去“共同贫困”的道路，也不同于所谓“两极分化”的道路，如果认为现在已经出现两极分化，那就可能压抑东部的发展势头，成为影响经济增长全局的大问题。现在有人对西部发展提出战略性建议，认为西部地区应从资源和原材料的开发利用着手，立足于地下资源优势，重点发展能源、矿产、原材料工业和深加工工业。从生产力布局规律看，这可能是西部经济发展的一种选择。但是，优先发展西部重工业是不现实的，也是不可取的。因为重工业的发展，既需要大量资金，又需要比较高的技术水平。目前西部资金紧缺，整体技术水平还远不能满足需要，虽然西部三线企业尤其是军工企业占相当比重，且拥有先进的技术优势，但三线企业大多属于部门垂直管理，再加上市场残缺，特别是西部技术转让市场的极度不成熟，使这些企业和周围环境的关联度甚低，基本上处于游离状态。因此，这些高技术产业并不具备联动效应。近来军工企业已有许多转向民用生产，但大都转向耐用消费品的生产，对能源、矿产、原材料开放难有大的促进作用。这也是军工企业的技术性质决定的。依赖军工企业技术优势发展重工业显然是不现实的。目前，西部产业结构比例严重失调。1993 年西部工业产值中，重工业比重比东部高 9.64 个百分点，轻重工业之比则为 38∶62。1995 年的情况基本相同。重工业内部，采掘和原材料产业比重过大。同时，西部产业配套协作能力也差，产业内部和企业之间缺乏密切的技术经济合作。产业之间，重工业、轻工业、农业发展层次也不协调，基本上处于各自为战的状态，重工业的发展未能带动农业和轻工业的发展，从而也未能促进西部区域经济的现代化，相反，可能延缓西部经济的发展。

扶贫开发的政策、措施

20 世纪 80 年代初期以来，党中央、国务院加强了扶贫开发工作。早在 1982 年，中央财经领导小组就确定对"三西"地区(甘肃河西走廊、定西地区和宁夏西海固地区)进行治理，针对"三西"地区生态严重破坏，农民饥寒交迫的状况，10 年内每年拨款 2 亿元治理水土流失，解决群众温饱问题。1986 年 2 月，总书记胡耀邦率三个调查小组赴广西、云南、贵州专门访问未解决温饱问题的农户。当年 6 月，国务院贫困地区经济开发领导小组正式成立，大幅度增加了扶贫的投入，制定了一系列帮助贫困地区休养生息的优惠政策。比如分别情况减免农业税，免征贫困县的能源、交通重点建设基金，设置多种扶持贫困地区发展的专项资金，发放一批专项低息贷款和贴息贷款，等等。更重要的是把传统的单纯分散救济变为开放式扶贫，也就是把输血型救济变为增强造血功能，发扬自力更生、艰苦奋斗的精神，改变自己贫困落后的面貌。

国务院责成有关部门与各省、自治区相结合，采取定点联片的办法，实行重点扶持。帮助引进先进的技术和设备，发展乡镇企业，开发矿产资源，推广各类实用技术，搞活商品流通，提供咨询和技术服务，对那些能够带动贫困地区经济发展的区域性骨干项目、对增强贫困地区发展后劲有重要影响的基础设施以及改善农业生产条件和生态环境方面的项目，优先予以安排，从而使这些地区贫困落后状态有了较大的改变。从 1978 年到 1985 年，我国农村绝对贫困人口从 2.5 亿人降到 1.25 亿人，并继续逐年有所下降。

贫困地区之所以贫困，往往与交通闭塞有密切关系。自 1984 年冬季起，用 3 年时间，国家动用库存粮食、棉花、棉布折价 27 亿元，采取以工代赈办法，帮助贫困地区修建公路和水利工程。到 1987 年底，累计新建改建公路 12 万公里，其中新建公路 7 万公里。一大批新建和改建的小型水利设施已投入使用。近千万人的饮水问题得到解决。甘肃省在贫困地区修建 4000 多公里公路后，使 15 个不通公路的乡通了路，400 多个乡改善了交通条件，10 万人过河难的问题得到了解决，从而加快了经济发展的步伐，农民的纯收入有了显著增加，有的开始走上了脱贫致富的道路。

扶贫的根本之举，在于智力开发，培训人才。近几年来，利用各个方面的技术、人才优势，采取不同的形式，分层次地为贫困地区培训人才，提高劳动者和管理者的素质，已取得可喜的进展。一是各地区对在乡的初中、高中毕业生，复员转业军人和各类能人进行职业教育和技术培训，使他们掌握一二门专业技术；二是委托各专业院校和科技单位，为贫困地区培养各类专业技术人才；三是全国贫困地区干部培训中心，分期分批地培训全国贫困县的县级领导干部。1991 年，经中国扶贫基金会发起和牵线搭桥，陕南贫困地区和苏南发达地区双方协商，分期分批有系统地组织地、县、乡三级干部交流，效果甚好。中央组织部、国务院扶贫领导小组加以肯定和推广，现已发展到 29 个省、市、自治区近万名干部的规模。这种双向交流，促进了干部的观念转变和思想更新；为贫困地区培训了各类人才近 2 万人；新建或救活了一批乡镇企业；促进了贫困地区的经济发展。而发达地区的干部本身也得到了很大的锻炼和提高，打开了当地经济进一步发展的思路，引进或开发了一批东西合作的好项目。

经过连续七八年的努力，全国农村尚未稳定解决温饱的贫困人口，已经从 1.25 亿人减少到 8000 万人。这个数字一方面反映了扶贫工作成就十分巨大，另一方面又说明了今后的任务更加艰巨。这 8000 万尚未摆脱贫困、在温饱线上起伏不定的人口，主要分布在耕地奇缺、资源贫乏、干旱少水、交通不便、社会发育低的深山区、石山区、高寒山区、边远地区和少数民族地区。这些因素决定了扶贫工作进入了最艰难的攻坚阶段。为此，国务院制定了《国家“八七”扶贫攻坚计划》，决定从 1994 年起，用 7 年时间，到 20 世纪末基本解决这 8000 万人的温饱问题。

这 8000 万人 80％集中在西部地区，其中大多数又集中在西南、西北地区。彻底解决这些最困难地区群众的温饱，扶持他们脱贫致富，实际也就是逐步缩小东西部发展差距的途径。实现这一计划是全国的大事，要强调在党中央、国务院统一领导下，实行分级负责、以省为主的原则，同时还要动员全社会的力量，积极参与扶贫开发工作，参与反贫困的斗争，为共同富裕、为全民族的腾飞作出自己的贡献。

1994年初，中国青少年发展基金会宣告，由它发起和实施的救助贫困地区失学儿童的“希望工程”受到广泛而热烈的赞助，五年来已募集到2亿多元，建立起成千上万的“希望小学”。基金会的全体工作人员用爱心、责任感和奉献精神支持着由全社会对失学孩子的爱心和关怀凝结而成的崇高事业，兢兢业业，克己奉公。国家审计署宣布审计结果时，对他们作了高度的评价，认为是“值得信赖的希望工程”，没有腐败，这本身就是一种希望。

1994年3月，江苏省江阴县华西村党支部书记、全国劳模、优秀党员、全国人大代表吴仁宝，响应“东西互助、共同富裕”的号召，为实行“八七”扶贫攻坚计划办实事。他们在村里举办了一个别开生面的培训班，参加学习的陕、甘、宁、晋四省100名优秀的镇党委书记和乡长，其中大专毕业生占42%，高中、中专毕业生占50%，初中毕业生占8%。费用全部由华西村负担。吴仁宝重视实践，强调学是为了用，回去办实事。他对培训班有个形象的说法：课程是社会主义市场经济；课堂是工厂和市场；教员是工人和农民。培训期6个月，分三段：第一段了解华西村如何摆脱贫困，战胜困难，走向富裕，成为“社会主义农村希望所在”的；第二段学习企业管理知识和华西经验，随营销员出外跑业务，了解市场，做生意，培养发展市场经济的能力；第三段到工厂上岗上班，担任实职，熟悉华西企业管理的制度和方法。培训回去后，每人可送三五十人来，工作两三年，学习技术，开了眼界又能挣到一笔钱，可以回去办厂。这样逐步安排下去，一个华西村就可以帮助一万人和他们的家庭脱贫。3月中旬，全国人大会议期间，吴仁宝与参加大会的全国著名劳模史来贺(河南)、倪振亮(北京)、李桂莲(大连)、常宗琳(山东)、卢志民(吉林)等举行座谈，报告了他的想法和做法，得到大家热烈赞同，大家都准备积极参与扶贫行动的行列。全国著名的农民企业家、浙江杭州万向节厂厂长鲁冠球提出“西进”计划，决心以1亿元投资西部，正在洽谈具体项目。这些优秀的农民企业家不仅富有历史责任感，而且具有远见卓识，认识到贫困地区并非一切贫困，有些贫困地区地下蕴藏的资源远远超过发达地区，有的水力、光能资源特别丰富，是一块有待开发的宝地，投资赚钱的热土。中西部社会发育程度较低，基本上仍保持着自然经济格局。这个大的封闭系统，要与现代社会文明、现代市场经济接轨，困难当然非常之大。但中西部并不注定是永远落后的，这里有劳动力资源和自然资源的优势，投资风险小，市场潜力大，崛起只是时间问题。敢以东部资金、技术，按经济规律办事，大胆进军中西部，必将捷足先登，走上东西结合、优势互补、共同富裕的道路。

第五章

改革、开放、发展的新阶段(1992—1998)

一、 全面向社会主义市场经济体制转轨

1992年10月党的十四大确定以社会主义市场经济为改革的目标模式，这标志着中国改革开放全面向市场经济体制转轨。10多年的实践、探索、起伏、曲折终于取得了前所未有的共识："社会主义市场经济体制是同社会主义基本制度结合在一起的。"

1993年3月，第八届全国人民代表大会第一次会议，把"社会主义市场经济"载入庄严的宪法。从此，社会主义市场经济已成为不可逆转的大趋势了。

社会主义市场经济的理论基石

1992年年初，邓小平南方谈话发表，像巨大的旋风吹散了天空的乌云，使当时人们思想上的疑虑、困惑一扫而空，为20世纪90年代及其以后相当长一个时期中国的改革、发展和稳定提出了完整的战略指导思想，为中国社会主义市场经济奠定了理论基石。南方谈话科学地总结了历史经验和现实的新鲜经验，内容极为丰富。突出的要旨是：

一是强调党的基本路线一百年不变。不搞社会主义，不搞改革开放，不改善人民的生活，中国只有死路一条。明确指出，在整个社会主义初级阶段必须始终贯彻这条路线，不能有丝毫的动摇。谁要改变这条路线，老百姓不答应，谁就会被打倒。

二是强调改革也是解放生产力。"过去，只讲在社会主义条件下发展

生产力，不完全。应该把解放生产力和发展生产力两个讲全了。”讲话强调“发展是硬道理”，还提出“三个有利于”的原则，也就是坚持有利于发展生产力、有利于增强综合国力、有利于提高人民生活水平的原则。这样就把生产力标准同国家观念、群众观念结合在一起，成为完整、统一的判断是非的标准。

三是强调要警惕右，但主要是防止“左”。“左”的影响根深蒂固，新中国成立以来的历史证明，一出现“左”的思想和做法，经济就下降。因此，不反“左”就不可能改革开放，就不可能真正发挥社会主义制度的优越性。但长期以来总以为“左”是方法问题，右是方向问题，“左”比右好。谈话指出，“左”的危害并不比右小。

四是强调要自觉地吸收资本主义发达国家的有益经验。改革与开放是密切联系、互相促进的。过去把资本主义看成瘟疫，非常可怕，甚至“宁要社会主义的草，不要资本主义的苗”。改革以后态度有所改变，但还缺乏“拿来主义”的胸襟和气魄，只重视引进设备、学习技术，对管理经验、管理制度就不敢学、不敢用。计划与市场姓“社”姓“资”的问题，多年来一直争论不休，根源实出于此。谈话明确指出，计划与市场都是经济手段而不是社会制度的本质。资本主义可以利用，社会主义也可以利用，谁用得好它就为谁服务。这个长期纠缠不清的问题终于得到了明确的回答。

南方谈话经过广泛传播、学习讨论，成为全国人民的共识，为社会主义市场经济奠定了理论基石。人们一开始见到初稿，一方面非常振奋，再一次感到改革开放有了希望；另一方面又担心一些具有突破性的新提法，在正式文件中还能不能保留。后来文件传达了，一些最重要的话都没有删掉，但又担心党的决议上能不能全部采纳。

4 月中旬，还在全国上下学习讨论邓小平南方谈话的高潮时，中共中央政治局常委乔石发表了一篇讲话，指出这篇讲话“针对性很强”，是针对“党内值得注意和应防止的问题及思想倾向”。这些问题和倾向是什么呢？乔石解释说："要警惕右，但主要是防止'左'。"他进一步谈到党一"左"再"左"的历史，强调以史为鉴，"右可以葬送社会主义，'左'同样可能葬送社会主义"。

在此之后不久，即4月25日，中共中央政治局委员、国务院副总理田纪云，又在中央党校发表长篇讲话，引起了热烈的反响。田纪云讲道：根本的问题还是要把经济搞上去。苏联的垮台，绝不能仅仅视为一两个人的错误造成的，这方面的原因当然是重要的，但是最根本的原因是它那个模式的社会主义没有能创造出比资本主义更高的生产力发展水平，没有给人民带来幸福，失去了广大人民群众的支持。

加快改革开放的步伐，加快经济建设，必须冲破根深蒂固的"左"的束缚。如果我们不清理一下"左"的东西，不把小平同志关于要警惕右，但主要是防止"左"这个问题稍加具体化，光空喊加快改革开放步伐，实质上是加不快的。"左"的积习根深蒂固，改革开放的阻力主要就是来自这种"左"的积习。"左"的东西表现很多：你要多宣传一点改革开放，他就会说，这会破坏来之不易的大好形势，丧失治理整顿的成果，他就没有想一想大好形势是怎么来的，大好形势是改革开放带来的；你说要多利用点外资，他就会说，多一个外资企业，就多一分资本主义，就会威胁我们国家的社会主义性质；你要划出一块地方给外商承包开发，他就会说，这是出卖国家主权，丧权辱国；你要多发展一些乡镇企业，他就会说，乡镇企业是不正之风的风源，会腐蚀我们的干部，把乡镇企业视为对社会主义的威胁；你要多发展一些私营企业、个体户，他就会说，这会改变社会主义性质；你讲搞厂长责任制，他就说，这是削弱党的领导；你讲家庭联产承包制不能动摇，他就说，这是走单干的道路，不利于集体经济的发展和共同富裕。如此等等。有人作了这样的高度概括："三资"企业是和平演变的温床，乡镇企业是不正之风的风源，农村家庭联产承包制是集体经济瓦解的根源。他们把改革开放以来最基本、最实质的东西几乎全都否定了。有些人，一面吃着改革开放的饭，享受改革开放的成果，一面大骂改革开放，对改革开放就是看不惯，就是不顺眼。端起碗来吃肉，放下筷子骂娘，还是留恋50年代、60年代的那种短缺经济。也有人至今还留恋以阶级斗争为纲那一套，总觉得没有你斗我、我斗你，群众斗干部、干部斗群众这样一种情况就不是社会主义。总之，“左”的积习对改革开放的阻力不能低估。干什么事他都要问一个姓“社”还是姓“资”，让你什么事都不敢干，什么事也不能干。“左”的东西可以说比比皆是，而且，由于它带有革命的色彩，是革命的言辞，欺骗性大，危害性大，在我们党的历史上是如此，现实生活中也是如此。所以，我认为，在领导层摆脱“左”的思想束缚，是一个重大的课题。如果不敢触动它，改革开放就无非是空谈一阵子。不彻底解决这个问题，改革开放能否持久，要画一个问号。

在消除“左”的影响的时候，特别要警惕那些风派人物。这种人翻手为云，覆手为雨，见人说人话，见鬼说鬼话，一有机会就跳出来反对改革开放。这些人一旦掌握了国家大权，对国家、对人民都将是一种灾难。[①]

在此期间，许多经济学家发表文章，论述市场经济问题。

接着，十四大的政治报告草稿在中央机关和各省、市、区领导人中传阅，征求修改意见。6月9日，江泽民在中共中央党校向省部级干部学员发表讲话，提出了“社会主义市场经济”这个概念。他说，在即将召开的十四大上，关于经济体制的改革，总能最后确定一个大多数人都能同意的提纲。他本人的看法，比较倾向于使用“社会主义市场经济”这个提法。这是我国主要领导人首次表示要将中国的改革引向市场经济的轨道，也可以被认为社会主义市场经济这个提法在高层决策者中间已经基本上取得共识。

最后，1992年10月举行的十四大终于通过决议，确认社会主义市场经济是有中国特色的社会主义在经济体制上的表现。1993年3月，第八

① 见田纪云《形势　挑战　任务》，中共中央党校出版社1996年版，第385—387页。

届全国人大第一次会议又把社会主义市场经济代替计划经济载入庄严的《宪法》。这次修宪同时被写进宪法的还有"社会主义初级阶段""改革开放"和"家庭联产承包为主的责任制"三项,标志着中国开始全面向社会主义市场经济体制转轨。

多元经济蓬勃发展

十四大确立了改革的目标模式。战略目标的确立,消除了人们的顾虑,给改革注入了巨大的活力,使改革、开放、发展出现了新一轮的热潮。可以说,以邓小平1992年初南方谈话和党的十四大为标志,我国改革开放和现代化建设进入了一个新的发展阶段,也就是经济体制改革明确以社会主义市场经济体制为总目标的新阶段。全国到处生机勃勃,各方面都取得了令人鼓舞的重大成就,我国经济再上新台阶有了良好的开端。

1992年国民生产总值比上年增长12.8%;粮、棉等主要农产品及林牧副渔业持续增长。乡镇企业持续保持旺盛的势头,农村经济全面活跃。工业生产快速增长,效益稳步回升。科技、教育、文化、卫生、体育等事业都有较大发展。城乡居民收入增加较多,实际生活水平继续提高。

1993年在1992年的基础上继续有所增长,并陆续出台了一些适应市场经济要求的重大改革。这一年国民生产总值增长13%,是全国工业特别是乡镇工业大发展的一年。乡以上工业总产值达35074亿元,比上年增长23.6%;全年实现利税2188亿元,比上年增长23.6%。这一年是农业转向"高产、优质、高效"的重要时期,尽管粮、棉、油三大作物出现减产,农业总产值仍增长3.7 %。城乡居民人均收入达2225元,比上年增长21. 86%,更重要的是,1993年我国市场主体建设有长足的进展,市场体系正向规范化和多元化发展。全国已有生产资料市场2000个,农副产品批发市场1800多个,小商品市场3600多个,工业品批发市场3700多个。还有中药材等专业市场近万个，城乡集贸市场8万个。生产要素市场也保持迅猛发展的势头。

1994年是又一个高增长年：宏观改革有突破性的进展；对外开放进一步向广度和深度开拓；国民经济继续快速发展；综合国力出现新的提高。据国家统计局公布的数字，这一年国民生产总值增加1万亿元以上，首次突破4万亿元，达到43800亿元，按可比价格计算，比上一年增长11.8%。农业生产战胜了自然灾害，取得了较好收成，全年农业增加值增长3.5%，主要农产品中粮食总产量达4496亿公斤，比上年减产119亿公斤，棉花总产量达425万吨，增产50万吨，油料、肉、水产品等保持高增产，糖、麻、烟有所减产；工业企业效益有所好转，全年完成增加值18400亿元，比上一年增长18%左右；投资需求降温，投资结构有所改善，重点建设得到加强，新开工项目比上年减少近二成；市场货源充裕，消费品市场趋向活跃，部分农副产品紧而不缺，基本上没有出现脱销和争购现象；外贸出现顺差，全年进出口总额达2350亿元，比上年增长20%，扭转了前两年进口增长持续高于出口的格局；城乡居民生活继续有所改善，扣除物价上涨因素，分别比上一年增长7.8%和5.0%；城乡居民在认购国库券近千亿元的同时，储蓄存款大幅度增加，新增储蓄存款超过前两年新增储蓄存款的总和。

1995年的国民经济增长率为10.8%，这就是说，在过去迅猛发展、告别短缺之后，在基数较高条件下，又是连续几个两位数的高增长年，并没有失去令人羡慕的发展势头。建设规模之大、速度之快、变化之巨，都足以令人吃惊。每个城市，每个村镇，都在日新月异地更换着容貌景观。"八五"期间共建成各类基本建设项目25万个，其中大型项目809个。房屋竣工面积达64亿平方米，还在160多个国家和地区开展了工程承包和劳务合作。合同总金额达300多亿美元，比"七五"时期增长2倍。1995年国民生产总值达到5.76万亿元，原定2000年比1980年翻两番的目标提前五年实现。确定了“科教兴国”的发展战略,五年共取得国家级科研成果16万项,各类教育事业迅速发展,占人口90%的地区普及了小学教育,普及九年制义务教育有明显进展。我国的社会生产力、综合国力、人民生活水平上了一个大台阶。

如果1995年国民经济增长率10.0%,比上一年的11.8%是平稳回落,那么,1996年的经济走势就可说已转向平稳回升。由于煤、电及一些农产品价格上调,增加了工业企业的生产成本,但宏观经济总量指标仍保持平稳。实现经济健康增长的关键是解决微观经济中积累的越来越多的困难,特别是国有企业存在的问题。进入90年代以来,国内市场发生了很大变化,消费者对商品质量、档次、性能、花色品种的要求明显提高了,消费品更新换代的频率明显加快了,国内市场与国际市场水平的差距明显缩小了。面对这种情况,乡镇企业与“三资”企业都积极调整了生产结构,通过企业的破产和新建以及设备、技术、工艺的更新提高,实行企业的改制、改组和改造,从而增强了对城市上升的消费能力的适应性,提高了产品的竞争力;国有企业则进展比较缓慢,仍然很难摆脱效益下降的局面。

改革迈开了勇往直前的步伐:国有大中型企业以转换企业经营机制为先导,对整个经济体制进行重新构造;价格改革方面,由市场力量决定价格的范围和程度,前所未有地扩大起来;所有制方面,私营经济、合作经济、股份经济以及外资的进入,均创历史的最高纪录,所有制在总体上更趋多元化;金融改革方面,股市以及形形色色的证券交易成为中国经济中最引人注目的新事物;市场发育方面,包括生活资料、生产资料、技术、资金、劳务、房地产等,市场的力量已遍及几乎所有的领域。

同时,一个前所未有的开放高潮由南而北、由东而西,既沿海、又沿边地拓展开来:

东北,以辽东为起点向着朝鲜半岛以及日本;

北部，以黑龙江和内蒙古广阔的边疆陆路面对俄罗斯之远东；

西北，以贯穿中国东西之欧亚大铁路为纽带，伸向西亚以及欧洲；

西南，以桂滇两省与东南亚各国之陆路相连接；

东南沿海原有的开放局面，经由港台地区而与全世界发生更加紧密的联系。

这一年，新确定的开放城市已经遍布东西南北中，包括 5 个沿江城市，13 个沿边城市，18 个省会城市，还有至少 34 个口岸相继开放，中国已出现全方位开放的新局面。

新一轮改革、开放、发展的热潮突出地表现在对外经济关系方面。引进外资由以借款方式为主转为吸引外商直接投资为主，在上海浦东开放开发的带动下，长江沿线呈现空前的活跃的态势。1992、1993、1994 年引进外资的使用额，分别比上一年同期增长 125％、171％和 158％。新注册“三资”企业到 1994 年累计共达 15.36 万户。世界银行发表的《世界债务年度报告》指出，中国 1993 年是全球最大的国外资金流入国。

1994 年新出台的一系列重大改革措施中，有一个重要方面是进一步改革对外经济体制，以有利于扩展对外贸易，吸引更多外资，恢复在关贸总协定中的地位，同世界经济接轨。元旦开始实施汇率并轨，从而建立起了以市场汇率为基础的单一的有管理的人民币浮动汇率制，为逐渐向人民币自由兑换创造条件。国务院还决定组建政策性的进出口信贷银行，从金融上支持外贸发展。

乡镇企业在发展外向型经济中的作用日趋重要。1993 年，全国乡镇企业外贸出口交货额的比重，由 1981 年的 29.5％，增加到 1993 年的 45.0％。1992 年全国新办乡镇“三资”企业，有三个特点：一是投资地域由过去集中于沿海地区，扩展到内陆以至边境省份；二是投资主体多元化，由我国港、澳、台地区扩展到欧美及东南亚各国；三是投资规模增大，项目档次提高。1993 年苏州市新批“三资”企业 1200 多家，平均投资额达140万美元。乡镇企业外向型经济的大发展，还表现为边境贸易的活跃，特别是中国与独联体国家、中越、中朝、中缅更为突出。不少乡镇企业还走出国门，到境外去办厂，直接参与国际市场竞争。1993年底就在36个国家和地区办了105家企业或办事机构。1992年国务院19号文件提出“对有条件的乡镇企业和企业集团赋予其进出口权”的政策，到1993年，已有156家获得了自营进出口权，取得了良好的经济效益。总之，对外开放形成了由沿海到沿边、沿江、沿线、内陆，由一般加工工业到基础工业、基础设施的总体开放格局。对外经济关系的开展，使我国经济从半封闭状态向开放型状态转变，迅速走上世界经济舞台，有力地推动了产业结构的调整，增进了国民经济的整体效益；也有助于经济体制改革的深化，加快现代化建设的进程，把综合国力提高到一个新水平。在世界经济处于不景气的情况下，中国持续保持高速增长，成为世界各国中经济发展最快的国家之一，而且前景看好，是一个潜力巨大的市场。这就不能不使发达国家对中国刮目相看，纷纷调整政策，争相进入和开拓中国市场。中国的国际地位日益提高，对于世界经济的发展再也不是无足轻重的了。

股份合作制普遍兴起

随着社会主义市场经济的发展，股份合作制在全国农村普遍兴起。最早的是浙江温州地区和广州天河区等地，80年代中后期已开始出现，但尚未引起广泛重视。90年代初期迅速遍及全国各地。到1993年底，全国约有股份合作制企业200多万家，占乡镇企业总数的10%左右。有一些省、市，已发展到相当高的程度，成为农村经济的主要支柱和市场竞争主体，不断向更广阔的领域扩展。其特点，一是由乡镇企业向农林牧副渔业扩展；二是由集体所有制向多种所有制（包括国有企业、个体企业、私营企业）扩展；三是由资产股份化向土地等各种生产要素股份化扩展；四是由社区股份合作向跨社区的股份合作扩展，并由东南沿海地区逐渐向中西部地区扩展；五是经营组织规模由小向大扩展。

股份合作制在90年代初期兴起，决不是偶然的，而是我国农村经济同社会主义市场经济体制全面接轨的必然产物。市场经济的发展，要求市场主体具有完全的独立性，有明确的产权关系；要求进入市场的企业具有一定的规模，能稳定地提供批量产品；要求经济组织具有开放性。而农民的家庭经营规模很小，商品率也低；乡镇企业大多数规模也不大，农村改革建立起来的社区合作组织，还具有很大的封闭性，不利于生产要素流动和按市场要求配置。于是股份合作制应运而生，蓬勃发展，成为反映亿万农民的意愿和历史发展趋势的制度创新。

有些同志认为，股份合作制是两种不同的体制，股份制的特征：(1)资本的联合；(2)以盈利为目的；(3)一股一票；(4)按股(按资)分红；(5)不留公共积累。而合作制的特征则是：(1)劳动者的联合；(2)主要目的是为社员服务；(3)一人一票；(4)按劳或按贡献或按交易分配；(5)留有不可分割的公共积累。因此，把两者相结合，会成为非驴非马、不伦不类的东西。这种意见当然不无理由。但中国经济社会情况特别复杂，改革实践中往往有一些非驴非马、不伦不类而富有生命力的东西破土而出，不宜急于下判断、作结论，应该加以观察、引导，使之完善、提高，先多样化，后规范化，也许会成长为具有中国特色的社会主义新生事物。家庭联产承包责任制如此，股份合作制也是如此。它是农民在社会主义市场经济实践中创造的一种典型的适合于农村乡镇企业的企业制度，既吸取了公有制的积累公有、按劳分配、共谋福利的基本原则，又利用股份制产权清晰、开放联合、聚集规模、风险共担的特点和优点，形成了一种具有特殊组织功能和独立形态的经济组织形式。经过实践表明，它主要有以下特征：(1)产权主体方面，使农村集体企业产权主体从模糊转为明晰，劳动主体与资产主体相同，增强了职工主人翁地位，维护了集体经济的完整性，保护了农民的共同利益。（2）在发展动力方面，使集体企业的外部行政强制机制转为内部的利益激励机制，激励企业和职工的不断追求企业集体利益最大化。（3）在企业运行方面，使单一行政监督管理机制，转为以市场为取向的自主经营、自负盈亏、自我发展和自我约束的运行机制，有利于企业行为的合理化。（4）在企业管理方面，使政企一体、所有权与经营权合一转为政企分开，两权分离，有利于企业经营管理的民主化、科学化。（5）在企业投资方面，使投资主体的单一化转为多元化，有利于实现资本股权与要素股权配制的市场化。（6）在分配制度方面，既继承了传统公有制按劳分配的合理内核，又打破了单一按劳分配方式，引入股份制按股分红的积极成分，形成按劳分配和按股分红相结合的双重分配制度，有利于实现劳动效率和效益的最大化。总之，股份合作制是对传统合作制的扬弃，在继承中创新，从而形成了与传统合作制从内容到形式都有根本区别的新型经济组织形式，为乡镇企业产权制度改革和建设提供了一个可供选择的模式。

在股份合作制普遍兴起的同时，农民开始全面介入农产品的市场运作，而且介入的范围越来越大，层次越来越高。到 1997 年，仅通过城乡集市贸易所实现的社会消费零售总额即占到全部社会消费品总额的 60％以上，其中农副产品额占 30％，而同一比例在 1978 年只有不到 10％，其中农副产品只有 6.8％左右。就农村对城市的直接零售额来看，1978 年只有 31.1 亿元，到 1997 年已达到 3674.5 亿元，绝对额是前者的 118 倍。

市场经济的发展，导致我国农业布局发生历史性的结构大变化，南粮北调变为北粮南调。从事农业生产的劳动力，到 1979 年已下降到农村劳动力总量的 70.4％，其中从事种植业的劳动力已不足 50.0％，而农村非农就业的比例已达到 29.4％。农民纯收入的 1/3 来自非农产业，农民已成为工业化进程中的重要生力军。1997 年农村社会总产值的结构已形成如下的格局：第一产业的份额为 24.4％；第二产业的份额为 62.9％；第三产业的份额为11.4%，也就是说农村非农产业的产值已占到74.3%，差不多正好由20年前的7∶3变成现在的3∶7。这对国民经济的总体增长具有重要的积极意义。

二、经济泡沫与“软着陆”

社会主义市场经济改革目标的确立，是来之不易的。但目标的确定并不等于目标的实现，建立社会主义市场经济体制还会遭到更多更大的阻力和困难。旧体制和旧体制下形成的旧观念受到巨大冲击甚至已被否定，但仍在顽强地发挥作用；新体制尚未建立或某些方面刚刚建立，还很不完善，存在着缝隙、漏洞；更重要的是体制转换必然带来利益格局的调整，从而出现错综复杂的矛盾；再加上某些判断和决策方面的失误，更会加剧矛盾、困难的局面。1992年以后，出现了前所未有的繁荣发展，也出现了更大更多新的矛盾、新的困难。转型时期，沉渣泛起，权钱交易，道德沦丧，假冒伪劣充斥市场，种种消极现象如影随形，腐败不断加剧，成为影响稳定的因素。最突出的则是通货膨胀，金融混乱，物价上涨，治安恶化，转型的痛苦过程令人忧心忡忡。

经济泡沫与通货膨胀

通货膨胀直接原因是财政赤字扩大，而财政困难主要又由于经济效益差，泡沫太多，国有企业三角债严重，亏损面不断扩大，导致财政收入减少，各项指标又难以减少，便出现赤字。不少企业一方面资产流失，资不抵债，一方面管理人员大肆挥霍浪费，出现大量“富了和尚穷了庙”的现象。亏损企业不能维持正常生产，有些连工资也发不出，只好再向银行贷款。银行明知有去无回，也不能不贷，否则工人可能上街闹事。这种所谓

“安定团结贷款”往往变成呆账、死账，越积累越多，几乎无法清理。

企业改革的核心是所有权问题，产权责任人的问题。企业没有所有权，没有产权，没有一种直接与利益相关的责任机制，财富的增长是无法实现的。多年来想绕开这个矛盾，或者推后再说，结果矛盾越积累越严重，始终绕不过去。现在提出建立现代企业制度，实行股份制改造，以及抓大放小等，也还是要解决产权问题，过体制转轨这一关。也就是说，要彻底改变长期以来“三个人的饭五个人吃”的局面，提高效率，多余人员不能不下岗分流，经受要素重组带来的痛苦。1993 年以后，企业改革进入攻坚阶段，工业企业下岗职工激增，日益成为最尖锐的社会问题。在这种情况下，农民进城寻找出路更是难上加难，民工潮的问题逐渐淡化，其实矛盾并未得到缓解，只是农村的问题、农民的问题是分散的，弹性较大，职工下岗问题一突出，相对显得不那么紧迫了。

放权让利的改革调动了地方的建设积极性，但由于缺乏自我约束的机制，无效益投资得不到抑制，便造成了投资规模过大，重复建设过多，更促使通货膨胀率上升，造成物价上涨。1992 至 1993 年间，物价上涨 13%，农副产品更甚，从而引起社会不安。有些地方为了追求政绩，“干部出数字，数字出干部”，弄虚作假，恶性循环，成为泡沫经济。高楼大厦盖得很多，经济效益却连续下降。我国金融改革长期滞后，政策性银行与商业性银行不分，对利用贷款、利率等金融手段进行筹资、融资和宏观调控的能力不大，经验不足。对证券股票、期货市场更不熟悉，股市极不稳定，起落无常，风险甚大，政府对此持谨慎态度。股市建立须严格依照政府指令，正式批准的只有上海和深圳两地。刚刚试点就出问题：1992 年 8 月 7 日，深圳市政府宣告，发售新股抽签表，三天之内，全国上百万人云集深圳，宾馆旅店爆满，许多人只好露天夜宿。9 日上午，500 万张抽签表两个小时即被销售一空，因为大部分被当地官员私下分去或给了亲朋。抢购抽签表的群众得知内情后大为愤怒，开始游行示威，要求惩治腐败，警民双方发生冲突，造成混乱现象。有些“乱”是由于体制、规则不健全引起的，有些则是由于人们不遵守合理的规则引起的。以权谋私、权钱交易带来大量的贪污腐败，带来严重的分配不公，形成畸形的权力资本，引起群众强烈不满。

在中国，一刀切、一阵风、一哄而起又一哄而散，已成为惯性，积习难去。建立开发区，本来是为了引进资金和技术，发展非农产业，确实也取得了重大效果。但在不少地方，却成了某些干部侵占耕地，大发横财的借口。他们欺上瞒下，盲目攀比，刮风跟风，争相炒作，各级都搞，各地都搞，有的就把大好事办成了大坏事。1993 年统计，这一项共占耕地达 6000 万亩以上，而绝大部分实际并未开发，没有任何项目进去，大批撂荒，使人地矛盾尖锐的农业雪上加霜，成为又一灾难。

1993 年 5 月 10 日，首都北京宣布从这一天起，购买粮食及由粮食制成的食品将不再使用粮票。粮食购销制度的改革 1985 年就开始，但是阻力过大，未敢实行，只搞了个计划与市场并行的“双轨制”，但“市场”的这一条轨道不能畅行，农民说“合同定购比统购还统购”。到 1988 年，政府决心深化改革，准备“价格闯关”，不料抢购风潮陡起，物价飞涨，又只好收起“闯关”决策，推行保值储蓄，安抚人心。最后“闯关”流产，留下通货膨胀率 18.8%的最高纪录。这次粮食价格改革，实际上自 1990 年起已陆续在全国各地推行，先农村后城市，城市也先后不一。当时物价已在上扬，统计局宣布第一季度全国 35 个大中城市物价指数上升 15.7%，北京等地老百姓开始抢购黄金首饰和高档电器，颇有“山雨欲来风满楼”之势，此时全面放开粮食价格，不啻火上浇油。按政府公告提出的预测，国营商店粮油的平均价格在 5 月 10 日这一天提高了大约 23%，这包括北京人日常食用的普通面粉、大米及花生油。实际上，集市上优质米面的价格上涨已高于这个幅度，以粮油为原料加工而成的食品价格，还有更大的升幅。按照以往的经验，在整个价格的起落中间，农副产品价格的起落至少占

60%的份额。这一次粮油价格的大幅度上扬，会不会给全面的物价上涨推波助澜？5月份，全国35个大中城市生活指数上涨19%，6月份超过20%。于是出现了紧张的气氛，人们唯恐通货膨胀卷土重来。

农民负担屡减不下

经过十多年的改革开放，20世纪90年代农村出现了经济市场化、产业综合化、集镇城市化、人口流动化、观念现代化的趋势。农村改革启动了产品经济向商品经济、传统农业向现代化农业转变的历史车轮。农民成为独立的商品生产者和经营者后，创造了比往昔多几倍、几十倍的财富，市场不断地扩大它的领地。全国农产品收购总额中，市场价格已占80%以上。上千种农副产品中，国家统一安排种植、统购的不到10种。全国已形成以初级农贸市场为基础、批发市场和专业市场为主导的农副产品市场体系。“无农不稳、无工不富、无商不活”是当代农民对农村产业综合化的深刻理解。农村经济不断发展和变化，党指导农村改革的大方向、推进经济发展的思路，几经风浪仍然坚持未变，家庭联产承包责任制尽管不时受到怀疑甚至指责，也一直坚持未变，顽强地延续了下来。因此，农村基本上是稳定的，农业生产也保持着发展的势头。

但是，分散的农户经营如何适应市场的需求是长期没有解决的“老大难”问题，价格波动、卖难、“打白条”一次再次挫伤了农民的积极性。更严重的是，农民负担过重，党中央、国务院三令五申要减轻农民负担，一直减不下来，甚至明确规定税费总额不得超过农民上一年总收入的5%，否则农民有权拒交，仍然不能解决问题。“减轻农民负担”的呼声，此落彼起，时落时起，连绵不绝。

为什么会这样呢？一句话，增收的前提不复存在，减收的因素不断叠加。

10多年来，农村经济的增长主要靠乡镇企业，农民收入的增加也主要靠乡镇企业。乡镇企业在计划经济与市场经济的夹缝中依托国家的扶持政策生存、壮大，年增长率平均达40%以上，最高年份达70%，通过"以工补农""以工建农"反哺农业，数额远远超过国家对农业的投入。更重要的是创造了许多非农业工作岗位，吸纳了大量农村剩余劳动力，向非农产业转移，增加了农民的收入。外出务工经商的农民，既赚了钱，又开阔了视野，学到了本领，成为农村脱贫致富的带头人。但是，随着市场经济体制的逐步确立，乡镇企业遇到了严峻的挑战。原有的机制优势开始丧失，优惠政策大多已经取消，增长率降到20%左右，效益和吸纳剩余劳动力的能力更非比当年。如果不抓紧改革、改造和改组，实现战略性的转变，再塑新机制、再创新优势，就难以提高乡镇企业整体素质，制止速度下滑趋势。这是影响农村经济和农民收入最重要的因素。

温饱问题解决之后农民追求的主要是货币收入，但农民经营土地赚不到钱，没有收益甚至亏本，部分地区出现撂荒现象。粮食虽然有保护价，但价格不合适，农民不愿把余粮卖给粮食部门；粮食部门按明价销售，粮价太高卖不出去，又不允许私人粮贩到农村收购，造成粮食市场的混乱，最后吃亏的还是农民。

费大于税的现象十分普遍，5%以外的负担名目繁多，什么联防费、农机管理费、广播收听费、有线电视建设费、改厕改水费、平坟复耕费、适龄青年征兵费，等等，五花八门，无所不有。有些地方填报的农民纯收入数字水分很大，提高了农民负担基数，加重了农民负担；各级行政机构庞大臃肿，官僚主义、形式主义严重；经济增长指标偏高，各项任务过重，不少乡镇以上的工程项目建设，也程度不同地增加了基层和农民的负担。

1994年初秋，美国的赖斯特·布朗在《世界观察》杂志上，发表了他的研究报告《谁来养活中国》，预测中国的粮食产量，到2030年将比现在降低大约20%，而人口则将增加到16亿人，届时中国将不得不进口3.4

亿吨粮食。这个数字，相当于中国1978年粮食总产量，1989年粮食总产量的3/4，1993年粮食总产量的2/3。布朗强调，即使中国有财力购买这些粮食，世界上也无法提供如此之多的粮食。因此他断言，将没人能养活中国。

布朗的结论引起世界的震惊，中国不少有关人士和专家奋起反驳，形成了一场小小的风波。翌年夏天，布朗接受中国国务院发展研究中心的邀请，就此与一批中国专家进行辩论，最后承认中国的粮食缺口比他预测的要小。

改革的实践证明，中国人以世界7%的耕地养活世界22 %的人口。尽管粮食增产困难很多，问题不少，但潜力也大，门路也多，既不能盲目乐观，也不必盲目悲观，中国人养活自己是有信心的。现在许多研究农村问题的人，普遍认为当前更重要的，是切实减轻农民负担，增加农民收入。为此首先要更新观念，克服以往就农业论农业、就粮食论粮食的狭隘眼光，把提高农民收入作为各项农村政策出发点，把农业由低效产业转变为高效产业，把农业现代化同农村工业化、集镇城市化紧密联系起来同步发展，还要重视资源的合理利用，建设良好的生态环境，保障农业和农村经济的可持续发展。只有农民收入增加了，购买力提高了，才能成为有效需求，扩大市场，使社会主义市场经济走上良性循环的发展道路，不至于变成泡沫。

90年代前期，在经济过热声中，农业却显得偏冷。深化农村改革也无明显进展，有些地方讥讽农业是“三口农业”：中央每年召开高规格的会议，但少见有力的新举措，口号多于行动，是“口号农业”；地方上依葫芦画瓢，不结合当地实际深入研究贯彻的具体措施，只口头上讲讲，应付上级，是“口头农业”；农民种粮吃亏，只要够自己吃就行，不愿多种，是“口粮农业”。农民收入增长不快，而多方面的负担却不断加重，成为多年的积弊。“打白条”现象极为普遍，向农民买东西给钱竟变成善举。朱镕基曾对湖南人民代表当面作过保证，严令禁止“打白条”，决不允许再把收购农产品的资金挪作他用。他在这方面大概也有刻骨铭心的感受,以致 1998 年当选总理后,第一次在记者招待会上,竟当众讲出“不堪重负”“民怨沸腾”的话来。人们认为这是高层领导头脑清醒,面对现实,充满信心的表现。

“软着陆”:宏观调控改善、加强的成果

1992 年夏,有的经济学家已经提出经济“过热”的问题。下半年经济增长速度进一步加快,国民生产总值增 12%,工业产值增 20%,固定资产增 36%。这些数字,使人不能不想起 1988 年的情况,那一年国民生产总值比上年增长 11.2%,工业产值 17.7%,固定资产投入增 25%。由于经济“过热”而受批评,被认为“情况严重前所未有”,非采取“速冻”措施中国已经无法承受,于是出台了一系列“紧急刹车”的办法,经济上引起巨大震荡,老百姓蒙受损失。两相对照,1992 年这些主要经济指标的增长幅度全部超过 1988 年。那么,1992 年是否也已经“热”得令中国无法承受,也要紧急刹车,加以“速冻”?

对此理论界说法不一,舆论界议论纷纷。

大体上有三种意见:一是坚决地认为经济已经过热;二是坚决地认为经济并不过热;三是大多数人倾向于折衷的说法,诸如“警惕过热”“防止过热”“过热苗头”“部分过热”,等等。

老百姓往往把“经济过热”与“通货膨胀”当作一回事,大家对 1988 年的高速增长记忆犹新,先是号召“加速闯关攻坚”“长痛不如短痛”,当人们期待改革一举成功,出现新的突破,不料却被抛进“抢购风潮”之中,突然“紧急刹车”,“整顿”代替了“加速”,“稳定”代替了“攻坚”,物价飞涨,进退维谷,局势前后摆动之大,政策进退逆转之烈,令人至今心有余悸,生怕通货膨胀再度光临,票子一下“毛”了,重来一次“一个短命的高潮”之后接着

“一个漫长的低潮”。

1992年10月，党的十四大上，朱镕基新当选为政治局常委，名义上仍然是副总理，国务院经济工作的重任实际已落到他的头上。他虽然没有说经济“过热”，但在1992年10月的一次会议上，却用了一些在1988年才用到的话：经济超速度增长；结构矛盾更加突出；交通运输全面紧张；生产资料价格急剧上升。

尽管经济是否过热已由理论界的呼吁扩展为实际经济工作者的争论，引起最高领导层的关注，国内公开舆论则持极为审慎的态度。1993年6月，朱镕基兼任中国人民银行行长。他主持召开会议，针对经济过热引起的种种消极现象，采取了16条强有力的措施加强宏观调控，抑制通货膨胀，清除经济泡沫。1993、1994、1995年连续三年召开三次全国金融工作会议，及数次全国性的金融专门会议，整顿金融秩序，严肃金融纪律，防范和化解金融风险，推进金融改革，加强金融管理，形成了以中央银行为监督机关、国家政策银行和国有商业银行为主体、多种金融机构并存、分工协调的金融格局。人大和国务院陆续出台了《关于坚决制止乱集资和加强债券发行管理的通知》《企业债券管理条例》《禁止证券欺诈暂行办法》《中华人民共和国商业银行法》《中华人民共和国票据法》等法律法规，基本上形成了我国金融法规体系框架；明确提出适度从紧的财政货币政策，强调反复运用经济手段、经济政策、经济方法治理通货膨胀，3年中4次小幅上调、3次小幅下调存贷利率，有效地调整了货币供应量结构，查处了一批违规金融机构和非法设立的金融机构，维护了正常的金融秩序。所有这些，制止了混乱，情况逐年好转。

过去计划经济时期，我国经济缺乏活力，长期停滞，陷入严重的短缺，但仍然波动起伏不定，一放就活，一活就乱，一乱就收，一收就死，死了再放，走不出这个恶性循环的怪圈。改革开放以后，商品市场经济蓬勃发展，情况有了根本性的好转。但是80年代后期和90年代初，计划经济运行方式和思路的惯性力量仍然很大，社会主义市场经济的改革总目标尚未确立，调控经济主要仍然依靠行政手段，依靠计划经济的老办法。这些老办法往往带有主观随意性，不一定符合经济运行的客观规律，要么力度不够，到不了位；要么又过了头，挫伤了经济本身。当时看可能有效，实际上却为下一步的改革和发展设置了障碍，增加了困难。1988 年以后的“紧急刹车”，负面的影响是相当不小的。1993 年的宏观调控，主要依靠经济手段、金融手段和法律手段，不是无条件“紧急刹车”，而是有步骤的“分点刹车”，贷款、利息也是分期微调，适度从紧，而且在宏观调控过程中，通过制度创新解决结构性的矛盾，为建立和完善社会主义市场经济新体制奠定基础。前几年金融秩序十分混乱，通货膨胀的涨幅曾先后超过 18％和 20％，一度物价猛升，企业效益大幅度下滑，经济泡沫掩盖着虚幻的经济繁荣，弄得人心惶惶。3 年之中，宏观调控逐渐见效，1994 年开始好转，1995 年明显好转，1996 年基本解决问题，避免了 1988 年的教训。那一次的“紧急刹车”，在半年时间内把通货膨胀率降至大约 3％，却造成了经济的不能增长甚至负增长，市场销售的普遍下降，即所谓“疲软”。这一次似有改善，通货膨胀降了下来，物价平稳回落，经济运行质量有所提高。1994 年通货膨胀率大致为 10％，增长率则渐渐回落到 10％，出现了较高的增长率与不太高的通货膨胀并行的局面。1995 年 8 月，世界银行驻华代表处一份报告中说，中国经济“软着陆”实现。1996 年 9 月我国加入了国际清算银行，这标志着我国的经济实力和金融改革成就日益得到国际上的认可。1996 年 12 月 1 日，中国人民银行宣布实行经常项目下的人民币可兑换。

“软着陆”的实现，不仅反映了我国的经济实力、综合国力已经增强，而且反映宏观调控的能力也已经有了改善和提高，能适应市场经济的条件，促进市场经济有序、健康、持续地向前发展。

三、 十五大前后

邓小平未能亲见香港回归。

1997 年是中国实现“软着陆”后新的一年，人们满怀喜悦的心情，准备迎接香港回归和党的十五大召开。没有料到，这一年的第一件大事，却是邓小平逝世。

邓小平于 1997 年 2 月 19 日逝世。巨星陨落，举国同悲，全球痛悼。联合国中断了正在举行的会议，起立默哀，下半旗致敬。中国是世界的中国。邓小平领导中国改革、开放、发展，向现代化迈进，对世界和平和人类进步的伟大事业作出了卓越的贡献。他光辉的名字已载入史册，受到永远的尊敬。

邓小平是 20 世纪中国历史上继孙中山、毛泽东之后又一位伟大的人物。他的贡献，当他活着的时候早已家喻户晓；当他去世之后，人们才发现，他对我们民族最大的贡献，不仅仅在于他留下来的思想和业绩，而且更在于使人民能平静地接受他的离去。

看来，这一点他是深思熟虑并作了充分准备的。1989 年 11 月 13 日，邓小平会见日本经济访华团的时候，宣布他要“百分之百地退下来”。次日《人民日报》刊登这一消息时说：“邓小平会见最后一批外宾。”在此之前，他还对美国的基辛格说过：“我已经退下来了。中国需要建立一个废除领导职务终身制的制度，中国现在很稳定，我也放心。”

这是他 7 年前说的话，如果没有从那时到现在 7 年零 3 个月的过渡，如果没有这近 20 年的解放思想，改革开放，今天我们也许不会这样平静地接受他的离去。

失去了伟人的中国是平静的。沪深股市在跌了一下后很快便又回升。27 日，全国政协照常开幕；又过了几天，全国人大会议照常举行……一切照常进行，照常向前发展。

邓小平临终前有个愿望，就是到回归后的香港土地上去看一看，哪怕是坐着轮椅。遗憾的是，只差几个月，这个愿望终于未能实现。

但是，没有了邓小平，香港回归却完完全全按他提出的“一国两制”的建设性构想，圆满地如期实现。7 月 1 日，中国对香港恢复行使主权。回归后的香港作为中国的一个特别行政区，实行“一国两制”、“港人治港”、高度自治。原社会制度、经济体制和生活方式保持不变，法律制度也基本不变。

中国用和平的方式，收回了被帝国主义侵占的国土，一洗百年屈辱，证明中国确实今非昔比了。海内外华人莫不为此欢欣鼓舞，感到扬眉吐气。

香港是亚太地区重要的金融中心、贸易中心、航运中心。作为仅次于纽约和伦敦的世界第三大金融中心，香港拥有 500 多家国际性大银行，外汇市场的交易量居世界第 6 位，日成交量达 910 亿美元，居世界第 5 位；香港有优越的地理位置、完善的港口设施和祖国广阔的经济腹地，成为著名的国际商港、远东的航运中心，1996 年集装箱吞吐量达 1340 万箱，已连续 5 年居世界首位；香港还是国际信息中心、商业中心、旅游中心和重要的投资场所。长期以来，香港和内地唇齿相依，一直保持着密切关系，两地间的合作格局已基本形成，各项经贸业务合作已打下基础，香港回归以后，必将进一步扩大和加强，不断向更大规模、更高层次上发展。这不仅有利于香港的繁荣，更有利于内地向社会主义市场经济转轨。

香港回归后在政治权利和法治方面仍然保持高度的自由。1998 年举行特区首届立法会的选举，市民踊跃参加，投票率很高。外界评论指出，香港维持了一个开放、透明的市场以及审慎理财的政府，可作为亚洲的典范。有些人曾指责“香港政治环境差，不宜投资”，意欲引起社会震荡，但回归后的事实却证明，香港拥有其他亚洲城市不能比拟的客观环境和优越条件：政治稳定、法治制度、资讯自由和公平竞争，等等，这些民主制度的基本要素有利于保障投资者的权益，将使香港稳定繁荣的局面进一步向前发展。

十五大在理论上的新突破

1997 年 10 月召开的党的十五大，是改革进程中又一个重要的里程碑。

十五大突出的贡献是高举邓小平理论的伟大旗帜，确立邓小平理论为全党的指导思想。同时，又深入分析了社会主义初级阶段的社会矛盾，总结了十四大以来改革开放的新经验，在实践中创造性地运用、丰富和发展这个理论，特别在所有制理论上有一些新的突破，第一次指出“非国有制经济（指乡镇企业）是公有制经济的重要组成部分”，“非公有制经济（指个体私营企业）是社会主义经济的重要组成部分”，并确定“公有制为主体、多种所有制经济共同发展，是我国社会主义初级阶段的一项基本经济制度”。这个重大的根本原则的确立，使乡镇企业、个体私营企业等民营经济得到应有的合法地位，得以理直气壮地去发挥自己的重要作用，对全国各地进一步解放思想、大胆探索、深化改革、扩大开放，无疑会产生巨大的直接的指导作用和推动作用。改革开放以来，民营经济在国民经济中所占比重由不到 0.1％迅速增至 30％左右，从业人员由 16 万人增至 1.7 亿人，国家近年经济的高增长指数中得益于民营经济的比重高达 60％。这些数字表明，民营经济通过对社会生产力要素的有效组合和作为社会生产力新的组成部分，对中国经济的发展发挥了巨大的推动作用；并不断从其他经济形式中吸纳更大量的社会生产力要素进行新的“结构重组”，发挥着“生产关系调整作用”。非公有制经济作用的增长，往往是无声无息、不为人知的，但确实使广大人民的生活更为方便，更加丰富多彩。

一些经济学家认为十五大在理论上的新突破，是思想上的进一步解放的成果。要深化改革和加快发展，必须把思想解放引向更深层次，有三点最重要：一是要在突破市场经济等同于资本主义经济这一禁区的基础上，进一步突破把所有制和所有制实现形式等同起来的思想束缚。公有制只有塑造新的实现形式，才能同市场经济有机地结合起来，成为具有巨大活力的一种占主体地位的经济关系。二是要在突破公有制与劳动者个人私有制存在“两条道路斗争”这一禁区的基础上，进一步突破在公有制内部不能兼容劳动者个人私有制的思想束缚，发展多种所有制的混合经济，即包括公有制与劳动者个人私有制，你中有我、我中有你这种经济形式。三是要在突破公有制经济与资本主义经济必然相对抗这一禁区的基础上，进一步突破国有兼并、破产时不愿被资本主义企业兼并、收购的思想束缚。两者共同发展，互相混合，在重要行业和关键领域由公有制控股，是社会主义市场经济的重要组成部分。总之，要大力发展多种所有制的混合经济，要学会利用私有制发展公有制，利用资本主义发展社会主义。

村民自治值得重视

中国是“人治”传统特别根深蒂固的大国，要变成一个现代化的“法治”国家，谈何容易。推翻“三座大山”建立了新中国，又进行全国性的土地改革，就认为封建主义已剩下一点“残余”，不足为患了，最大的危险来自资本主义，一直以防止资本主义复辟、批判资产阶级思想为主。口号是“兴无灭资”，连商品经济都没有的农村里、山沟里也在“割资本主义尾巴”，甚至有些地方把封建主义当作无产阶级思想，用来批判资产阶级和资本主义。正因为如此，封建主义的思想影响和习惯势力，如家长制、长官意志、一言堂、终身制、论资排辈、等级观念、宗派观念等长期与“左”的思想互相渗透，成为中国实现现代化的重大思想障碍。江泽民在十五大报告讲到社会主义初级阶段存在的问题时指出：“封建主义、资本主义腐朽思想和小生产习惯势力在社会上还有广泛影响。”这里，同党的许多文件中的提法不同，没有把封建思想作为“残余”来看待，而且放在资本主义思想影响之前。据任仲夷考查，是党的七届二中全会以后几十年来的第一次。这当然不仅仅是先后排列或文字处理问题，而是有意识地突出了对封建主义的批判，应启发我们对社会主义民主、对社会主义社会中人的地位的思考。

社会主义社会应当是全面发展的社会，全面发展的主体因素是人，人是社会生产力的首要因素。现代生产力的发展，首先是人的现代化素质的提高，人的全面发展是社会发展的最高目标。社会主义的根本任务，是通过一切有效的经济手段创造高度发达的社会生产力；这一根本任务的确立和实现，服从于和服务于社会主义的最高目标，即逐步实现人的全面发展，造成“每个人的自由发展是一切人的自由发展的条件”。社会主义民主，发展科学教育，提高人的素质，是社会主义现代化极其重要的任务和目标。

有人认为，我国经济总体水平不高，尤其是广大农村，亿万农民刚刚解决温饱，文盲的比例很大，民主似乎更是遥远的事情。其实，农村不仅经济体制改革先行一步，而且政治体制改革也紧紧相随。联产承包责任制使农民由公社社员变为掌握自主权的商品生产者和经营者，能支配自己的劳动时间和剩余产品，家庭也有了积累的功能。接着又废止了“政社合一”的人民公社体制，使受束缚的劳动力和其他生产要素开始自由流动，初步形成商品市场经济的格局。农村改革实际上是经济体制改革与政治体制改革结合进行的。农村改革取得公认的成功，亿万农民得到自主、实惠、自由，可以说是决定性的因素。由于城市改革、政治体制改革滞后，新旧体制、新旧观念的摩擦、碰撞加剧，腐败现象日趋猖獗，农村也受到影响，不少地方基层组织处于瘫痪半瘫痪状态，封建宗法组织死灰复燃，黑社会组织和地方恶势力互相勾结，甚至"个别警察"包庇娼赌、拐卖妇女、吸毒贩毒，使当地群众受到恐怖性的控制，敢怒而不敢言。从一些被曝光的案例来看，已形成潜在的社会危机。但是另一方面，也有不少地方，经济发展与精神文明建设同时并进，出现了许许多多改革前无法想象的社会主义新农村，展示了城乡一体化的美好前景。1987 年开始的村民自治，十多年来经过持续的努力，取得了重要的进展和丰富的经验。各省、市、区已有近 6 亿人在 93 万个选民点，参加过三轮甚至四轮直接选举，使一大批比较公正、能干的农民走上了领导岗位，也淘汰了一批不胜任者。据民政部统计，在村委会选举中，约有 15%的上届村委会主任落选。新的村委会成员，70%以上具有初中以上文化程度；党员所占比例，辽宁为 71%，河北为 82%，上海为 91%；村委会主任平均年龄，山东为 39 岁，江苏为 40 岁，河南为 41 岁。

在民主实践中，农民群众有许多人们预料不到的创造。最受欢迎的是"海选"。所谓"海选"，就是指提名村委会成员初步候选人时，上级部门和村选举工作领导小组不定调子，把提名权放手交给每个村民，发给选民一张白纸，由选民自由填写候选人，然后以得票多少为序排列出候选人名单。村委会本来是个纯粹的群众自治组织，但过去不少地方的领导人仍沿用干部任命的旧体制：村委会成员候选人由村党支部提名后报乡、镇审查批准，或者由乡镇党委、政府直接考察遴选；村委会主任不搞差额，仅在村委会副主任和委员中设一两名差额。这种"指选""派选"的做法遭到选民越来越强烈的抵制。吉林省梨树县率先推出"海选"。这种方式具有公开、平等、民主、透明的特点，深受欢迎，已成大势所趋。吉林省在第四次换届选举中有60%的县市采取“海选”，甘肃省采用“海选”方式的村已达到76%，湖南省湘潭市达到100%。经过村民自治的实践，农村已经崛起一股新的政治力量，即在村民自治中脱颖而出的新生代村干部，他们与过去由上级任命的村干部和传统宗族势力已成三足鼎立。可以肯定，既然农民现在能把一个村的事办好，将来也一定能把一个乡、一个县的事办好。基层民主将为推进上层民主打下基础，农民实现对民主政治的全面参与和对民主果实的分享，必将提高他们的政治素质、政治能力和政治信心，为将来的基层政权自治，乃至高层民主奠定基石，提供源源不断的推动力。

推进法治，遏制腐败

社会主义现代化建设不是单纯的经济增长过程，而是以经济建设为中心，经济、政治、文化三方面交互作用的社会进步的过程。因此，要通过全面的改革加强社会主义民主和精神文明建设，促进社会全面的进步。我们是一个发展中的社会主义大国，社会主义市场经济体制尚未完全建立，市场经济启动的社会转型任务更没有完成，经济发展过程中尚存在着众多不平衡因素，社会转型中的诸种社会矛盾还很复杂，政治体制改革滞后使官僚主义、权钱交易、以权谋私、干部特权、徇私枉法等一系列政治弊端严重存在，腐败现象的不断蔓延和加剧，已构成对改革本身的严重威胁。可以说，遏制腐败是中国现代化成功之关键。

把腐败归咎于改革是完全错误的，但不能否认，经济体制转型是个长期的痛苦的过程。腐败是权力的赘生物，腐败现象并非某个时期特有的。在新旧体制转轨的缝隙中，腐败愈演愈烈，大量权钱交易可利用的机会成为一些权力的不法使用者和非权势者互相勾结、瓜分社会资源的目标，为腐败提供了更多的机会。社会主义市场经济体制不健全，经济运行多轨制,市场无序,是腐败赖以滋生的主要条件。

从根本上解决腐败问题,需要深化经济体制改革,整顿分配关系,理顺分配次序;更要继续推进政治体制改革,从各方面加强法治,重新调整国家权力结构,转变政府职能,规范和限制政治权力。真正的法治国家不允许任何人处于法律之上或法律之外;法治的重点,不在于政府体系如何完善或权能如何强化,而在于政府和官员也必须遵守法律,依法律行使权力,实行"守法的统治"。同依靠行政办法、法律手段、开展严打来遏制腐败的方式相比,认真推进政治体制改革,转变政府职能,发扬社会主义民主,落实公民权利,加强舆论监督,是消除腐败、实现政治清明的更有效的途径。也就是说,遏制腐败的根本出路在于变"人治"为"法治"。

猖獗的腐败严重损害了党和政府在人民心目中的形象,使改革给全民族带来的希望蒙上了阴影。反腐败是关系党和国家生死存亡的问题,是一项长期的艰巨的斗争,将贯穿于改革开放的全过程,必须高度重视,警钟长鸣。既不能回避矛盾,畏缩怕难,不敢碰硬,也不能脱离现实,急于求成。一定要坚持标本兼治,多管齐下,综合治理,预防为主。所谓治标,就是对已经或者正在出现的腐败现象及时查明,依照法律给予惩处,并尽可能消除腐败现象带来的消极影响。所谓治本,就是要从滋生腐败的源头抓起,追根溯源,釜底抽薪。基础的工作是加强教育,教育广大党员和干部在思想上筑起拒腐防变的精神长城,并以法律法规引导、规范、保障改革和市场经济的健康发展。改革开放以来,已制定了400个有关的纪律、规章、措施和法律制度,各组织领导部门、纪检部门、执法部门只要做到"依法办事、执法必严、违法必究",腐败分子就难有藏身之地。

新闻监督是保证公共权力正确使用、促进依法治国、遏制腐败最有力的措施之一。《宪法》第41条规定:"中华人民共和国公民对于国家机关和国家工作人员,有提出批评和建议的权利。"党的十五大报告强调要"发挥舆论监督的作用","加强对各级干部特别是领导干部的监督,防止滥用权力，严惩执法、犯法、贪赃枉法”。报社、杂志社、电视台等新闻单位，与社会联系广泛，传播手段先进、直接、公开、透明，对监督干部、遏制腐败作用特别巨大。但是，有些领导总是怕揭露阴暗面会给社会主义抹黑，对批评报道缺乏有力的支持。有的地方还规定，报刊的批评稿件要送被批评对象的上级审阅才能发表，发表时也加以种种限制，削去棱角，冲淡真相。久而久之，报喜不报忧，粉饰太平形成恶劣风气，激起人民群众的反感，逐渐对报刊失去信任，不满情绪得不到及时的宣泄、引导和缓解，日积月累便会变为影响安定的社会因素。现在应当是彻底加以改变的时候了。

经济增长与经济转轨并进

同以前相比，90年代的特点可以说是经济增长与经济转轨并进，而且越到后来，越能适应市场经济的条件，宏观调控也不断积累经验，走向成熟。

1993—1996年的宏观调控，由于政府及时采取适度从紧的财政和货币政策，终于成功地扼制了通货膨胀，实现了经济的“软着陆”，1996、1997年两年出现了“高增长、低通胀”的良好态势。

但是，1997年下半年又突然遇到亚洲金融风暴的冲击，有人认为中国躲过危机是因为资本市场尚未开放。这也不无道理，资本市场尚未开放确实是挡住外部冲击的防线之一。但更重要的，却是由于对泡沫经济问题重视较早，及时采取了必要的宏观调控措施。特别是近年中央加大了反腐败斗争的力度，连续几次召开全国性的专门会议，深化金融改革，整顿金融秩序，防范金融风险，终于使错综复杂的矛盾得到了一定程度的缓解。这次亚洲金融危机使我国经受了考验。1998年，国内生产总值达到79553亿元，比上年增长7.8%。尽管外贸出口大幅度回落，但一直保持汇率稳定，坚持人民币不贬值，这对亚洲乃至世界金融和经济的稳定作出了积极贡献。一个新崛起的负责任大国的形象,引起全球的注目。

中国是在亚洲金融风暴中既没有使人民币贬值,又能维持一定速度经济增长的国家,但是应当清醒地看到,这场风暴对我国经济负面影响也是不可低估的。比如,亚洲市场萎缩和亚洲一些国家货币贬值使中国外贸出口处于十分困难和不利的地位;对人民币贬值的担心和国内市场有效需求不足将大大减少外国直接投资的数额;国际金融市场动荡,一些过分依赖国外借贷资金的金融机构可能会出现支付危机,等等。这些都会成为制约我国经济增长的重要因素。有鉴于此,1998 年,政府将前几年持续紧缩的政策改为积极的财政政策,扩大固定资产的投资规模,提高国内投资率,还采取了一些放松金融的措施,以有利于扩大内需。不过在转轨过程中,计划经济的一些做法和影响还是很难完全消除的。把经济增长作为必须“确保完成”的指标,便是转轨过程中遗留的计划经济的根本方法和本质特点之一。1998 年初起就一再强调必须完成 8%的增长速度,各地区、各部门也都将此作为中心任务,造成了一定的负面影响。

值得高兴的是,1998 年末的中央经济工作会议确认把经济增长率作为一个预测指标,不再将其作为“确保完成”的指标。这样做将使我国经济发展建立在更加健康稳固可靠的基础上,体现了向市场经济体制转轨的重大进步。1999 年对经济增长速度没有作硬性规定,但政策目标和手段明确指向改善经济发展质量,调整经济结构,适度扩大内需,综合、渐进地使用适度宽松的货币政策和积极的财政政策。尽管经济增长率只达到 7.5%,却大体上保持了各方面的平衡,为中长期的发展创造了有利条件。这一点,2000 年已经开始显露出来了。这一年主要经济指标大多已摆脱多年来的下降趋势,逐渐回升,经济运行质量有所提高。一些经济学家指出,当前经济回升的基础还不稳固,仍需在转轨过程中进一步努力解决存在的问题,使社会主义市场经济持续、快速、协调地增长。

2000 年我国先后同美国和欧盟达成了有关协议,尽管还有一些谈判要继续进行，但我国加入 WTO 已是指日可待的事情了。

加入 WTO，对我国改革开放将发生重大的影响，既是难逢的机遇，又是严峻的挑战。我们必须加快转轨的步伐，扎扎实实地做好工作，搞活企业，搞活整个经济。加入 WTO 后，我国将全面融入经济全球化的浪潮之中，与世界经济深度接轨，这在客观上要求转变政府与市场和企业的关系，规范政府的管理方式，提高政府的治理水平。特别要改变传统的以政府为中心的旧观念，自觉地承担为本国或本地市场和企业提供服务、信息，协调社会秩序的角色。要由以往的直接控制、直接经营转变为以间接调控为主的管理模式，即政府利用法律手段和运用汇率、税率、利率等经济杠杆，统筹规划，信息引导，提供服务，检查监督，而让企业在生产经营的各个方面获得充分的自主权。

四、小城镇与有中国特色的城市化道路

1998年10月召开的党的十五届三中全会，强调小城镇建设是一项大战略。会议认为，发展小城镇有利于乡镇企业相对集中，更大规模地转移农村富余劳动力；有利于改善农民生活，提高农民素质；有利于增加收入，扩大内需，推动国民经济更快增长，所以是一项农村经济和社会发展的大战略。早在1983年初，费孝通教授就提出了“小城镇、大问题”，当时曾受到党中央的高度重视。改革实践的发展越来越充分地证明，发展小城镇对建立社会主义市场经济体制确实是个全局性的大问题。它涉及城乡关系、城市化方针、农业现代化、农村产业结构、户籍制度改革、基础教育和职业技术教育以及环境保护等诸多方面的问题，而核心则是数量特别巨大的农业剩余劳动力的出路问题。对于这些问题，多年来许多人分别做过相当深入的研究，并取得若干共识。从大问题变为一个大政策、一项大战略，正面临着新的大发展，将成为具有中国特色的城市化之路。

我国工业化、城市化的特色

工业化与城市化的发展水平，是一个国家现代文明与社会进步的标志。现代化的过程是一个工业化的过程，也是一个城市化的过程。在西方发达国家，随着城市化进程的加快，人口向大城市集中。集中程度超出城市负荷后，带来了一系列难以解决的问题，被称为“大城市病”。事实证明，大城市模式不利于广大人民安居乐业，也不符合中国的国情。

新中国成立后，中国工业化在传统的计划经济体制下走了一条逆城市化的弯路。1949年至1979年，30年间城市化率仅提高8.3个百分点，年平均增长0.28个百分点，比世界同类发展水平国家偏低20个百分点。结果，将近2亿城市人口密集在220个城市中，特别是其中20.4%人口集中在45个大城市中，人口高度膨胀，在低发展水平时期提前遇到西方国家工业化后期才出现的问题。另一方面，全国80.6%人口分散在广大农村，成为被排斥在工业化进程之外的贫穷人口。在中国漫长的历史上，农村城镇几经兴衰，仍然有不少闻名遐迩的集镇，而“以粮为纲”的人民公社化时期，则几乎凋敝殆尽，农民的经济活动基本上只能在划定的行政区划内进行，城镇的辐射力日益下降。

改革开放以后，这一格局获得重大调整，乡镇企业异军突起，农村工业化进程打破了城乡分割的体制。费孝通教授的家乡——苏南，是乡镇企业最先崛起的地区。80年代初，这个地区的乡镇企业已经有不少了。办工业不同于搞农业，工业生产需要能源、运输、市场、仓储等条件，要寻求农村交通便利、易于集散的中心地带，很自然地就向小城镇集中，人流、物流增加，带动了小城镇的发展。集镇历来是农村的流通和行政中心，现在加上工业生产，加上了为生产服务的各种行业人员，是有条件吸纳相当一批人口的。正是这种情况，启发他从人口分布的角度提出了“小城镇，大问题”的命题，引起了人们对中国的城市化应该走什么道路的广泛思索和研究。

我国的城市化，无论同发达国家比，还是同发展中国家比，起点都比较低。到1990年第9次全国人口普查时，全国城镇人口虽然已达2.9亿人，但比重却只有26.23%，与发达国家相距甚远，比不少发展中国家还低。与此同时，需要转移的农业剩余劳动力却在急剧增加，当时已达1.2亿人。因此，就业问题压力非常之大，劳动力转移成为关系国家命运的头等大事。不能为这2亿人找到出路、安置工作，整个社会就稳定不了，一切其他问题也必然受到严重影响。我国现有大中城市200多个，其中100万人口以上的特大城市32个，50万至100万人口的大城市31个，20万至50万人口的中等城市141个。如果让这2亿人进入大中城市，就需要增建100万以上人口的城市20个，或50万至100万人口的城市30—40个。按新增一个城市人口的生产性和生活性的基本投资计算，国家要投资9600万亿元。这显然是不可能的。幸好80年代在改革中兴起了5.5万个小城镇，其中，建制镇近1.5万个（不包括县级市371个，包括城关镇2000个），乡人民政府所在地集镇3.7万多个，以及上千个国营农、林、牧、渔场场部所在地。全国大、中、小城市比例为1∶1.7∶3.3，初步形成了一个比较合理的框架和布局。

我国整个城市化水平虽低，但大城市人口的比重却高于日、英、法、意等发达国家。近十多年来，由于城市人口基数大，人口自然增长和工业化带来的人口机械增长，压力越来越大，每年大约有400万待业人员，国有企业还有1000多万剩余劳动力。因此，除了某些特殊行业外，吸纳农业剩余劳动力的能力极为有限。世界上有些发展中国家农业劳动力的转移，主要依靠几座大城市，造成畸形的“过度”城市化，带来许多新的弊端，无助于工业化和国民经济的健康发展。根据国际上的教训和自身的经验，我国应当把转移农业剩余劳动力的希望，主要寄托在发展小城镇上。

农村改革确立了农民家庭的主体地位，乡镇企业的“异军突起”促进了农村商品经济的迅猛发展，使小城镇建设突破了以往改革和体制的限制，进入一个全面勃兴的“黄金时期”：数量不断扩大，星罗棋布，遍及全国，在沿海还出现了一批小城镇密集区；经济活力日益增强，辐射、带动了周围农村的发展，发挥了城乡之间的纽带、桥梁作用；吸纳了大批农村剩余劳动力集中从事第二、三产业，为农村劳动力的转移和非农化开辟了一条极其重要的新途径；逐步改变传统的经济结构和社会结构，融合了城乡各种生产要素，缓解了因工农业产品剪刀差扩大而造成的农业收入低下的矛盾，成为缩小城乡差别、建立新型城乡关系的物质载体和地域载体。

许多专家趋向于一个共同的看法，我国的城市化应该走一条大范围分散、小区域集中的路子，就是在农村范围内不要到处扩散而要合理布局，统筹规划建设工业小区，然后发展小城镇，将大量人口、劳动力逐步引导到小城镇里来。过去把城市建设和重点放在大、中城市，从国家财力来看是不现实的。城市化建设应该走大、中、小结合，中小城市特别是小城镇为主的道路。

小城镇与乡镇企业的升级

乡镇企业与小城镇具有唇齿相依的关系，要加快农村城市化的进程，更多地转移农村剩余劳动力，就必须加速乡镇企业的发展。有人提出，既然如此，何不继续大力发展乡镇企业，让它多多吸纳剩余劳动力，为什么又去强调发展小城镇呢?

回答很简单:这是市场经济发展的需要，也是乡镇企业本身进一步发展的需要。

乡镇企业的大部分工业，是农民和农村基层组织在农业联产承包制的基础上，主要依靠自己的力量和市场机制，在国家计划外建立起来的农村工业，是市场经济的生长点和积极推动的力量。它以顽强的生命力战胜种种困难，突飞猛进，茁壮成长，创造了巨大的财富。到 1994 年，乡镇企业的产值已占全国社会总产值近一半。在吸纳消化农业剩余劳动力、增加农民收入方面，更是功不可没，为农民提供的就业岗位达 1 亿个以上。

但是，乡镇企业有其先天性的弱点，就是布局分散，规模过小，严重影响到它的规模效益、竞争能力、集聚能力和辐射能力。以乡镇企业最发达的苏、锡、常地区为例，这三个市到 1993 年底，平均每平方公里拥有乡镇企业 11.3 个，每一企业仅有 19.2 个从业人员及 24.7 万元的固定资产总值。至于内地和边远省份广大的乡镇企业，其分散、简陋、技术落后的状况，就可想而知了。为了适应市场经济发展带来的激烈竞争，相当一批乡镇企业已陆续被淘汰，现存的优胜者也无不在努力着手改变布局分散、规模过小的状况，通过股份制、股份合作制等途径加快产权制度和组织制度的创新，上技术、上规模、上档次，以增强活力，形成集团化、集约化的生产经营。市场经济规律是生产要素不断向利润大、效益高的地方流动、集中，这就是多年来小城镇建设的热潮长盛不衰的根本原因。乡镇企业往小城镇集聚、集中，可以降低其生产成本、技术成本、交通通讯成本、信息成本，大大提高劳动生产率，有利于按市场经济发展的趋势调整结构，从而得到更快的提高和进一步发展。但是，乡镇企业上技术、上规模、上档次的结果，大部分由劳动密集型变为技术密集型、资金密集型或几方面的结合，吸纳消化农村劳动力的能力也就大为降低。1984 年至 1988 年乡镇企业迅猛崛起的时期，因陋就简，粗放经营，每年吸纳农村劳动力多达 1000 万—1200 万人。以后由于乡镇企业本身的变化，也由于宏观环境方面的变化，每年产值增长的幅度仍然不小，而每年吸纳的农村劳动力，却降到 200 万—300 万人。1992 年全国乡镇企业总产值比 1988 年翻了一番，而就业人数只比 1988 年增长了 10.9%，每万元固定资产投资吸纳的农村劳动力由 3.1 人降到 1.7 人。

因此，农村剩余劳动力今后的主要出路，除了继续发展乡镇企业，更应重视发展小城镇。因为乡镇企业向中心城镇集聚、集中的过程，必然带动周围农村的劳动力，资金、技术等生产要素不断地从农村分离出来，向中心小城镇集中，特别是第三产业加速发展，可以成为吸纳农村剩余劳动力的新的“蓄水池”。小城镇的第三产业一般以商业服务业为主，具有投资少、见效快、技术要求低的特点，比较适合成为刚进城农民谋生的手段。随着乡镇工业的提高和发展，第三产业领域就会从商业服务业迅速拓展开来向纵深发展，交通运输、信息通信、外资引进、技术咨询服务以及科学技术、文教卫生等，逐步形成为乡镇企业提供类似城市的综合性服务体系，功能日益强化。可以说，异军突起的乡镇企业为小城镇的发展奠定了坚实的物质基础，而小城镇的发展，逐步改变了乡镇企业天女散花式的格局，极大地提高了它的集聚效应和辐射能力，使之走上规则有序的发展阶段，两者相辅相成，相得益彰。

农村改革以来，在乡镇企业发展的基础上出现和成长起来的新型小城镇，不同于传统市镇。它已冲破了原来只作为农副产品贸易场地的性质，正在逐步变成农民集体或个体兴办工厂、商店、服务业的中心。它已经可以直接从远程采购原料，经过制造，向远程提供半成品和消费品，实质上已成了广大市场的一部分，它和大中城市已接上了贸易关系；也就是说，它已具备了一定程度的城市功能。尽管由于缺乏通盘研究的统一规划，有些小城镇布局、结构不合理，建筑零乱，甚至造成浪费，或出现令人一见就皱眉头的败笔，但是应当肯定，当前我国新型的小城镇是继农村工业化而发生的农村城市化的体现，是我国社会现代化过程中出现的农民走上工业化和城市化道路的里程碑。

从城乡分割到城乡一体

发展小城镇是个大战略，也是农村逐步变为城镇、农民变为市民的动态过程。这个过程是与农村工业化、农民职工化、市民化相互交织、同步运行的过程，是城乡经济发展、农村社会进步的必然结果，其基本动力则是农村工业化。反过来，小城镇建设又会大大推动农村工业化的发展和农村社会的进步。中国是传统农业社会，农民太多是贫穷的根源，要让农民富起来，就得把农民减下去；不把农民变成非农民，中国就无法实现现代化。这是现代化建设的关键所在。

乡镇企业异军突起,打破了城乡分割的二元结构。但是,由于企业布局分散,90%以上的农民工仍然生活在农村里,很多地方它并没有带来社会经济活动和人口的聚集。虽然乡镇企业增加值占到农村社会增加值的3/4,而农村劳动力仍然留在农业上,全国农业人口的比重,仍然高达75%以上。换句话说,就是由于我国工业化中农村人口不能随之转移到城镇就业和居住,城镇化滞后于工业化进程,对农村产业结构和就业结构的优化,以及形成合理的人口分布,都已产生长期的不利影响。

要彻底解决城乡二元结构的问题,走出一条有中国特色的工业化、城市化的道路,必须顺应历史发展的潮流,加快小城镇建设的步伐。现在发展小城镇的作用看得越来越清楚了。首先,有利于创造新经济生长点。有了小城镇,就有了商品集散地,有利于搞活流通,发展第三产业也有了载体。第二,有利于乡镇企业的发展和升级。依托小城镇发展乡镇企业,可以改善乡镇企业布局,促进乡镇企业向小城镇集中。第三,有利于第三产业的兴盛。乡镇企业集中到小城镇后,对商业服务业需求就大了,第三产业就兴盛,服务范围越大,效益也越好,可以把相当部分的农民吸引到小城镇来,可以安排许多富余的劳动力就业。第四,有利于工业化、城市化互相促进。把农村工业化与城镇化结合起来,把经济发展和社会进步结合起来,有利于提高农民素质,增加农民收入,改善农民生活质量;也就是说农民不用再跑到大城市,而是在小城镇就可以享受到城市的文明,有更好的文化、教育条件。第五,有利于扩大内需,带动整个国民经济的协调发展。一方面,可以大大增加对建筑、建材等相关产业的需求,促进产业结构的调整;另一方面,可以大大改变农民的消费方式,显著提高农村人口的购买力,目前电视机的保有率城市已超过90%,农村还只有10%,农民变成小城镇居民,购买力一下子就可以提高一大截。国家拨款加快基础设施建设,固然是扩大内需的有效办法,吸引先富起来的农民到小城镇,利用农民的力量发展小城镇,可能是扩大内需更可靠更有效的途径。

总之，发展小城镇可以促进新的社会化分工，对农村的土地、人口负担、环境污染等互相纠缠的难题展示了一揽子综合解决的可能性，展示了实现可持续发展战略的前景。中国有特殊国情，许多事情要“反弹琵琶”，就粮食抓粮食，温饱问题长期解决不了；重点转到满足农民要求，粮食上去了，农产品都上去了，很快走出了短缺。现在，中国最多的是人，最缺的是资金、技术。发展小城镇，实质是把农村变为城市，把农民变为非农民，多的可以减下来，缺的可以补上去，许多矛盾就会迎刃而解，也可以说是“牛鼻子”，牵住了它，整个牛就向前走了。

进入 20 世纪 90 年代以后，随着改革总目标的确立，市场机制的逐步加强，星罗棋布的小城镇在全国各地纷纷崛起。它的投资、产业、发展、就业岗位，基本上是靠农民的力量实现的。大体有四种类型：一是“市管县”体制下的放权让利型；二是建立“开发区”“工业新区”型；三是原有城镇申报改成“建制镇”和“县级市”，争取更大的发展自主权；四是温州龙港式的农民城。所有这些新兴的小城镇，都是在新旧体制转换过程中市场经济发展的产物，既反映了广大农民向往城市化的历史趋势，出现了许多新的创造；又带有一定的自发性、盲目性，仍带有城乡分割、地区封锁等旧体制的痕迹。

按人们通常的概念，县以上算城市，县以下算乡村。但农村建制镇设镇之前，一切按农村有关政策法规管理，设镇之后，镇的建城区是按城市法规管理，而镇辖区却全部是农村政策法规管辖范畴。由于土地政策是城乡分割的，虽然概念上统计和法规管理只针对建制镇非农人口，于是便出现了镇区大量的经济人口是农业人口，另一方面又有相当多农业人口从事非农就业的怪事。这反映了政策上的不配套和管理上的混乱。按规范说法，小城镇是指农村建制镇，而从发展角度，实际包括县级市和众多农村集镇（即乡政府所在地）。将集镇、建制镇、县级市联系起来，组成一个系统的网络，才能研究清楚小城镇发展的全过程。

发展小城镇以推进农村城市化，不是可以不重视大中城市的发展，更不是不要农村，把农村都变为城市。对城市化，不同专家有不同的定义。社会学家认为，城市化是人们的行为方式和生产方式由农村社区向城市社区转化的过程以及由此引起的各种社会后果；人口学家认为，城市化是乡村人口转化为城市人口的过程；经济学家认为，城市化是引起产业结构、就业结构、消费方式重大变化的农村经济向城市经济转化的过程和机制。这里所说的农村城市化，不仅指人口的移动，而是指内涵上的转化，即农村产业结构、就业结构、消费方式的转变。也就是说，在农村除以农为主外，还要发展第二、三产业，使从事第二、三产业的劳力占绝对多数，使农民物质和文化生活，接近或达到城市居民的物质和文化生活水平。

全国各地的小城镇，尽管差异甚大，问题甚多，但从总体上看，普遍呈现出一种蓬勃向上的活力。它们正在把农村中蕴藏着的分散而又旺盛的生产力开掘出来，集中起来，转化为巨大的经济能量，再扩张出去，传递出去，促进整个国民经济的持续发展。温州龙港主要是依靠当地农民的力量建起来的，没有花国家多少钱，被称为中国第一座农民城。1984 年以前只是 6 个荒凉的小渔村，只有 4000 人。当地政府根据当年中央 1 号文件精神，大胆突破计划体制下形成的城乡户籍管理、土地管理、劳动就业管理和粮食、燃料供应等项制度和政策，坚持统一规划、统一征地、统一开发、统一出让、统一管理，鼓励先富起来的农民自理口粮、自建住宅、自谋职业、自费医疗，进行新城镇建设的探索。不到 10 年，已成长为拥有 13 万多常住人口（流动人口超过此数）、年产值 13.2 亿元、市场成交额 6.87 多亿元的新型小城市。现在高楼林立、街市繁华，人均收入大大超过全省全国的平均水平，带动周围农村走向共同富裕，为城乡一体化作出了重要的贡献。

农村城市化的前景

当前，我国的城市化进程达到了历史发展的关键时期，其标志在于：

第一，全国的城市化率达到 30%，按世界标准，城市化率 30%—60%将是快速发展时期；第二，全国的非农就业率已达 51.5%，即从事农业的劳动力在全部劳动力中的比重将进入持续下降的发展时期；第三，受上述两个条件影响，按纯农业的劳均耕地估算，我国将进入劳均耕地数由持续下降转为逐步增加的时期。同时，全国的农业人口数、农户总数以及乡村总人口数都将由以往的持续增加逐步转为下降。如何迎接这一历史性变化，处理好改革和发展的难题，将会为中国在未来跨世纪发展中争得更多的机遇和主动。

城乡分割的二元结构为我国的现代化建设造成了巨大的障碍。改革开放以来，这个二元结构已被冲破并得到相当大的校正；继续校正城乡偏差，大力发展小城镇，让农民在小城镇发展第二、三产业，在小城镇就业和居住，就可以推动农村生产力的进一步解放和发展。农村的改革和发展到了今天，仅仅进行产品结构、产业结构的调整还很不够，上升到区域经济结构调整也还不够，应当在全国范围对城乡关系、城乡人口结构进行调整。当前，现代化进程中的许多问题是城市化滞后于工业化造成的，而在中国，加快城市化的捷径是发展小城镇，紧紧抓住这个“牛鼻子”，使我国农村在城乡一体化的进程中逐步实现富裕、繁荣、文明，应当是一项大的战略，也应当是下一步农村改革与发展的主线。

目前，我国的市场体系发育很不完善，严重妨碍农村的市场化进程。建设和发展小城镇，有助于提高市场的发育程度，把封闭和分散的农村市场纳入到全国市场体系中，改变城乡分割局面，尽快形成全国统一、开放、竞争和有序的市场体系，使货畅其流，使农民合理分享市场利益，并为与国际市场接轨创造条件。小城镇还可以弱化经济建设中的非市场因素，推动城乡之间在社会、经济、文化等方面全方位、多角度的融合，逐步由农村工业化走向农村城镇化和城乡一体化，根本改变农村城市化资源的流失和人口城市化进程落后于非农产业发展的局面。

在现有的小城镇中，有一大批建制镇基础较好、发展潜质优良。尤其是2000多个县城所辖的城关镇，原来就是政治中心，改革开放以来，经济、社会、文化等各方面都已发展到一定水平，可说初步具备了比较规范化的现代化城市的雏形，应充分利用其城镇设施和已形成的各种优势，优化组合城乡生产要素，吸引农村中的科技、经济等各类人才到小城镇中来大显身手。小城镇居于城之尾、乡之首，既具有农村某些优势，又能发挥城市的一定功能，可作为联系大中城市和农村的纽带，以其逐步增强的经济辐射力和带动力，沟通城乡市场，共同繁荣第一、二、三产业，有利于缩小城乡差别，调整产业结构。尤其由于它分布于广大农村之中，建设得越好，对周围农村剩余劳动力的吸引力就越大，可以成为农村剩余劳动力的栖息地和向城市化过渡的前沿阵地。

近年，国家城建部门在重视大中城市建设的同时，已开始把重点放在巩固、提高现有小城镇方面，在此基础上建设起一批起点高、社会效益和经济效益俱佳的新型小城镇，逐步形成以中心城市为依托、县城为龙头、小城镇为网络的城市化体系。有些人无视农村经济发展的不平衡性，硬要“一乡一镇”或以行政手段揠苗助长，都是不可取的。实践经验证明，建设小城镇宜以集体积累、个人集资为主，但国家应统筹规划，加强指导和管理，建立国家、地方、集体、个人共同投资的多元投资体制，严格控制耕地的减少，划定基本农田保护区，逐步做到区域联片发展，既有城又有乡，布局合理，设施配套，交通方便，功能齐全，环境优美，这才是理想的有中国特色的城市化之路。

中国正在经历一场城市建设高潮。有人说过，建筑是“凝固的音乐”。一个建筑只是一个音符或一个乐句，只有整条的街景，整个的城镇，才能凝聚起优美的旋律，弹奏出或轻柔妩媚、或恢宏壮丽的乐章。这不仅需要设计师、建筑师的精心设计、精心施工，而且需要总设计师、总建筑师的宏观构思和整体把握。以往的城市建设中已出现过不少败笔，留下了无法弥补的遗憾,这多半是某些不懂装懂的行政干预造成的。在新的高潮兴起之际,应当记取教训,力争做到"几届政府一本经",使每个城市既协调和谐又具有自己的特色,形成一定的风貌,在发展中得到延续和稳定,使子孙后代引为骄傲。

跋

我第一次读到浙江人民出版社出版的《中国农村改革实录》，已是十几年前的事了。这次受命为再版作跋，时隔十几年重读吴象同志的文章，对这本书的价值和作用有了更深的体会和认识。

我国农村改革中，有一些贡献突出，经得起时光淘洗、受人敬重的人物，其中便有吴象。农村改革从安徽开始，他是在万里主政安徽，刚冲破“左”的束缚，支持农民联产计酬、肥西包产到户、凤阳大包干，打开改革的突破口，却要顶住巨大政治压力的艰难突围之际，被万里从山西调到安徽，辅佐其推进改革的。他深入农村调研，参加政策制定，发表论争文章，反映农民的呼声和探索创造、贫困地区由土地家庭承包发生的历史转折、改革的纵深推进。农村改革波澜壮阔，在中央和地方领导、政策理论界与农民群众的互动中，吴象发挥着独特的作用。

吴象 1922 年生于徽文化之乡休宁县的一个小山村，十三四岁就在学校参加进步活动。1938 年，16 岁的他还在南京上中学就瞒着家人跑到延安，不久成为抗大教员，来到太行山抗日根据地抗大分校。他经受了日寇大扫荡的考验，也做过军队及地方工作，当过新华社战地记者，亲历了抗日战争的全过程。解放战争中，他仍是记者，既写过为保卫土地改革成果而参军的战士，也在前线指挥部采访过刘邓首长，参加过土地改革。从新中国成立到“文化大革命”之前，他长期担任《山西日报》总编辑、省委副秘书长兼省委政策研究室主任。“文化大革命”初调入《北京日报》任副总编辑，很快被作为“走资派”打倒，后被揪回山西批斗。

1977年农村改革在万里领导下的安徽迈开第一步。1979年夏，吴象到安徽，担任安徽省委副秘书长兼省委政策研究室主任。他和省农委的同志跑淮北、皖东、皖西、皖南农村，是万里推进改革最坚定的支持者。他搞调查，写讲话，参与决策，陪万里考察肥西县包产到户、小岗村包干到户，参与1980年1月省委农业会议，肯定包产到户是社会主义的责任制。

1980年3月万里调到中央书记处，主管农村工作，吴象随后进京，作为万里办公室重要的工作人员，并同时担任中央书记处政策研究室室务委员，负责农村政策研究。1982年调入国务院农村发展研究中心（与中央书记处农研室一个机构两块牌子），任副主任，辅佐万里推进农村改革是其第一位的工作。1995年离休后，他继续调研，参与改革，同时总结改革，编辑《万里文选》，回顾记述农村改革和中央领导决策的历程。

安徽农村改革初期，1979年秋，吴象作为省委副秘书长，到我们地区全椒、凤阳县调查，当时我在滁县地委政研室工作，第一次见到他。1980年底，由地委书记王郁昭（后担任安徽省省长）陪同他到凤阳、嘉山等地农村调查，我作为秘书室人员全程参加。1987年，我跟随王郁昭从安徽调入中央书记处农研室，与吴象同志有了更多的接触。1994年起，我在他和王郁昭领导下做了两年《万里文选》的编辑工作。近年来参与编辑他的农村改革发展文选，又增进了对他的了解。

吴象和他关于农村改革的书籍和文章受重视，与两个特点有关。一是走在时代前列，经受多种考验，阅历深厚。二是农村改革中他的活动上到中央决策层，下到民间，左右有新老政策、理论研究高参、专家，一身多任，领域宽广。所以，他的著作，自然就具有一定的广度和深度。

《伟大的历程——中国农村改革起步实录》是以中国农村改革的历史

进程为脉络，按五大章节分别叙述。第一章：农村问题与中国的现代化；第二章：安徽为什么成了农村改革的突破口；第三章：家庭联产承包责任制在全国推行（1979—1984）；第四章：在艰难曲折中探索、开拓（1985—1991）；第五章：改革、开放、发展的新阶段（1992—1998）。这样的顺序和结构，加上吴象同志娓娓道来的叙述风格，我认为不论对资深的农业农村问题专家，还是对这段历史了解不深的普通读者，都会增强这本书的可读性。我作为一个多年从事农村问题的研究者，认为这本书除了可读性强的特点，更重要的是，它的深刻性表现在贯穿全书的四个特点上。那就是：一、尊重农民选择，从土地家庭承包的独木桥走上改革开放的阳关道；二、立足家庭承包经营发展商品经济，分工协作，发展乡镇企业和多种经济成分；三、以不变应万变，坚持市场经济体制取向，深化农村改革；四、农村改革最主要是尊重农民的意愿和权利。这些特点，对今天仍然具有重要的现实意义。

凡研究农村改革的人都知道，吴象有一篇著名的署名文章《阳关道与独木桥》，以整版篇幅发表于1980年11月5日的《人民日报》上，对全国的包产到户产生了很大的影响，获得了首届（1984年度）孙冶方经济科学奖。在这本书的第三章中，从"阳关道与独木桥"激烈争论的出现和起因，写到争论后的结果，以实录的文笔详细介绍了其中曲折的过程。但是，一直写到文章的发表，并没有提及吴象本人在写此文中的作用。这个例子，我认为正是解读本书的一把钥匙。由于作者的特殊身份，本书中具体描述了发生在这个时期的相关的重大事件和复杂矛盾，揭示了许多鲜为人知的史实。作者不提及自己的作用，并不是简单的谦虚，更是体现了作者对历史的高度尊重，因为这篇文章虽然由吴象执笔，但确确实实背后有着太多的故事。也就像本书中提及的许许多多重大历史事件一样，所要展示的是农村改革的整幅画卷。

在这本书初版15年之后，2016年1月外语教学与研究出版社与施普林格(Springer)出版集团合作出版了英译本《当代中国农村改革实录》(*Contemporary Chinese Rural Reform*),并于 2016 年 1 月 9 日,在中国作为主宾国的印度书展上联袂举办了该著作的首发式。印度中国经济文化促进会秘书长穆罕默德·萨奇夫在首发式上说,这本书呈现了中国农村改革的历程,深入浅出地展现了一个真实切近的中国农村社会,并提供了重要的学术观点与实践智慧。其中的很多经验对处于相似发展阶段的印度来说,尤其有借鉴参考的价值。这也从另一方面说明了此书的价值。

在我与吴象同志几十年的接触中,他平易近人,到哪里都和农民亲如家人,包产到户,农民收的粮食空前的多,他和农民一样高兴;注重调查研究基本情况,又思考得深,文章讲实话,讲出农民心愿,支持改革,观点鲜明;肯定地方的改革领导者,称滁县地区是大包干的故乡。他善于吸收别人意见,包括那时我们写的文章他也在意。几十年来,有幸与这位改革家、农民群众的知心人、大师级的长者相识、接触,在他的指导下工作,感受到了他的家国、人民情怀,对党和人民事业的忠诚;他的是非、爱憎分明,对给群众带来危害和阻碍改革的"左"倾错误的反对、鞭挞;他的对务实、尊重群众利益和选择的改革领导者溢于言表的拥护、称赞。他这份深厚的感情,贯穿于他著作的始终。所以,虽然是政论文章,却令人读得进去,读得很有味道。

由于吴象同志既是接近高层核心的官员,又是许多农村改革重大政策起草过程的参与者,而且其本人是新闻记者出身,喜欢和擅长亲力亲为,深入基层,调查研究,然后一字一句,形成文字,见诸报端,因此不但留下了这本记录波澜壮阔的中国农村改革的历史和进程的书,而且留下了伴随这一历史进程而产生的上百篇分析评论、政策解读的各类文章。《伟大的历程——中国农村改革起步实录》这本书,并不是身居书斋的历史学家所著,也似乎缺乏正统史书的引经据典,烦冗考证,但它确实是描述中国那一段艰难改革年代历史事件的独特的一家之言。在读这本书时,特别是对于那些从事中国农村改革和对三农问题的理论和实践有兴趣的人士，会不由自主地深究与这本《伟大的历程——中国农村改革起步实录》相匹配的一系列文章，使人对中国农村改革的这一划时代的成就，以及对党的十八大以来全面深化改革、促进城乡融合、建设美好乡村、实现乡村振兴的战略决策，会有更深刻的了解和体会。

希望以上我个人的阅读体会对其他读到这本书的人有所启迪。

2018 年 8 月

后　记

父亲的这本书，原名为《中国农村改革实录》，于2001年由浙江人民出版社出版。一晃17年过去了。写这本书的时候，父亲还不到80岁，而如今，再有几个月，他老人家就要进入97岁高龄，向期颐之年进发了。在这正逢纪念中国改革开放40周年的时候，浙江人民出版社决定将此书更名为《伟大的历程——中国农村改革起步实录》予以再版，不只是父亲他老人家，就连父亲的老同事、老朋友，以及我们全家都感到非常高兴，非常欣慰。

我们都不是农村问题的专业人士，对这本书的理论价值和历史意义，都无资格进行评价。也许，它只是历史长河中一朵小小的浪花。然而，在改革开放的这几十年来，我们目睹了父亲跟随着具有远见卓识、与民同心的国家领导人，与那些殚精竭虑、为农村改革鼓与呼的一大批同事，兢兢业业地在农村改革的战线上工作了几十年，留下了上百万字的文字和录音以及录像资料。2007年5月，凤凰卫视"口述历史"栏目来家中采访，记得85岁高龄的父亲从早上9点一直谈到晚上8点，中间只用了半小时的时间吃了一点午饭。今年，中国改革开放研究院与新浪视频推出的《千人献礼改革开放40周年》大型专题报道中节选的父亲关于农村改革的一段视频，那是他2015年在医院住院期间拍摄的。那时，他抱恙在身，都没有力气谈论别的事情，但一说到农村改革，马上提起精神，侃侃而谈，一口气录了两个多小时。因为父亲这几十年中所亲身经历的事情实在太多、太熟悉了，打开话题就难以收拢。我们不但目睹了父亲的工作，而且，作为改革开放的亲身经历者，我们也感同身受了“饿肚子逼出来的农村改革”以及40年来国家方方面面所发生的巨大的变化。所以，当我们自己读起这本《伟大的历程——中国农村改革起步实录》，觉得它带着父亲一贯的平实、朴素、流畅的文字特点，也觉得这一幕一幕像电影在眼前回放，重现了那个特殊年代给共和国几代人留下的深刻的、难以忘怀的记忆。

因此，当今年年初浙江人民出版社总编辑虞文军与编辑徐婷、郦鸣枫三位同志在丁东同志的介绍下，来到北京与我们商量要为父亲再版《中国农村改革实录》时，我们非常高兴和感动。为出好这本书，虞总编与几位编辑几次来北京与我们会面、商讨，经过反复磋商，虞总编亲自拟定了书名，又找人专门设计了几个封面方案供我们挑选。没有浙江人民出版社同志的努力，这本书不会这样顺利地出版。在这里，我们要特别感谢丁东同志，感谢虞文军总编辑和徐婷、钱丛编辑富于建设性、细致、繁重的工作，向他们致以诚挚的谢意。

衷心感谢原中共中央农村工作领导小组副组长，现任第十三届全国人民代表大会农业与农村委员会主任委员陈锡文同志欣然为本书再版作序，国务院发展研究中心信息中心主任、曾任安徽省省长王郁昭秘书的赵树凯同志也为本书作了序，另外，国务院发展研究中心农村经济研究部研究员、中国农村劳动力资源开发研究会副秘书长、曾任安徽省省长王郁昭秘书的崔传义同志为本书写了跋。陈锡文、赵树凯、崔传义不仅是国内著名的三农专家，更是父亲多年的同事、好友。所以，在这里一并向他们致以诚挚的谢意。

最后，向所有为这本书的再版做出努力的朋友们致以诚挚的谢意。

吴小象、吴二象、吴阿丽

2018年8月